LE MESSAGER EUROPÉEN

4

GALLIMARD

SOMMAIRE

« Il faut que l'homme trouve dans ce monde non seulement un domicile, mais aussi un "chez soi" ; que son monde ait un ordre, une culture, un style. Qu'on y respecte et cultive avec sensibilité, même si ce doit être parfois au détriment de la productivité, le profil du paysage ; qu'on vénère la fantaisie mystérieuse de la nature, ses couleurs, et la multitude des liens impénétrables qui la rendent homogène ; que les villes et les rues aient leur caractère particulier, leur atmosphère unique ; que la vie humaine ne se réduise pas à la production répétitive des biens et à leur consommation, mais que des possibilités multiples lui soient ouvertes ; que les gens cessent d'être un troupeau, une marchandise manipulable et uniformisée, consommateurs de la culture télévisée. Et peu importe qu'ils puissent choisir entre trois mastodontes concurrentiels du monde capitaliste ou un mastodonte unique et sans concurrence du monde socialiste. Que les couleurs extérieures d'un système et la grisaille de l'autre ne nous cachent pas que la vie y est un même désert qui a perdu son sens. »

Vaclav Havel, *Interrogatoire à distance.*

ÉDITORIAL

Alain Finkielkraut

1

Au temps de la division de l'Europe qui était aussi celui des malentendus, deux idées de la culture se partageaient le Vieux Monde : à l'Ouest, on appelait culture tout ce qui ne relève pas de la nature, on définissait le culturel comme l'autre du naturel ; dans l'Europe dite de l'Est depuis le partage de Yalta, la culture était pensée par opposition à la barbarie. Ici on déclinait les cultures au pluriel et l'on prouvait leur dignité égale par leur égale complexité, tandis que l'heure était là-bas à la défense de la culture, au singulier. Ici l'Europe était fâchée avec son propre colonialisme, là elle essayait de survivre à sa colonisation totalitaire.

Comme le dit, avec une lumineuse simplicité, A.G. Greimas, grand linguiste français né en Lituanie : « Je suis élève de Lévi-Strauss, et, de ce point de vue, la culture s'oppose à la nature, c'est une vérité acceptée. Il y a quelques années, j'ai reçu dans mon groupe de recherches un dissident soviétique, un élève de Lotman, et je lui ai demandé d'exposer le point de vue des Russes sur la culture. L'exposé était excellent à ceci près que cela n'allait pas dans le sens de Lévi-Strauss. La culture, pour les Russes, s'oppose non pas à la nature, mais à la barbarie. C'est une vérité sur laquelle il vaut mieux méditer, parce que la notion de barbarie renvoie à la culture comme à un concept éthique et esthétique, c'est-à-dire à la culture comme à un système de valeurs (...) L'Europe dite de l'Est croit que la beauté existe, qu'il y a des jugements esthétiques, que cela est naturel, cela va de soi »[1].

2

Maintenant que toutes les prévisions sont déjouées, que le Mur s'effondre, que l'Europe sort de Yalta, s'aime à nouveau et fête bruyamment ses retrouvailles avec elle-même, il ne saurait être question de substituer, sans autre forme de procès, la défense de la culture au relativisme culturel. Ce serait, au nom de l'Europe retrouvée, oublier que « l'aptitude à se mettre soi-même en question, à abandonner, non sans une forte résistance bien sûr, sa propre fatuité est aux sources de l'Europe en tant que force spirituelle »[2], comme écrit Leszek Kolakowski, penseur peu suspect d'anti-occidentalisme.

L'Europe, autrement dit, se trahit — et la tentation de cette trahison est constante — quand elle érige son être en norme suprême de l'humain. Elle est elle-même quand elle

1. A.G. Greimas, Rencontre de Ferrières (organisée conjointement par France-Culture, *Le Messager européen* et le Rectorat de Paris et diffusée sur France-Culture.
2. Leszek Kolakowski, *Où sont les barbares?* in *Le village introuvable*, éditions Complexe, 1986, pp. 106-107.

ne se laisse pas enfermer en elle-même, et qu'elle reconnaît le caractère historique, relatif, contingent de sa modernité ou de ses traditions. Ce qui fait l'essence de l'Europe si essence il y a, c'est l'arrachement à soi et non l'attachement à soi.

En pourchassant dans ses derniers réduits l'idée de *nature humaine*, en réintroduisant dans la culture et dans le devenir tout ce qu'on avait cru immédiat ou immortel chez l'homme, en montrant que les vérités les plus familières, les modèles les plus idéaux, les instincts les plus spontanés et les sentiments les plus répandus ont une histoire et une géographie, bref, en réveillant, avec une érudition implacable, notre petite portion de monde de son sommeil dogmatique, l'approche structurale, l'approche généalogique et la déconstruction ont témoigné mieux que tout autre mode de pensée de « la capacité à ne pas persister dans sa suffisance et sa certitude éternelles » et du « refus d'admettre une identification achevée »[1] qui définissent l'identité culturelle européenne.

Parce qu'il défend un héritage menacé, l'élève de Lotman évoqué par Greimas ne parle pas le même langage que Lévi-Strauss, quand il emploie pourtant les mêmes mots que lui. Mais Lévi-Strauss peut tout aussi légitimement se réclamer de la grande tradition humaniste européenne : « L'ethnologie n'est ni une science à part, ni une science neuve : c'est la forme la plus ancienne et la plus générale de ce que nous désignons du nom d'humanisme. Quand les hommes de la fin du Moyen-Âge et de la Renaissance ont redécouvert l'Antiquité gréco-romaine, et quand les jésuites ont fait du grec et du latin la base de la formation intellectuelle, n'était-ce pas une première forme d'ethnologie ? On reconnaissait qu'aucune civilisation ne

1. Kolakowski, *op. cit.* p. 107.

peut se penser elle-même, si elle ne dispose pas de quelques autres pour servir de terme de comparaison. La Renaissance a retrouvé dans la littérature ancienne des notions et des méthodes oubliées ; mais plus encore, le moyen de mettre sa propre culture en perspective, en confrontant les conceptions contemporaines à celles d'autres temps et d'autres lieux »[1].

3

Rien de plus européen donc que le refus de laisser naturaliser les coutumes ou les normes européennes. Rien de plus européen que l'effort pour sortir de la clôture ethnocentrique et pour comprendre le mode d'être des autres humanités. Mais cette vigilance critique a tourné à l'idéologie. Elle s'est peu à peu monnayée en *ethnicisme*, en *populisme* et en *technicisme*. Et c'est dans ce triple désastre que nous sommes aujourd'hui plongés.

— Pendant l'affaire Rushdie, nombreux furent les intellectuels, les dignitaires religieux de toutes confessions et les hommes politiques européens de tous bords qui se crurent tenus de condamner à la fois la sentence de mort de l'imam et le roman de l'écrivain : le premier y était allé vraiment trop fort avec sa *fatwa* hystérique, mais le second, avec ses *Versets sataniques* s'était attaqué au cœur sacré de la culture musulmane. Il fallait donc protéger la vie de Rushdie contre son persécuteur, et l'islam contre les outrances de Rushdie.

1. Claude Lévi-Strauss, *Anthropologie structurale II*, Plon, 1973, pp. 319-320.

Un tel raisonnement implique que si toutes les cultures sont également humaines, seule l'Europe *a le droit d'être humaniste*, seule elle peut problématiser ses traditions et relativiser ses propres valeurs, seule elle peut s'ouvrir au questionnement et se définir par la mise en suspens de toute définition ultime. De quoi Rushdie est-il coupable, en effet ? *Du même crime ontologique que Cervantès*, c'est-à-dire d'avoir voulu substituer au monde de la foi et de sa vérité unique, le monde romanesque de l'ambiguïté et des vérités relatives[1]. Mais — tel est le piège du droit à la différence — ce qui est la gloire de Cervantès est la honte de Rushdie. L'un a pour vocation de s'arracher à ses déterminations ethniques, l'autre en est l'éternel captif, sous peine de trahir son altérité.

On l'a vu aussi au moment de l'affaire du voile islamique en France : cette forme-là de respect de l'Autre conduit à faire de la liberté, c'est-à-dire du droit d'être différent de sa différence, de mettre sa culture à distance ou en question et d'échapper à l'emprise de sa communauté, une exclusivité européenne.

— Le populisme fait plus de ravages encore que cet ethnicisme, car il est beaucoup plus répandu.

« Ce serait rendre à la démocratie le pire des mauvais services que de vulgariser, d'étendre au peuple des ouvriers l'ancien préjugé nobiliaire, écrivait Péguy en 1901. Il ne faut pas que le peuple non plus veuille tout savoir sans avoir jamais rien appris. Il ne faut pas que le peuple non plus ne se soit donné la peine que de naître peuple. Jamais on n'aurait l'idée de faire du pain sans avoir appris la boulangerie, ni de labourer sans savoir le labourage. Pourquoi veut-on traiter les grands problèmes sans avoir fait l'ap-

1. Voir Milan Kundera, *L'Art du roman*, Gallimard, 1986, pp. 20-21.

prentissage indispensable ? On accorde à peu près à la science qu'elle exige un apprentissage mais on le dénie trop souvent aux lettres, aux arts, à la philosophie. On introduirait ainsi la présomption la plus dangereuse ; on se préparerait les déceptions les plus graves, les plus méritées »[1].

Avertissement inutile : tout est fait aujourd'hui, et de tous côtés, pour entretenir cette présomption. Puisque les pratiques humaines, quelles qu'elles soient, sont également et sans exception culturelles, et puisque, dans ce domaine, l'instinct n'a rien à envier à la réflexion, au nom de quoi constituer les œuvres d'art, de littérature ou de philosophie en objets transcendants ? Au nom de quoi l'Europe continuerait-elle à vivre sous « la terreur des immortels »[2] et à faire ses dévotions à Kant, à Tolstoï, à Sophocle, à Shakespeare, à Flaubert, à Goethe ou à Platon ? Puisqu'il n'est pas de goût qui ne soit *dans la culture*, à quel titre et de quel droit opposerions-nous encore la tradition de « la vie examinée » à la berlusconisation du monde ?

Tandis que les professeurs sont invités par les sciences de l'éducation et par les circulaires ministérielles, à faire fond sur ce qu'apportent les élèves — leur « vécu », leur culture —, et non à se régler sur ce qui leur manque — les vieux livres où l'Europe se reconnaissait avant la découverte du « culturel » —, les sociologues constatent avec une objectivité nuancée d'euphorie que *ça bouge* et que la culture connaît de nos jours un « renouvellement » qui « peut être interprété très sommairement comme un déplacement du centre de gravité des pratiques culturelles, du

1. Charles Péguy, *De la Raison*, Œuvres en prose complètes I, Pléiade, Gallimard, 1987, p. 851.
2. Milan Kundera, *L'Immortalité*, Gallimard, 1990, p. 401.

pôle constitué par le livre, les spectacles et les visites culturelles vers le pôle audiovisuel »[1].

Les passions basses du ressentiment et de l'envie eurent d'autres occasions jadis et naguère de s'attaquer aux œuvres admirables, mais c'est sans doute la première fois dans l'histoire de l'humanité qu'elles peuvent revêtir le masque glorieux de la culture, prendre l'apparence de cela même qu'elles haïssent et se déchaîner librement, impunément chez tous ceux, dans le parti intellectuel, qui rêvent d'en finir avec l'humiliation par la grandeur.

— Étrange populisme, cependant. C'est au moment où il n'y a plus de peuple, mais une immense classe moyenne atomisée et sans contours, qu'est célébrée la créativité populaire. C'est au moment où les jeunes sont soumis à un conditionnement sans répit par toutes les forces du marché que la culture jeune est promue au rang de catégorie historiale, et, paradoxe suprême, c'est pour mieux justifier la technicisation finale de la culture et l'avènement planétaire d'une consommation standardisée que la thèse du relativisme culturel est sans cesse mise en avant.

Dans une conférence prononcée il y a quelques années à Cambridge et intitulée *Literacy is doomed*, l'illustre ethnologue anglais Edmund Leach analysa le remplacement de la culture alphabétique par une nouvelle culture audiovisuelle. « J'entends encore résonner dans mon oreille la formule employée par l'audacieux, le malicieux orateur, avec un clin d'œil de défi : "*Not books, but gadgets !*" », écrit Mario Vargas Llosa qui assistait à la conférence. « Et pour consoler ceux qui pouvaient s'affliger face à la perspective d'une humanité où ce qui se faisait et s'obtenait hier par

1. Département des études et de la prospective, ministère de la Culture et de la Communication, *Les pratiques culturelles des Français*, La Découverte / La Documentation française, 1990, p. 7.

d'être lui-même un arriéré, il veut faire expier le crime d'arriération à ses adversaires. Il ne vient pas du fond des âges, mais du fond de l'avenir pour régler son compte au passé qui ne veut pas passer, qui s'obstine à vivre malgré la condamnation que la modernité a prononcée à son endroit.

Si nous avions été plus sensibles à cette expérience singulière de la barbarie, nous n'aurions pas perçu, avec une ferveur aussi irréfléchie, la libération de l'Europe de l'Est comme une réédition de notre révolution à nous. Nous n'aurions pas dit, avec le ministre de la Culture, lors du transfert des cendres de Monge, de Condorcet et de l'abbé Grégoire au Panthéon, que 1789 a eu lieu, une seconde fois, en 1989 à Prague, à Berlin, à Budapest, à Varsovie, à Sofia ou à Moscou. La rime des dates n'aurait pas abusé notre intelligence des faits, et nous aurions compris que ce n'est pas au nom de l'avenir contre le passé que ces dissidents et ces peuples se sont soulevés, mais au nom d'un passé meurtri contre le culte de l'avenir. Au nom du vieux monde, du vieil homme, de la vieille Europe contre les dévastations commises par l'esprit d'utopie et par l'idée d'homme nouveau. Ils ont rompu avec la rupture, fait table rase de la table rase. Et s'il faut absolument parler de révolution pour qualifier la chute du communisme, c'est au sens d'une *révolte du révolu*, d'un refus d'abandonner les traditions, c'est-à-dire les traces encore vivantes de ce qui fut, au verdict barbare de l'histoire.

De là, d'ailleurs, l'ambiguïté de ces mouvements : car il y a tradition et tradition, passé glorieux et passé effroyable, culture comme questionnement, comme mise à distance de soi et culture comme amour illimité de soi, exaltation acritique du génie national. Or, aujourd'hui, tout resurgit, le pire comme le meilleur, et il est d'autant plus difficile de disqualifier l'un par l'autre, qu'ils ont été l'un et l'autre victimes de la même barbarie.

Nous savons, nous intellectuels occidentaux, localiser le pire, et c'est très légitimement que nous nous inquiétons de la montée des nationalismes en Europe de l'Est. Mais le meilleur, savons-nous le penser ? Saurons-nous, maintenant que l'Europe semble pouvoir miraculeusement refaire son unité, suivre le conseil de Greimas : « En tant que Français, je pense que les Européens de l'Est sont des naïfs. Mais il faudrait essayer de renverser le problème et se demander si ce n'est pas "l'Est" qui pose certaines vérités simples, s'il ne faudrait pas écouter "l'Est" » ?

Écouter l'Est : en apparence, et vu la pluie ininterrompue de colloques, de concerts, de reportages, d'articles et de livres qui ont suivi la chute du Mur de Berlin, l'Ouest ne fait que cela. Mais les apparences sont trompeuses : on applaudit certes à tout rompre, on vole avec empressement, avec enthousiasme, au secours de la victoire, on se précipite à Prague, à Varsovie ou à Budapest comme si c'était à nous, Occidentaux, qu'il avait été jusqu'à présent interdit de traverser le rideau de fer, mais on n'écoute personne et surtout pas Havel, le plus ovationné et le plus unanimement admiré pourtant des Européens de l'Est. Que dit, en effet, Havel dans ses essais politiques composés au plus fort de la répression ? « Je crois qu'en ce qui concerne ses relations avec les systèmes totalitaires, la plus grande faute que l'Europe occidentale pourrait commettre est celle qui la menace le plus : ne pas les comprendre tels qu'ils sont en dernière analyse, c'est-à-dire comme un miroir grossissant de la civilisation moderne en son entier et une invitation pressante — peut-être la dernière — à une révision générale de la manière dont cette civilisation se conçoit »[1]. Que dit

1. Vaclav Havel, *Essais politiques*, Calmann-Lévy, 1989, p. 234.

Sur le sujet dissident

VACLAV BELOHRADSKY

1

Dans son livre *L'Ère de l'individu*, Alain Renaut analyse le paradoxe de « la présence conjointe, dans notre univers intellectuel, d'une condamnation de la subjectivité fondatrice comme racine lointaine de l'asservissement totalitaire ou technocratique, et du recours, pour décrire et dénoncer cet asservissement, à une certaine idée de l'être humain comme celui auquel, dans un monde entièrement administré, se trouve refusée toute possibilité (et donc tout droit) d'être le fondement de ses propres pensées et de ses propres actes, d'être un *sujet* et non point un *objet*, support chosifié d'une manipulation infinie »[1].

Le discours dissident appartient-il, lui aussi, à ce paradoxe ? La longue résistance de la culture au pouvoir totalitaire qui vient de s'achever dans les pays ex-communistes, est-elle touchée par la même contradiction que celle que Renaut constate, ou croit constater, « dans notre univers intellectuel » ? Une bonne partie de la philosophie contemporaine dénonce la subjectivité comme le lieu d'où le totalitarisme est issu. Mais pour dénoncer le totalitarisme lui-même, pouvons-nous nous passer d'avoir recours à la subjectivité autonome et autofondatrice ? La chute du totalitarisme annonce-t-elle un retour inévitable à la pensée du sujet ? Ou bien l'expérience sur laquelle repose la résistance antitotalitaire fraie-t-elle la voie à une manière de penser le propre de l'homme moderne qui se dérobe au paradoxe dont parle Renaut ? Ma thèse est que celui qui interprète la résistance

1. A. Renaut, *L'Ère de l'individu*, Gallimard, 1989, pp. 18-19.

au totalitarisme comme un retour à la pensée du sujet passe à côté de ce qu'il y avait d'essentiel en elle.

Voici le souci qui commande ma réflexion: qu'est ce que le sujet dissident par rapport au sujet de la modernité? Vaut-il la peine de repenser la modernité à partir de l'expérience dissidente, diluée et corrompue dans le bavardage médiatique?

Certes, c'est une question trop actuelle encore, qui nous investit de trop près et que je ne peux donc ici qu'amorcer. L'enjeu de mon interrogation: pour dénoncer le totalitarisme, est-il nécessaire d'avoir recours à la figure du sujet moderne? L'homme moderne résiste-t-il au totalitarisme parce qu'« il se veut comme sujet »? Le concept de la résistance au totalitarisme et celui du sujet moderne semblent s'impliquer réciproquement. Mais s'impliquent-ils vraiment?

Dans l'expérience dissidente — telle est ma thèse — nous nous trouvons devant une dénonciation du totalitarisme qui n'a pas recours à la subjectivité moderne fondée sur l'autonomie, l'idée du fondement, de l'universalisme, de la communauté communicationnelle infinie. Je vais m'interroger sur cette dénonciation pour chercher à penser la modernité à partir du sujet dissident plutôt que la dissidence à partir de la modernité, c'est-à-dire comme un épisode de la « mise en place » de la modernité. Kundera parle d'une « antimodernité moderne » à laquelle a abouti la culture mitteleuropéenne. Or le sujet dissident est le sujet de cette antimodernité moderne.

2

E. Levinas dit, en réfléchissant sur l'essence de notre époque:

« Âge religieux ou âge atomique — ces caractéristiques du monde moderne, slogans ou imprécations, cachent une orientation plus profonde. Malgré les violences et la folie qui se jouent sous nos yeux, nous vivons à l'heure de la philosophie. Dans leur activité, les hommes sont soutenus par la certitude d'*avoir raison*, de se trouver en accord avec les forces calculables qui meuvent réellement les choses, de marcher dans le *sens* de l'histoire. Cela suffit à leur bonne conscience. Par-delà le progrès de la science qui découvrit le jeu prévisible des forces dans la matière, les libertés humaines elles-mêmes (et jusqu'aux pensées qui prennent conscience de ce jeu) se régleraient par un ordre rationnel. Enfoui au fond de l'Être, il se dévoilerait et s'instaurerait en plein jour, à travers le désordre de l'histoire contemporaine, à travers les souffrances des particuliers comme à travers leurs convoitises, leurs passions et leurs victoires. La société industrielle planétaire qui s'annonce supprimerait toutes les contradictions qui déchirent l'humanité. Mais du même coup, le for intérieur de l'homme. La raison se lève comme un fantastique soleil qui rend transparente l'opacité des créatures. Hommes qui ont perdu leurs ombres ! Rien n'est plus capable d'absorber ni de réfléchir cette lumière qui abolit jusqu'à l'intériorité des êtres »[1]. L'État soviétique, voué totalement à l'idée de garantir la rationalité du réel, vient de l'esprit de la philosophie dont parle Levinas. La fascination que cet État a exercée sur les intellectuels occidentaux tient à son origine philosophique : la révolution à travers laquelle il s'installe comme une réalité politique, comme une force capable d'agir sur les hommes, est le commencement de l'histoire, c'est-à-dire le commencement d'un temps « nouveau » où les hommes ont pris leur destin en main. À travers l'État soviétique, la philosophie, cette certitude d'avoir raison, de marcher dans le sens de l'histoire, est devenue une « praxis de l'humanité ». L'histoire signifie que le pouvoir technique des hommes modernes s'installe finalement dans un temps propre qui n'est pas celui de la « simple » reproduction de la vie, mais de la « production » guidée par l'idée de l'humanité elle-même et non par les mécanismes aveugles du marché ou de l'instinct de conservation.

Cette idée entraîne un pathos pédagogique très typique du totalitarisme communiste : la révolution doit balayer les préjugés du passé, les survivances d'une époque où la vie ne reposait pas encore sur cet accord merveilleux avec les forces qui meuvent la réalité. Les intellectuels révolutionnaires se chargent de décaper l'époque des rouilles du passé. La passion communiste n'est pas la violence mais la pédagogie : « Même le révolutionnaire le plus

1. E. Levinas, *Difficile liberté*, A. Michel, 1976, p. 292.

rigoureux ne voit dans la violence qu'un mal nécessaire, alors que le *bien* de la révolution, c'est la rééducation »[1]. La société communiste veut être essentiellement une société « rééducative ».

La fascination que l'État soviétique exerçait sur notre époque tient à la finalité humaniste qui l'anime et qui justifie la cohérence impitoyable avec laquelle il opére : à travers lui l'accord avec les forces calculables de la réalité doit se rendre disponible pour toute l'humanité. L'État soviétique est l'expression la plus authentique de ce souci de marcher dans le sens de l'histoire qui commande la subjectivité moderne. Seuls les abrutis, les monstres pourraient s'opposer aux actions dictées par ce souci de vivre en accord avec les forces qui meuvent la réalité ! Qui se lève contre le soleil de la raison, qui entrave la marche dans le sens de l'histoire tombe en dehors de l'humanité, devient un infiltré de l'empire de l'inhumain, contre lequel les héros du souci de l'humanité ont engagé une lutte impitoyable.

L'acte dans lequel s'exprime l'essence de l'État communiste consiste à séparer les vivants des survivants, c'est-à-dire ceux qui appartiennent de plein droit au présent apporté par la révolution et fondé sur l'accord avec les forces qui meuvent la réalité de ceux qui appartiennent au passé, à un temps révolu dont ils ne sont que les survivants. La différence entre le présent apporté par la révolution et les traces d'un passé préhistorique est le principe constitutif de la société totalitaire qui supplante celui de la stratification sociale : toute la société est articulée autour de la différence entre les vivants et les survivants. La culture en vient à être manipulée massivement pour l'obliger à assumer cette différence comme un principe herméneutique suprême : le sens du présent réside dans la lutte entre les vivants et les survivants où tous les intellectuels doivent s'engager totalement. Kundera parodie la fonction herméneutique de ce principe dans le conte « Édouard et Dieu » : « La lutte entre l'ancien et le nouveau a lieu non seulement entre les classes, mais en chaque individu. C'est à ce combat que nous assistons chez le camarade. Il sait, mais sa sensibilité le ramène en arrière. Nous devons aider le camarade pour que sa raison l'emporte »[2].

1. M. Kundera, *Risibles amours*, Gallimard, 1986, p. 274.
2. M. Kundera, *ibid.*, p. 275.

Cette vigilance contre les traces d'un autre monde infiltré dans le présent est l'essence de la culture engagée : elle les traque partout pour les chasser définitivement du présent. La violence est seulement un mal nécessaire, un devoir tragique imposé par l'histoire qui fait cruellement souffrir ceux qui sont obligés de la pratiquer. La réalité d'aujourd'hui — voilà une expression typique ! — doit être « à tout prix » libérée du côté nocturne de la vie qui l'éclabousse encore. Ce côté nocturne de la vie est plutôt obstiné comme en témoigne la puissance « freinante » des survivances psychologiques et morales qui galvaudent les possibilités mises à disposition de l'humanité par la révolution. On doit rayer du livre lumineux que le monde est devenu les mots obscurs de ceux qui appartiennent au côté nocturne de la vie, à son inertie, à son enracinement dans la psychologie et dans la tradition.

Cependant le mot « survivance » révèle un contraste entre l'histoire et la puissance de la vie. Il y résonne aussi un certain esprit de conciliation : la révolution qui projette les actions des hommes dans le temps de l'histoire veut se réconcilier avec la puissance « freinante » de la vie en reconnaissant à certains besoins des hommes le statut de survivance (simple survivance !) pour les laisser s'éteindre naturellement. Cela demande patience de la part du révolutionnaire !

Voici un souvenir. Petit enfant, je passais les vacances scolaires dans les Sudètes : partout des maisons inhabitées, dont les Allemands avaient été chassés. Toutes les choses qui y étaient restées, comme traces d'une vie balayée, frappèrent ma curiosité d'enfant : les livres, les outils, les vieilles photos dispersées, les cimetières soustraits à la mémoire des vivants. Plus tard, comme jeune étudiant au lycée, j'ai fait un voyage en Pologne. C'est ainsi que j'ai vu Auschwitz pour la première fois : dans une salle y étaient étalés les amas de lunettes restés ici comme traces des juifs disparus dans les chambres à gaz. Ces amas des choses orphelines des visages des hommes et transformées en traces d'une vie disparue — c'est un souvenir inoubliable pour moi. Jiři Kolař a saisi, dit-on, le sens « épocal » du mot « assemblage » dans le même lieu, devant les mêmes amas de choses orphelines des hommes.

Comme étudiant à l'université de Prague, j'ai eu l'occasion de voir le secteur *libri prohibiti* de la bibliothèque universitaire: partout des amas de livres chassés des rayons, interdits, séparés des lecteurs, traités comme objets infectés qui empesteraient le présent s'ils étaient laissés « en liberté ». J'ai été si fasciné par la vie secrète que ces livres cadenassés menaient dans ce lieu très surveillé !

Très souvent nos livres scolaires étaient pleins de ratures. Les noms de ceux qui avaient été chassés du présent devaient être rayés pour ne pas oblitérer la transparence de la réalité. Nous savions tous, bien sûr, que sous les taches d'encre les noms rayés continuaient à mener une existence énigmatique. Chaque fois que je lis le mot « ~~être~~ » raturé à la manière de Heidegger ou de Derrida, je me souviens des ratures dans mes livres scolaires, de la présence illégitime dans notre vie des auteurs (des personnes) dont les noms avaient été chassés « sous la glace de l'époque » (Mandelstam). Voilà d'où vient cette sensibilité extrême pour le mode d'être qui est celui des traces d'une existence réfractaire à l'histoire, de ce qui a été raturé, repoussé, terni et qui est si typique de la philosophie et de la littérature des pays ex-communistes.

L'expérience essentielle sur quoi repose la culture dissidente concerne le mode par lequel ce qui a été raturé revenait à nous: l'obstination des traces. L'État communiste s'imposait comme maître de la différence entre les vivants et les survivants, entre le présent et les traces d'un temps révolu. Mais les traces que ce temps avait laissées derrière soi commençaient à transparaître. La voix de l'oblitéré s'accroissait lentement pour s'imposer enfin comme une force capable de définir un contre-monde, une réalité en compétition avec celle qui était gérée par l'État. Les traces indomptables, indociles, entêtées qui nous reliaient au réel mais qui pouvaient aussi rester inentendues, cachées à jamais...

3

Pour Heidegger l'essence de la modernité consiste dans l'humanisme, c'est-à-dire une « mise en position » de l'homme: cette mise en position de l'homme, sa promotion au rang de sujet, est l'*eschaton* de l'histoire. La modernité est l'époque où la société s'organise consciemment pour réaliser le sens de l'histoire, c'est-à-dire la souveraineté du sujet. « À l'intérieur de l'histoire des Temps modernes et en tant que l'événement de l'humanisme moderne, l'homme dans tout domaine et à chaque fois tente à partir de soi-même, de s'ériger en tant que centre et mesure de toutes choses, en une position souveraine, c'est-à-dire à en poursuivre la sécurité. Pour cela il est nécessaire qu'il s'assure de plus en plus de ses capacités et de moyens de domination propres et les tienne prêts de façon toujours renouvelée dans une disponibilité absolue. Cet événement de l'humanisme moderne, dont la loi n'entre totalement et ouvertement en jeu comme réalité irrésistible et consciemment saisissable qu'au XXe siècle, a été préparé de façon médiate par l'homme chrétien fixé sur la certitude du salut »[1].

L'État communiste est l'achèvement de l'humanisme, entendu au sens de cette « mise en position de l'homme »*. Dans la puissance communiste s'achève l'histoire de la philosophie, de la volonté de fonder l'existence humaine sur la certitude que l'humanité peut accéder au point de vue de la totalité. Cette certitude renvoie à l'idée de la méthode.

Tous les concepts politiques décisifs de la modernité portent sur la question de la promotion de l'homme au rang de sujet du monde, de gardien d'un champ où toutes les choses et tous les êtres sont transformés en ressources utilisables par les hommes pour réaliser « les fins de l'homme » ou « l'idée de l'humanité ». Or ce que les communistes appelaient « survivances » ou « préjugés » n'étaient que traces d'un temps où l'homme n'était pas encore « installé dans le monde comme sujet souverain », mais dominé par la tradition et intégré dans un monde qui se donnait comme éternel et immuable.

1. M. Heidegger, *Nietzsche* II, Gallimard, 1971, p. 118.

* Qu'il y ait d'autres définitions de l'humanisme, des œuvres aussi différentes que celles de Rabelais, de Montaigne, de Lévi-Strauss, de Thomas Mann sont là pour l'attester. Dans ses prochaines livraisons, *Le Messager européen* ouvrira une discussion sur les *équivoques de l'humanisme*, ou, pour le dire autrement, sur les significations diverses voire contradictoires que ce concept a revêtues dans la tradition européenne (N.D.L.R.).

Ce qui constitue, en revanche, la conscience dissidente est la pitié pour ces traces : les dissidents n'étaient pas poussés à résister au pouvoir totalitaire par un *credo* politique ; ils y résistaient parce que les traces de ce qui a été oblitéré les avaient investis avec une énergie irrépressible. La réalité définie par le sujet « mis en position » et figée dans l'État communiste se montrait faible face à la puissance énigmatique des traces d'un passé renié.

Havel a dit que ces traces d'un autre temps qui perçaient à travers la définition officielle de la réalité, ces auteurs « chassés sous la glace de l'époque » représentaient pour lui « l'inspiration et la culture vivante » et c'est pour cela qu'il s'est livré au cours des années cinquante à un travail « de relevé des nappes souterraines » de la culture.

La résistance antitotalitaire n'était pas une attitude politique mais plutôt ce travail « de relevé des nappes souterraines ». La dissidence peut être définie comme la reconstruction d'un monde à partir des traces des œuvres et des hommes disparus, rejetés, oblitérés. Cette reconstruction d'un monde à partir de ses traces a été une expérience de masse — voilà un moment décisif de la conscience dissidente. Partout il y avait des traces et ces traces se montraient obstinées, énigmatiquement résistantes à la *libido* définitoire de l'État communiste, issu de l'esprit de la philosophie.

Je pense que l'expérience de la réalité sur laquelle repose la culture dissidente se résume en cette métaphore : la réalité est un animal blessé qui se traîne en cherchant un lieu pour se cacher et qui laisse derrière soi les traces de sang. « Penser » voulait dire « flairer ces traces » d'une réalité blessée et cachée.

Le sujet dissident est marqué par une sorte d'angoisse extrême devant le pouvoir de définir « méthodiquement » la réalité que le « sujet en position » revendiquait. Le sujet « en position » règne sur la réalité en maître sans scrupules, sans doute, sans aucune pitié pour la tradition et l'autorité. H. Gouhier a analysé l'idée cartésienne qui fait de l'enfance la source de toutes nos erreurs : « La première et principale cause de nos erreurs sont les préjugés de notre enfance ». Penser veut dire vaincre la résistance au vrai propre de l'esprit d'enfance qui imprègne de soi toute l'existence humaine. Or l'enfance devient la métaphore d'un état illégitime de l'homme parce qu'il n'est pas encore capable de définir la réalité « méthodiquement » en tant que « sujet en position ». L'histoire est une marche de l'enfance vers l'âge adulte, c'est-à-dire vers la « subjectivité émancipée de l'esprit d'enfance »[1].

Métaphoriquement, on pourrait dire que la conscience dissidente oppose l'esprit d'enfance qui appartient à la vie humaine comme telle à l'esprit de la méthode. Ainsi, par exemple, la socialité a été constituée en thème suprême de la littérature dissidente et comme le lieu où la réalité se dérobe à la définition méthodique imposée par l'État et où l'esprit d'enfance résiste à l'esprit de la méthode.

Or le sujet dissident est avant tout cette pitié pour l'esprit d'enfance devant les prétentions de l'esprit de la méthode incarné dans l'État: la modernité est vécue comme une époque où l'esprit d'enfance pourrait disparaître à jamais et rien ne s'opposerait plus au pouvoir du sujet « en position » de séparer « méthodiquement » les vivants des « simples » survivants.

On entrevoit les contours de la question qui gouverne ma réflexion: quel rapport y a-t-il entre le sujet de la modernité qui se constitue à travers le *cogito* et le sujet dissident « mû par la pitié » qui subvertit chaque définition de la réalité imposée par « l'esprit de la méthode »?

4

Je viens d'évoquer toutes sortes de traces: les amas de lunettes que les juifs chassés dans les chambres à gaz ont laissés derrière eux, *libri prohibiti*, les noms des hommes rayés de nos livres scolaires. Cherchons maintenant à nommer les traces décisives, celles qui nous ont parlé de la voix la plus forte et la plus obstinée. Quelles traces ont enfin subverti la définition de la réalité imposée par l'État issu de la philosophie?

1. H. Gouhier, « Le refus du symbolisme dans l'humanisme cartésien », in *Archivio di filosofia*, 1958, pp. 65-74.

En premier lieu, je voudrais parler des scrupules. Les scrupules sont préjugés et donc scandaleusement illégitimes malgré leur force contraignante. La modernité veut définir la réalité « sans préjugés », sans contrainte imposée par la tradition, par l'autorité des autres sédimentée dans notre manière de voir le monde. L'impératif constitutif de la modernité est celui de s'émanciper de l'esprit d'enfance dans lequel les préjugés sont enracinés.

La philosophie de Descartes est le point de départ de cette volonté de se mettre définitivement à l'abri de la puissance de l'enfance et de fonder les convictions propres sur l'autorité de l'évidence. Les préjugés sont des traces du scandale de la condition humaine « car il est proprement scandaleux que l'être raisonnable commence par n'être pas ce qu'il est » (Descartes). Heidegger caractérise le *cogito* d'une manière très profonde quand il dit que « *cogitare* est toujours un penser au sens d'un scrupule, notamment d'un penser qui a scrupule de ne laisser valoir que ce qui ne fait plus l'objet d'aucun scrupule en tant que sûrement posé, et proprement "posé devant soi" (re-présenté). Le *cogitare* est par essence un scrupuleux poser-devant-soi, un représenter qui sonde, scrute et suppute : *cogitare est dubitare*[1] ».

Le « cogito » est ici caractérisé comme une forme de la vie poussée par la volonté de ne laisser rien au doute, de mettre toute la définition de la réalité à l'abri de l'incertitude. À partir du moment où la réalité est définie « scrupuleusement », c'est-à-dire à partir du moment où elle est décapée de toutes traces de l'esprit d'enfance, personne ne peut s'y opposer « avec raison » : chaque résistance est « infantile », une survivance du passé illégitime.

La forme de la vie que le cartésianisme impose comme le fondement de la modernité est la méthodicité. Toutes les définitions de la réalité qui ne renvoient pas à la méthode sont corrompues par l'esprit d'enfance et donc des « préjugés », des « survivances » illégitimes. Le champ de préjugés est produit par un penser qui se dérobe au scrupule de ne pas laisser valoir comme vrais les savoirs ouverts au doute. Il y a donc une résistance au vrai qui appartient à la condition humaine qui n'est

1. M. Heidegger, *Nietzsche* II, Gallimard, 1971, p. 123.

qu'un combat entre l'esprit d'enfance et l'esprit de la méthode. Les préjugés sont les valeurs et les convictions de ceux qui ont été vaincus par l'esprit d'enfance, dont la vie n'est pas suffisamment « scrupuleuse »: les porteurs des préjugés veulent rester enfants pour toute la vie. Voilà le sol dans lequel l'idée communiste de la « rééducation » est enracinée.

Heidegger remarque que le doute méthodique se rapporte « par essence à l'indubitable, à ce qui ne donne lieu à aucun scrupule, à ce qui est au-delà de tout soupçon ». Le *dubitare* donc est au service de la certitude, d'une forme de la vie qui vise à se distancier définitivement de l'esprit d'enfance, des traces d'une tradition acceptée « pré-méthodiquement ».

L'État communiste a élevé la différence entre l'esprit d'enfance et l'esprit de la méthode en principe politique suprême: tout préjugé est un savoir « infantile » et c'est pourquoi chaque homme a le devoir de s'en détacher. L'État communiste veut contraindre les enfants à grandir, à devenir adultes. Le sens de la politique totalitaire consiste à faire prévaloir l'esprit de la méthode définitivement dans la société. Or, pour comprendre l'expérience dissidente, nous devons repenser l'idée de préjugé que nous avons héritée des Lumières. La culture dissidente semble d'abord une énorme « mise en valeur » des préjugés, une révolte de l'esprit d'enfance contre l'esprit de la méthode. Réfléchissons sur une locution banale mais qui fait bien ressortir le sens menaçant d'une absence totale de préjugés: « l'homme sans scrupules, capable de tout ». L'homme sans scrupules est celui qui est disposé à se mettre totalement au service de l'esprit de la méthode, qui a contraint au silence tout ce qui précède la méthode et donc ne peut être que « préjugé ». Mais un homme sans scrupules est dangereux parce qu'il est insensible aux vérités si originaires qu'elles précèdent tous jugements et ne peuvent donc être que « préjugés ».

Si on analyse la littérature dissidente de ce point de vue, on la perçoit comme un plaidoyer « désespéré » pour les scrupules de l'homme. Dans le mot « scrupule » résonne ici une préoccupation radicalement différente de celle qui gouverne l'esprit de la méthode. « Penser au sens d'un scrupule » ne tient pas ici à la volonté de ne laisser valoir *que ce qui est* « certain ». Au contraire, « penser scrupuleusement » équivaut à nous faire éprouver la menace radicale que la prédominance totale de l'esprit de la méthode ferait peser sur la société comme telle. Qu'est-ce que cette menace ?

Dans son dernier ouvrage, P. Ricœur[1] discute l'oubli du langage qui caractérise la prétention fondationnelle de la philosophie cartésienne : « La philosophie de la subjectivité a fait entièrement abstraction de la médiation langagière qui véhicule son argumentation sur le "je suis" et le "je pense". » Dans un sens très proche on pourrait dire que la prétention communiste de soumettre la société comme telle à l'esprit de la méthode fait entièrement abstraction de la relation sociale en tant que l'accord profond entre les hommes qui précède chaque définition « méthodique » de la réalité : pour saisir cet accord fondamental sur la réalité la réflexion philosophique a introduit le concept de *Lebenswelt* ou du « monde de la vie ». La définition de la réalité issue du *cogito* se heurte à cet accord originaire qui est considéré comme « simple » préjugé et scrupule d'enfance. Or la culture dissidente est commandée par une sensibilité extrême à cet accord profond entre les hommes qui précède chaque véritable discours et qui — quand il vient au langage — subvertit toute définition de la réalité issue du *cogito*, c'est-à-dire de l'esprit de la méthode.

D'une part, il y a l'esprit de la méthode qui s'est fait l'histoire de l'humanité grâce à la puissance de l'État communiste ; d'autre part il y a la voix faible des scrupules qui nous lient « à l'accord profond avec les autres » où l'expérience de la réalité est enracinée le plus originairement. C'est seulement quand cet accord fait irruption dans notre conscience que nous faisons l'expérience de la vérité et donc l'expérience de la vérité est « extra-méthodique ». Gadamer entend par là le fait que chaque expérience de la vérité est aussi « œuvre » de la question que les autres nous ont posée dans le cadre de l'accord profond qui régit chaque dialogue entre les hommes. C'est grâce à leur altérité que cet accord lui-même « devient langage », si bien que *nous faisons* l'expérience de ce qui précède la conscience méthodique et qui la disloque en nous mettant devant la force du « medium », de ce qui est « au milieu » des hommes.

1. P. Ricœur, *Soi-même comme un autre*, Le Seuil, 1990, pp. 22-35.

Les communistes ont légiféré sur tout : ils ont changé les noms des villes, des rues, ont rayé les noms des anciens protagonistes de la vie culturelle et politique de notre pays, ont réécrit l'histoire et refait le système scolaire. Le pays était encombré de changements radicaux et soumis à une « réécriture permanente » de la tradition (de son enfance !) du point de vue imposé par l'esprit de la méthode.

Souvenons-nous du film *L'homme de marbre* de Wajda : le travail soumis totalement à l'esprit de la méthode et incarné dans la figure du « stakhanoviste » — l'ouvrier qui dépasse continuellement les normes grâce à la méthodicité de son travail — est absurde et mortifiant !

Or le sujet dissident n'oppose pas à ce déferlement de changements entraîné par l'esprit de la méthode une contre-méthode : il ne conteste pas la méthode « marxiste » comme fausse. Il met en question l'esprit de la méthode lui-même. En paraphrasant une formule célébre on pourrait dire que la dissidence ne cherchait pas une contre-méthode mais le contraire de la méthode. Autrement dit : elle cherchait à enraciner le rationnel dans le raisonnable.

H. Broch montre dans son essai « Dégradation des valeurs » qu'à la racine du sujet moderne il y a la fascination irrésistible que l'esprit de la méthode exerce sur les hommes. Le produit le plus caractéristique du sujet moderne est le kitsch. Kitsch, par exemple, est la poésie dont la finalité est celle d'émouvoir et dont l'auteur a recours à une étude sociologique pour trouver les motifs les plus émouvants dans la société. Kitsch est aussi la loi qui se sépare totalement de ces aspects de la vie qui ne sont pas réductibles à la légalité. Les formules où se résume la logique du kitsch sont les tautologies comme celles-ci : « la loi est la loi » ou « les affaires sont les affaires » ou aussi « à la guerre comme à la guerre »[1]. Les tautologies nous poussent à sacrifier tout à la cohérence fascinante d'un système de valeurs « bien fermées sur elles-mêmes ». Cette fermeture des valeurs est la condition « morale » du déchaînement dans la société moderne de l'esprit de la méthode qui ne se soumet qu'au critère de l'efficacité. Le point de vue méthodique impose à l'homme moderne de mettre

1. H. Broch, *Les somnambules*, Gallimard, 1982, p. 132.

de côté « ses scrupules ». Le mal moderne donc est d'ordre esthétique parce que le sujet moderne sacrifie tout à la « belle cohérence » du système de valeurs dont il est devenu « spécialiste ». H. Arendt en réfléchissant sur Broch a insisté sur ce point : « Ce qu'il y a de caractéristique dans cette philosophie des valeurs, c'est que le kitsch n'est pas seulement le mal dans le système des valeurs artistiques, mais que la figure du criminel tout comme le modèle du mal radical en soi se manifestent en premier lieu pour Broch sous la forme du littérateur esthétisant (car c'est cela qu'était Néron dans l'interprétation de Broch et il a même vu Hitler comme une sorte de Néron)... Des esthètes au sens le plus large, des littérateurs esthétisants dans le vide des valeurs, voilà ce que sont les gens d'affaires dont le credo est *Business is business* et les hommes d'État qui croient qu'on ne fait pas d'omelette sans casser des œufs. Ils sont des esthètes parce qu'ils sont sous l'enchantement de la cohérence de leur propre système et ils deviennent des assassins parce qu'ils sont prêts à tout sacrifier à cette cohérence, à cette belle fermeture sur soi-même »[1]. Or, enraciner le rationnel dans le raisonnable présuppose que nous réussissions à rompre la fascination de cette « belle fermeture » et à sortir de l'esprit de la méthode.

C'est donc un moment essentiel de la conscience dissidente : le sujet dissident « se retire » des tautologies qui régissent l'esprit de la méthode parce qu'il se laisse vaincre par ses scrupules. Leur voix est faible, ils sont « sans fondement » mais ils lui parlent avec une insistance irrésistible, avec une prétention bouleversante à la vérité. Lentement la société tout entière est pénétrée par cette voix des scrupules. La puissance de l'esprit de la méthode se heurte de plus en plus à l'autorité de ceux dans la société qui expriment les scrupules de tous.

Havel, dans son « Pouvoir des sans-pouvoirs », dit que la dissidence s'adresse à une « sphère cachée » qui appartient à chaque homme : une fois réveillée elle devient une force politique décisive : « Sous la surface bien ordonnée de la "vie dans le mensonge", sommeille donc la sphère cachée des intentions véritables de la vie, son "ouverture secrète" sur la vérité. Le pouvoir politique explosif et incalculable de la "vie dans la

1. H. Arendt, *Vies politiques*, Gallimard, 1986, pp. 153-154.

vérité" réside dans le fait qu'une fois découverte elle possède un allié, certes invisible, mais omniprésent : cette "sphère cachée". Et la vie dans la vérité se développe à partir d'elle, elle l'interpelle et y rencontre de la compréhension »[1]. Cette sphère cachée n'est que la voix des scrupules qui nous ouvre sur l'accord profond entre les hommes que l'esprit de la méthode a réduits au silence.

5

Il y avait partout une autre sorte de traces encore, que je voudrais appeler « les débordements du langage naturel sur la langue de bois ». La société totalitaire était articulée autour d'un langage méthodique officiel — langue de bois justement — qui a été imposé dans toutes les sphères de la vie : l'art, la philosophie, la littérature, même la vie quotidienne devaient s'adapter à ce langage. Or le langage naturel débordait le cadre du langage méthodique ou plutôt s'en détachait comme d'une enveloppe artificielle. La confrontation continuelle entre le langage naturel et le langage gouverné par l'esprit de la méthode a réveillé dans la société une sensibilité nouvelle à ce que le langage naturel est, à son irréductibilité.

Mais qu'est-ce que le langage naturel ? Certes, nous ne pouvons pas le définir en énumérant un certain nombre de règles pertinentes pour le déterminer comme système. Pour réussir à le définir nous préférons mettre en lumière une possibilité qui ne tient qu'au langage naturel, qui advient seulement en lui. Pour la saisir dans son sens constitutif de la naturalité du langage, je veux suivre un déplacement sémantique, un écart qui se produit entre la signification originaire et la signification actuelle du mot *hypocrisis*. Il appartenait originairement à l'ancienne rhétorique où il désignait une phase de la préparation du rhéteur que le latin signifiait par le mot *actio* et qui tient à la préparation du discours « en acteur », c'est-à-dire au contrôle de la voix, à l'harmonie des gestes, à la distribution de pauses. Aujourd'hui le

1. V. Havel, *Essais politiques*, Calmann-Lévy, 1989, p. 89.

mot *hypocrisis* a pris un sens métaphorique qui fait ressortir ce qui rend naturel un langage. Réfléchissons sur cette idée de Gadamer :

« Quand un mot est transféré dans un domaine d'application auquel il n'appartient pas à l'origine, la véritable signification originaire ressort comme si elle était vue en relief. La langue a opéré ainsi par anticipation une abstraction qui est maintenant la tâche d'une analyse conceptuelle. La pensée n'a plus qu'à mener à son terme ce travail préalable[1] ». La métaphorisation du mot *hypocrisis* fait ressortir la véritable signification « originaire » de la relation « dialogique » sur laquelle repose d'une manière inaperçue notre idée du langage naturel. La transposition sémantique a accompli ici un travail conceptuel qui nous suggère qu'il y a une tension irréductible entre l'expérience de la vérité et la récitation. Ce qui détermine l'essence du langage naturel n'est pas un système de règles, mais une possibilité unique, c'est-à-dire celle d'en venir à savoir (de nous-mêmes et du monde) ce que nous n'aurions pas voulu savoir. Le dialogue entraîne toujours ce risque de perdre le contrôle du langage et donc d'être contraint à changer *ses* propres points de vue. C'est ce risque qui définit la naturalité d'un langage et rien d'autre. Qui parle « en acteur », qui prépare en avance son discours, se dérobe à ce risque — celui-là est hypocrite.

Le mot *hypocrisis* indique aujourd'hui le « vice qui consiste à déguiser son véritable caractère, à feindre des opinions, des sentiments ». Les mots considérés comme synonymes sont : simulation, duplicité, fausseté, fourberie. La métaphorisation de ce mot a mis « en relief » le rapport constitutif entre l'expérience de la vérité et le risque de perdre le contrôle sur le langage, auquel se dérobe qui prend la parole seulement à condition d'être « maître du langage », c'est-à-dire à condition de disposer des « phrases préparées en avance ». On parle « vraiment » là où ce risque non seulement n'est pas exorcisé mais, au contraire, est une valeur partagée par tous. L'emploi métaphorique du mot *hypocrisis* éclaire un point décisif : c'est seulement là où le langage dans son déploiement concret dépasse le contrôle que la subjectivité de chacun veut exercer sur

1. H. G. Gadamer, *Vérité et méthode*, Le Seuil, 1976, p. 29.

lui que nous pouvons faire l'expérience de la vérité parce que celle-ci est liée au risque de voir transformer ses propres points de vue. Quand la possibilité de ce dépassement est acceptée par tous comme l'enjeu propre de chaque acte de parler, alors un dialogue véritable a lieu. Ce qui définit la naturalité d'un langage est le risque que le mouvement du dialogue déchire la subjectivité des parlants de manière que dans la conscience de tous fassent irruption des idées qui ne sont plus reconduisibles à la subjectivité d'aucun d'eux : elles dépassent la subjectivité de chaque individu engagé dans le dialogue. Voilà l'essence de l'expérience de la vérité.

Cette idée de la vérité a été élaborée philosophiquement par Gadamer. Je me limite ici à rappeler la métaphore du « jeu » à laquelle Gadamer a recours pour définir l'essence du langage. Wittgenstein a élaboré le concept de « jeu linguistique » qui est articulé autour de l'idée de règle : il y a dans le langage différentes règles qui renvoient à différentes « formes de vie » et comme telles engagent celui qui parle. Les problèmes philosophiques surgissent quand on enfreint ces règles et quand certaines formes de dire tournent « à vide » en dehors des « jeux linguistiques » auxquels ils appartiennent. Pour les résoudre, nous devons ramener ces formes de dire aux jeux linguistiques et aux formes de vie qui leur sont propres.

En réalité, le mot « jeu du langage » indique aussi une modalité d'être qui consiste à transcender la subjectivité de chaque participant au « jeu », à l'entraîner dans un mouvement où elle ne peut plus rester « en soi ». Le mouvement que la métaphore du « jeu » veut saisir ne peut pas être rapporté à la conscience des joueurs. « Les joueurs ne sont pas le sujet du jeu ; mais à travers les joueurs c'est le jeu lui-même qui accède à la représentation-*Darstellung*. » Le *subjectum* du langage n'est pas la subjectivité de celui qui parle, mais le langage lui-même, car le jeu que le langage est « a une essence propre, indépendante de la conscience de ceux qui jouent. Le jeu se donne là aussi — et même là proprement — où aucun être pour soi de la subjectivité ne vient limiter l'horizon thématique et où il n'y a pas de sujets qui s'atteignent eux-mêmes en jouant »[1].

1. H. G. Gadamer, *op. cit.*, pp. 28-29.

La littérature dissidente se trouve jetée dans ce champ de révolte dès le début, parce que sa raison d'être était de « parler de ce que l'histoire omet ».

6

Les scrupules, le langage naturel, la mémoire portent sur la question de l'œuvre d'art ou plus précisément sur celle de « l'œuvre » de l'œuvre d'art dans une société gouvernée par l'État totalitaire issu de l'esprit de la méthode. Cette question est à double face. Les artistes ont été attirés comme des mouches par l'État soviétique et beaucoup d'entre eux sont morts dans ce piège. Ils ont interprété l'œuvre d'art à partir de l'esprit de la méthode : l'œuvre de l'œuvre d'art consiste à éduquer les masses, à opérer une « ingénierie » des âmes selon une expression célèbre de Staline. L'engagement des écrivains et des intellectuels en général devait consister à se mettre du côté du « prince moderne », de ce « prince de la méthode » comme si l'œuvre d'art elle-même n'était qu'un aspect de l'expansion de l'esprit de la méthode dans la société.

L'époque moderne, c'est-à-dire l'époque où l'homme dans tout domaine et à chaque fois tente à partir de soi-même de s'ériger en tant que centre et mesure de toutes choses, « a été préparée de façon *médiate* par l'homme chrétien fixé sur la *certitude* du salut. C'est pourquoi l'on peut interpréter différents phénomènes des Temps modernes en tant que sécularisation du christianisme »[1]. L'esprit de la méthode est le noyau de la sécularisation. De ce point de vue l'art qui collabore avec le totalitarisme est corrompu par une auto-interprétation fatalement fausse : l'art serait l'héritier légitime de la promesse du salut dans le monde sécularisé de même que l'esprit de la méthode culminerait dans la conscience esthétique.

Mais ce n'est pas le problème que je vais discuter ici. Ce que je veux mettre en lumière est le passage de l'œuvre d'art de la sphère esthétique à la sphère de la vérité : l'œuvre d'art est le lieu

1. M. Heidegger, *Nietzsche* II, Gallimard, 1971, p. 118.

où on fait l'expérience de la vérité et non une expérience esthétique. L. Ferry a analysé dans son livre *Homo estheticus* la dimension esthétique comme celle où la subjectivité moderne rompt avec la référence hétéronome de la tradition théologico-politique et se déploie de la façon la plus radicale. Dès que le cadre théologico-politique et les repères de la certitude assurés par lui commencent à se dissoudre, l'individu éprouve son identité comme écart par rapport aux normes : il *est* cet écart, il se fait individu en se mettant à l'écart du normatif. Dans le domaine esthétique, l'écart que l'individu est devient une tradition. Ce qui caractérise la conscience dissidente est la conception de l'œuvre d'art comme « organe de la vérité », comme le lieu où la puissance du méthodique est finalement brisée et les hommes obligés à faire l'expérience de la vérité. Patočka dit que le discours que Soljenitsyne a donné à Stockholm à l'occasion du prix Nobel est un des faîtes de la pensée philosophique contemporaine parce qu'il y a posé avec une clarté et une énergie exemplaires la question décisive de la modernité : qu'est-ce qui peut compenser la perte de l'expérience apportée par notre époque planétaire ? Avant tout : qu'est-ce que l'expérience ?

L'idée de Soljenitsyne est que la finitude de l'existence humaine se manifeste en ce que l'homme est limité par son expérience, et cette limitation entraîne l'indifférence devant l'expérience des autres. Tout ce qui n'est pas notre expérience à nous reste opaque, lointain, dépourvu de sens. La conséquence de la finitude est l'indifférence envers la souffrance des autres et c'est pourquoi « les événements les plus terribles se produisent dans le monde sans que nous soyons capables de les remarquer, de les reconnaître comme le mal — voilà le sceau de la finitude »[1]. Or l'essence de l'art est dans sa capacité de transmettre l'expérience, de bouleverser l'indifférence envers les expériences des autres à laquelle nous condamne la finitude, si bien que l'expérience « étrangère » et lointaine des autres devient notre expérience à nous. Seul le langage de la littérature (et de l'art en général) jette un pont au-dessus de l'abîme d'indifférence que la finitude creuse entre les hommes. « Qui réussira à faire

1. J. Patočka, « Technicka epocha a obet », in *Svedectvi*, 1980 n. 62, pp. 273-277.

phrase, une œuvre comme « réponse à une question ». Cette question a motivé l'œuvre, l'a suscitée en se cachant en elle. L'altérité de l'œuvre défie nos préjugés et c'est seulement grâce à ce défi que nous pouvons entendre ce qu'un texte « a à dire ». La méthode veut approcher l'œuvre comme un objet, tandis que pour la comprendre nous devons la laisser être un « toi ».

L'herméneutique de Gadamer (que nous avons seulement effleurée) nous a aidés à éclairer la raison pour laquelle l'art a joué un rôle si important dans la résistance antitotalitaire : à partir de l'expérience de la vérité sur laquelle repose sa compréhension, la prééminence destructrice de l'esprit de la méthode incarné dans l'État totalitaire a été vaincue.

Dans *L'Ère de l'individu*, Alain Renaut rappelle l'intention philosophique du livre *La Pensée 68* : « mettre en relation les subversions théoriques du sujet et une certaine promotion, débordant de loin le champ philosophique, des valeurs de l'individualité : c'est dans l'avènement de l'individu, suggérions-nous, que meurt le sujet ». À la modernité appartient aussi un effacement du sujet au profit de l'individu : comment les valeurs de la subjectivité s'intègrent dans celles de l'individualité — voilà une question essentielle pour une lecture de la modernité « tardive ».

Je propose de situer notre réflexion sur le sujet dissident dans la lumière de cette question (qui, d'ailleurs, déchire secrètement chaque lecture de la modernité) mais en radicalisant ses termes. Le sujet est le lieu où l'esprit de la méthode est métaphysiquement garanti, assuré, légitimé. L'idée de la méthode est garantie par la subjectivité transcendantale « comme histoire ». L'idée du sujet est totalement soumise à celle de la méthode. Or l'État communiste est issu de cette subjectivité qui n'est que la fondation transcendantale de l'esprit de la méthode. L'individu, au contraire, est un concept qui se rapporte à l'expérience extra-méthodique de la vérité, à son irréductibilité. C'est dans ce sens que l'on doit interpréter la modernité comme une lutte de l'individualité contre la subjectivité. Ma réflexion sur le « sujet dissident » voudrait contribuer à cette lecture de la modernité.

VACLAV BELOHRADSKY

LA NORMALISATION DES LANGUES

Remarques critiques sur la réforme de l'orthographe

JEAN MOLINO

L'été 1989 a été celui du Bicentenaire de la Révolution française, il a aussi été la saison de l'orthographe, dont on a fait un « problème de société », formule passe-partout, formule creuse qui sert à donner dignité et importance à tout ce dont on parle. Et l'on n'a même pas manqué d'établir un lien entre les deux thèmes, puisque les dix signataires d'un manifeste en faveur de la réforme de l'orthographe n'hésitaient pas à écrire : « *En cette année du Bicentenaire de la Révolution, il convient de rappeler avec force que savoir lire et écrire, posséder pleinement les possibilités de cet instrument incomparable qu'est l'écriture est un droit civique, et l'accès à la culture écrite un droit des citoyens*[1]. » Comme tous les manifestes, littéraires ou politiques, le texte signé par dix linguistes fait davantage appel à la rhétorique qu'à l'argumentation fondée et la phrase que nous venons de citer en est un excellent exemple : il est difficile de savoir ce qui distingue un droit civique d'un droit des citoyens et l'on ne nous explique pas le lien qui existe entre le Bicentenaire de la Révolution et l'orthographe ; car, pour qu'un lien soit établi, il faudrait *prouver* la proposition selon laquelle le droit à l'écriture rend nécessaire la réforme de l'orthographe, ce qui est précisément en question.

Si des linguistes éminents se laissent ainsi aller aux facilités de la rhétorique, c'est l'indice d'une situation qui doit d'abord retenir notre attention : le problème de la réforme de l'orthographe est mal posé. Et cela se manifeste dans le caractère

1. *Le Monde*, 7 février 1989.

idéologique des arguments avancés pour ou contre la réforme. Prenons comme document le livre de J. Leconte et Ph. Cibois, *Que vive l'orthographe*[1], qui a relancé la discussion, et choisissons quelques exemples. Le premier chapitre de la partie rédigée par Ph. Cibois, « Réflexions sur un débat de presse », conduit à la conclusion suivante : « *En résumé, ce qui semble caractériser ce courant opposé à une réforme de l'orthographe est la perception que l'on touche à travers l'orthographe à quelque chose de grave concernant la société et qu'il ne s'agit pas tellement de convaincre que de dévaloriser la réforme*[2]. » Les positions pour ou contre la réforme sont associées à des positions politiques : « *Il semble que Nina Catach, en mettant le doigt sur le lien qui existe au* XIX*e siècle entre le fait d'être pour ou contre Dreyfus et le fait d'être pour ou contre une réforme de l'orthographe, permet de proposer une explication à l'attitude constante de dévalorisation employée par les adversaires de la réforme*[3]. » Et tout en concédant qu'« *il n'y a pas de lien direct entre l'appartenance politique de droite et le fait d'être contre l'orthographe* (je pense qu'il faut corriger ici et lire : *contre la réforme de l'orthographe.* J. Molino) *et une position symétrique à gauche* »[4], Ph. Cibois n'en continue pas moins : « *On comprend mieux maintenant pourquoi la réforme est encore aujourd'hui assimilée au "laxisme" : c'est le même courant qui autorise la réforme et qui accepte des modifications à l'ordre social* [...]. *Le plus lucide dans cette optique a été Philippe de Villiers qui a bien vu le lien entre l'abolition des privilèges et la modification des règles du participe passé* » (p. 88). Ce développement montre bien que les deux camps utilisent des armes analogues : en quoi par exemple la phrase de Philippe de Villiers citée p. 73 (« *Les instituteurs au participe présent réclament l'abolition des participes passés... Je suis consterné par ce sondage* ») implique-t-elle la reconnaissance d'un lien entre l'abolition des privilèges et la modification des règles du participe passé ? Il s'agit d'une bien étrange façon d'expliquer les textes... A chaque instant, dans les pages de Ph. Cibois comme dans la postface de Jean-Claude Barbarant, il est question d'un combat, d'une lutte, d'un enjeu de

1. Seuil, 1989.
2. *Op. cit.*, pp. 82-83.
3. *Op. cit.*, p. 86.
4. P. 87.

pouvoir : « *Sous les débats qui l'entourent affleurent des conflits de pouvoir à conserver, partager ou conquérir*[1]. »

Les partisans de la réforme font appel à des thèmes qui ont eu leur moment de faveur après 1968 et qui passaient alors, qui passent encore pour des résultats confirmés de la science linguistique : la langue est orale et l'écriture n'est guère qu'une transcription sans valeur autonome de la langue orale. Par ailleurs, la langue orale est le médium naturel de la communication tandis que l'écriture est imposée par les pouvoirs étatiques, et la dictée est répressive. Dans un numéro du *Monde de l'éducation* déjà consacré à la réforme de l'orthographe en 1975, J. Cellard présentait le dossier dans un article intitulé « Un monument de la société bourgeoise », et écrivait par exemple : « *Mais, ce faisant, Siné l'anarchiste, le contestataire absolu, revendique contre la force aveugle le respect d'un "ordre" orthographique passablement réactionnaire, comme un signe de l'intelligence libre ?* [...] *Le linguiste, pour qui la réalité essentielle d'une langue est la parole, ne s'intéresse que médiocrement au problème de l'orthographe, qu'il tient pour affaire de pédagogues ou d'académiciens.* [...] *Celle-ci* [l'écriture] *est à l'origine et en principe (pour toutes les langues), la représentation fidèle du système phonétique* [...]. » Il est difficile d'affirmer davantage de contrevérités en si peu d'espace : l'orthographe, monument de la société bourgeoise ou, comme le dit Ph. Cibois, « *butte témoin* » de l'Ancien Régime[2] ? « *Dans l'histoire, ce sont les imprimeurs et les auteurs qui, ensemble, ont fait les réformes*[3] » : « *En réalité, c'est en profondeur, chez les écrivains, dans les manuscrits, les ateliers, les imprimés, le mouvement social, économique et incessant de l'usage, beaucoup plus que dans l'ignorance des uns, la méchanceté des autres, qu'il faut rechercher les clés véritables du problème*[4]. » Ces échantillons, que l'on pourrait multiplier sans peine, montrent la validité du jugement porté par trois linguistes à propos de la réforme orthographique en Hollande : « *A notre avis, la conclusion évidente est que tous les arguments utilisés*

1. J.-C. Barbarant, *op. cit.*, p. 134.
2. *Op. cit.*, p. 88.
3. Nina Catach, *Le Monde de l'éducation*, 164, octobre 1989, p. 56.
4. Nina Catach, « L'Orthographe », *Que sais-je*, 1988, p. 46.

(pour aussi bien que contre) sont beaucoup trop fragiles et que par conséquent toute la controverse est absolument superficielle[1]. »

Un autre aspect du caractère idéologique de la querelle et de la discussion se manifeste lorsque les partisans de la réforme font appel aux différentes réformes qui ont eu lieu dans d'autres pays : « *Les exemples de tels aménagements sont si nombreux qu'ils constituent quasiment la règle.* [...] *Ce fut le cas pour l'Allemagne (1900-1920), la Russie (1917), les Pays-Bas (1936-1970), le Portugal et le Brésil (encore tout récemment), l'Espagne et les pays d'Amérique du Sud, les pays de l'Est, etc.*[2]. » Il est vrai qu'il y a eu de très fréquentes réformes de l'orthographe dans divers pays, mais, pour être exact :

1. Ces réformes ont porté sur des points extrêmement différents et qu'elles n'ont donc pas eu le même impact sur le système graphique et sur la langue. Pour ne donner qu'une indication, ce n'est pas du tout la même chose lorsqu'on supprime absolument un ou plusieurs symboles graphiques (c'était le cas d'une partie de la réforme orthographique en Russie du 13 octobre 1918), lorsqu'on change d'alphabet (passage de l'alphabet latin au cyrillique, du système arabe au système latin) et lorsqu'on change un certain nombre d'éléments morphologiques ou lexicaux.
2. Il est tout à fait justifié de faire appel aux expériences étrangères pour montrer que la réforme est possible, qu'elle n'a, en soi, rien de scandaleux ou de catastrophique. Mais il faudrait aussi s'interroger sur les résultats des diverses réformes entreprises récemment. Or il ne semble pas que l'information soit diffusée ou même recherchée, alors que ce serait une condition essentielle pour lancer une réforme. Signalons d'abord un cas où la réforme n'a pas eu lieu : malgré les longues discussions qui se sont déroulées en Israël depuis de nombreuses années et les divers projets présentés, il n'y a pas eu de réforme ; ce qui montre que les discussions, les polémiques et les refus n'ont rien d'anormal mais sont bien plutôt la règle. En Espagne proprement dite, les réformes ont eu lieu au XVIIIe siècle : « *C'est en 1815 que fut*

1. Geerts, van den Broock, Verdoodt, « Successes and Failures in Dutch Spelling Reform », in J. Fishman, ed., *Advances in the Creation and Revision of Writing Systems,* 1977.
2. Manifeste des dix linguistes, *Le Monde*, 7 février 1989.

fixée l'orthographe actuellement en vigueur. Les réformes postérieures ont été minimes, limitées à l'accentuation et à des cas particuliers[1]. » Voici maintenant comment un spécialiste juge de la réforme réalisée en Norvège : après avoir indiqué que « *nulle part sur la terre n'a sans doute été dépensée pour des questions de langue une somme comparable de temps, d'énergie, de matière grise et d'argent* », Dag Gundersen rapporte que « *Einar Haugen (1966a:1) résume ainsi cent ans de planification linguistique : "Quand le mouvement a commencé, la Norvège avait un système stable d'écriture qui était virtuellement identique au danois. Aujourd'hui elle a deux systèmes en compétition, dont aucun n'est stable"*[2]. » Le volume que nous venons de citer, édité par J. Fishman — un des sociolinguistes les plus réputés et les plus compétents — permet d'avoir une idée plus exacte du bilan balancé qu'il importe de faire entre les échecs et les succès des réformes déjà entreprises. Ajoutons un dernier détail quant aux réformes portant sur le portugais : l'histoire des réformes au Portugal et au Brésil est un véritable roman d'aventures à épisodes, dans lequel se succèdent décrets, votes dans les Assemblées, accords entre les deux pays. Bornons-nous à un épisode : « *Au Brésil cet accord* [l'accord orthographique luso-brésilien du 10 août 1945] *fut approuvé par décret-loi du 5 décembre 1945, mais ne fut accepté ni par la presse ni par le public et la Constitution elle-même – publiée en 1946 – suit l'orthographe de 1943 et non l'orthographe unifiée*[3]. »

3. Enfin, il est tout aussi nécessaire de souligner que, dans de nombreux pays, il n'y a pas eu depuis longtemps de réforme. L'exemple le plus frappant est celui de l'anglais.

Dans le livre déjà cité, Ph. Cibois écrit : « *Cela dit, la raison profonde de l'absence de réformes récentes en anglais est peut-être due au fait que l'anglais ne présente pas les difficultés majeures du système français qui sont les accents et les lettres doubles : il y a*

1. R. Lapesa, *Historia de la lengua española*, Madrid, Gredos, octava edición, 1980, p. 424.

2. Dag Gundersen, « Successes and Failures in the Reformation of Norvegian Orthography », in J. Fishman, ed., *Advances in the Creation and Revision of Writing Systems,* 1977.

3. P. Vásquez Cuesta y M. A. Mendez da Luz, *Gramática portuguesa*, Madrid, Gredos, tercera edición, 1971, p. 372.

peut-être trop de lettres inutiles mais elles ne provoquent que peu d'hésitation pour celui qui doit les écrire[1]. » Cette affirmation est gratuite, et sans fondement ; il suffit de lui opposer le constat d'un linguiste américain parmi d'autres : « *Aucun autre système orthographique au monde n'a été l'occasion de tant d'étonnement, de frustration, d'irritation, de sarcasme et de rage froide que le système anglais – conséquence aussi bien du grand nombre de non-anglophones qui ont essayé de l'apprendre que de sa propre difficulté inhérente.* [...] *Si l'on passe en revue ces protestations et si l'on a fait l'expérience de la peine qu'éprouve même un locuteur natif à essayer d'apprendre comment épeler un mot et s'en souvenir ensuite, on est stupéfait de lire, dans une étude sérieuse des sons et de l'orthographe anglais, que "l'orthographe traditionnelle est... un système presque optimal pour la représentation des mots anglais"*[2]. » Il apparaît ainsi clairement que le système anglais présente de grosses difficultés et il est amusant de noter que la citation que fait Bolinger est empruntée à l'ouvrage célèbre de Chomsky et Halle, sur lequel s'appuie, de seconde main, Ph. Cibois pour affirmer que le système anglais est cohérent et presque optimal, alors que Bolinger, partisan d'une réforme pour l'anglais, conteste cette affirmation ! Il faut ajouter que, d'un point de vue purement linguistique, les analyses de R. Thimonnier[3] sont *l'exact équivalent* de celles de Chomsky et Halle : elles mettent en évidence les cohérences du système graphique du point de vue morphologique ; il manque seulement à celles du premier l'aura révérencielle qui entoure les théories qui ont réussi à s'imposer — sans que leur valeur scientifique soit solidement prouvée. La conclusion qui s'impose est la suivante : l'orthographe anglaise est difficile, elle n'est ni plus ni moins cohérente que celle du français, et si on ne la réforme pas, c'est sans doute pour d'autres raisons, sur lesquelles nous reviendrons.

L'argument principal des partisans de la réforme est un argument complexe, qui fait intervenir des considérations pédagogiques et sociales : l'orthographe, trop difficile à apprendre, empêche les enfants des classes défavorisées, les étrangers, les

1. *Que vive l'orthographe* !, p. 97.
2. Dwight Bolinger, *Aspects of Language,* Second Edition, New York, Harcourt Brace-Jovanovitch, 1970, p. 480.
3. René Thimonnier, *Le Système graphique du français,* Paris, Plon, 1967.

immigrés d'accéder à la pleine maîtrise du français écrit, ce qui constitue une injustice en les excluant de la culture nationale. Non seulement elle est difficile, mais elle est trop éloignée de la langue orale, et en outre elle est absurde : s'il faut au plus vite réformer l'orthographe, c'est pour que « *la vie des usagers soit simplifiée et que les enseignants n'aient plus à déformer en enseignant l'absurde* »[1]. Tous les raisonnements reposent donc sur la prémisse suivante : *la réforme de l'orthographe rendrait plus facile l'apprentissage et la maîtrise du français écrit.* « *Le moindre bon sens voudrait que ce qui est plus facile s'apprenne et se retienne plus facilement*[2]. » Le problème scientifique devant lequel nous nous trouvons est de savoir *quel est l'impact d'un système orthographique sur l'apprentissage et la maîtrise de la langue, écrite ou parlée.* Or, ce qu'il convient de souligner avec force et clarté, c'est que nous ne savons que bien peu de chose en ce domaine : les linguistes que nous avons déjà cités à propos de la réforme orthographique en Hollande rappellent, après d'autres, que « *la recherche scientifique qui aurait dû être menée avant qu'aucun problème orthographique ait pu être sérieusement abordé n'a guère commencé*[3]. » Un autre linguiste précise de son côté : « *Il n'y a pas plus de preuves pour prétendre qu'un système d'écriture phonétique modifierait de façon significative le rythme auquel les enfants apprennent à lire et à écrire*[4]. »

Il importe de s'interroger sur le statut de l'écriture dans une perspective linguistique générale. Une première observation doit être présentée : la linguistique n'est pas une science comparable aux sciences de la nature. Elle fonctionne selon un régime largement préscientifique : elle est sensible aux phénomènes de mode et ses résultats ne sont pas clairement cumulatifs. On trouverait difficilement, dans la France d'aujourd'hui comme aux États-Unis, deux linguistes qui s'entendent, à moins qu'ils n'appartiennent à la même secte. La meilleure preuve est qu'il n'existe pas pour l'instant de description du français globale qui intègre les apports des différentes écoles et que les cursus

1. Michel Masson, « Avant-propos » au livre cité de J. Leconte et Ph. Cibois, p. 9.
2. J. Leconte, *op. cit.*, p. 17.
3. *Op. cit.*, p. 201.
4. Richard T. Venezky, « From Webster to Rice to Roosevelt », in *Cognitive Processes in Spelling*, 1980, p. 29.

d'enseignement de linguistique française, à la Faculté comme au Lycée ou à l'école primaire, sont le lieu de toutes les incohérences, de tous les « délires », beaucoup plus graves que les délires de l'orthographe.

Pour comprendre les attitudes actuelles, il faut rappeler que, par opposition à la tradition philologique du XIXe siècle, la linguistique du XXe s'est d'abord fondée sur le postulat suivant : « *L'écriture n'est pas la langue, mais seulement un moyen d'enregistrer la langue à l'aide de signes visibles*[1]. » Sous des formes diverses, la même conception apparaît partout et on en arrive ainsi à la conséquence suivante : « *L'étude de l'écriture représente une discipline distincte de la linguistique, encore que, pratiquement, une de ses annexes. Le linguiste fait donc par principe abstraction des faits de graphie. Il ne les considère que dans la mesure, au total restreinte, où les faits de graphie influencent la forme des signes vocaux*[2]. » M. Masson, dans l'« Avant-propos » cité, reprend le même postulat : « ... *fondamentalement l'écriture est un instrument qui note la langue mais n'est pas la langue* »[3]. Cette réaction contre la tradition philologique qui avait tendance à assimiler langue et écriture était, dans la mesure où elle rétablissait un équilibre, justifiée, mais présentée sous la forme d'un principe absolu de dépendance, profondément inexacte. Or c'est le postulat qui, répandu dans les années 60 et associé à des thèmes politiques, a conduit à une « *conception, très rousseauiste, un peu "soixante-huitarde" de la langue* »[4]. Cette conception a-t-elle vécu, comme l'affirme N. Catach ? J'en doute fort, et je crois bien plutôt qu'elle nourrit l'esprit du temps : n'oublions pas que la majorité des enseignants d'aujourd'hui a été formée dans les années où l'on affirmait sans discussion l'importance exclusive de ce qu'on appelait le code oral et l'on en voit encore les conséquences dans l'enseignement, tous niveaux confondus. C'est encore une preuve, ou le constat, du caractère idéologique et non proprement scientifique, de la linguistique et de sa diffusion dans les mentalités par l'intermédiaire de l'enseignement et des médias. Comme l'indique N. Catach, « *pendant*

1. L. Bloomfield, *Language*.
2. A. Martinet, *Eléments de linguistique générale*, A. Colin, 1967, p. 8.
3. P. 6.
4. Nina Catach, *Le Monde de l'éducation*, 164, octobre 1989, p. 58.

quatre-vingts ans, à partir de Saussure, l'Université a délaissé l'étude des systèmes d'écriture et les linguistes étaient tous des phonéticiens convaincus »[1]. L'intérêt pour la phonétique et la langue parlée date des néo-grammairiens, mais c'est la phonologie qui va servir de modèle nouveau pour le vieux rêve de la langue entièrement rationalisée : dans un système graphique idéal, il devrait n'y avoir qu'un seul symbole pour un seul phonème.

Les recherches linguistiques portant sur les systèmes graphiques en tant que tels sont assez récentes et l'on peut citer parmi les travaux qui ont contribué à cette redécouverte de l'écrit, ceux de J. Vachek. Il met en particulier en évidence que, contrairement aux affirmations des « phonétistes » qui prétendent que les écritures ne sont et ne devraient être que des transcriptions des sons de la langue, elles servent en fait à représenter à la fois le son et le sens : « *Les orthographes alphabétiques ont été caractérisées comme des systèmes de symboles qui tentent de représenter à la fois le son et le sens. Aucune orthographe alphabétique ne peut les représenter tous deux de façon optimale et simultanée. Toute orthographe alphabétique donnée est donc un ensemble élaboré de compromis (parfois contradictoires) entre deux principes : même-son même-symbole(s) et même-sens-(sous-jacent) même-orthographe-(sous-jacente)*[2]. »

Afin de mieux comprendre la nature de l'écriture, il convient, pour un moment, d'abandonner le cadre, insuffisant, imposé par les écritures alphabétiques. L'écriture est en effet une réalité bien plus vaste et, à côté de ce système de représentation, il en existe bien d'autres : les systèmes logographiques — les symboles correspondent à des mots — ou les systèmes syllabiques — les symboles correspondent à des syllabes. Si l'on s'intéresse à l'origine de l'écriture, on constate qu'elle n'est pas le simple codage du langage oral : elle en apparaît comme la transposition créatrice dans un médium différent, qui conserve son autonomie. Pour dire les choses d'une façon approximative mais évocatrice, on peut dire que

1. *Ibid.*
2. J. Vachek, « Some Remarks on Writing and Phonetic Transcription », *Acta Linguistica*, 5, 1945-1949.

l'écriture vient du dessin et ne perd jamais sa nature spatiale, qui change totalement le rapport de l'homme au langage. Le cas des écritures logographiques est ici particulièrement éclairant : on a affaire à un système partiellement indépendant de la langue parlée, ce qui oblige les petits Chinois à apprendre deux systèmes linguistiques distincts, le système graphique comprenant non pas les quelques dizaines de lettres d'un alphabet mais des milliers d'unités. Et ne faudrait-il pas s'apitoyer sur les malheureux enfants japonais qui, outre leur langue parlée, ont à maîtriser l'écriture chinoise, qui n'a pas été faite pour leur langue, plus un syllabaire spécifique, qui se présente sous les deux formes de l'hiragana et du katakana, de telle sorte que « *le système d'écriture japonais est sans doute le plus compliqué qui soit aujourd'hui* »[1] ? Les Japonais ne semblent pas se soucier beaucoup de cet effrayant défi que le monde moderne semble opposer... à la seule langue française : « *Or le défi qui se pose à nous est à la fois technique (il faut que l'information, aujourd'hui fortement automatisée, circule mieux), culturel (chacun a droit à un haut niveau de culture) et politique (nous devons améliorer la place du français en Europe)*[2]. » Répétons-le : on est incapable de mesurer l'impact d'un système orthographique sur la technique et la culture.

Il faut ajouter que le système graphique a une autonomie cognitive essentielle pour le développement des facultés intellectuelles. Le passage de l'oral à l'écrit entraîne une transformation intellectuelle : l'écriture, le passage du *volumen* au *codex*, du manuscrit à l'imprimé marquent des étapes dans l'évolution cognitive de l'humanité, étapes dont J. Goody pour l'écriture et Elizabeth L. Eisenstein pour l'imprimé ont montré toute la richesse d'innovation. Les caractères propres de l'écrit par rapport à l'oral — objectivation, décontextualisation, fixation, diffusion — entraînent de profondes modifications que l'on peut rassembler sous le concept de rationalisation : le classement, l'abstraction, la formalisation sont quelques-uns des divers aspects que revêt cette rationalisation. On voit alors l'erreur catastrophique de ceux qui ont affirmé, continuent encore à affirmer, que seule importe la langue orale, et qu'elle doit être enseignée en priorité : c'est

1. W.P. Lehmann, *Historical Linguistics*, 1973, p. 73.
2. Nina Catach, *art. cit.*

proprement interdire aux classes défavorisées l'accès à la plus haute culture. Dans cette perspective cognitive, il n'est pas du tout sûr que les écritures alphabétiques représentent la meilleure solution: Leibniz proposait déjà de s'inspirer de l'écriture chinoise, qui présente certains avantages[1].

Revenons maintenant aux systèmes alphabétiques et au français: les écritures alphabétiques, dotées d'une autonomie cognitive, sont aussi dotées d'une autonomie par rapport à la langue parlée et, comme l'indique clairement J. Vachek, il ne faut pas voir les différences entre langue parlée et écriture comme une distance dommageable, née du conservatisme de l'histoire et qu'il serait donc souhaitable de supprimer. Le rêve d'une langue idéale, entièrement rationalisée parce que constituée de symboles non ambigus et de règles cohérentes, a hanté la culture européenne et par exemple on le trouve déjà exprimé dans une lettre de Descartes (lettre au P. Mersenne du 20 novembre 1629). Il est important de souligner ce point, car aujourd'hui encore beaucoup de partisans de la réforme se fondent plus ou moins explicitement sur un principe de rationalisation parfaite: « *Dans ces conditions, la stricte rationalité voudrait qu'on simplifie ce qui est simplifiable.* » M. Masson ne prend pas à son compte cette formule qu'il attribue à « *quelques-uns, doués de l'esprit de géométrie* »; mais, lorsque, deux pages après, il termine son « Avant-propos » en demandant « *que les enseignants n'aient plus à déformer en enseignant l'absurde* », il se sert du même principe de rationalisation. Il faut souligner que l'argumentation en faveur de la réforme de l'orthographe *a exactement la même validité – apparente – en ce qui concerne la grammaire*: les pluriels, les conjugaisons et d'une façon générale la morphologie française sont remplis d'« absurdités », plus choquantes encore que les « absurdités » orthographiques. Et les considérations sur la simplification de la vie des usagers seraient encore plus valables.

Ce que nous voulons indiquer par là, c'est que la langue, orale ou écrite, n'est pas un système formel: elle vit de l'usage et rien ne permet de penser que les règles apparemment les plus simples dans un secteur de fonctionnement linguistique soient nécessairement

1. Cf. Yu Ren Chao, *Langage et systèmes symboliques*, Payot, 1970.

optimales. Les écritures sont des systèmes complexes, que nous ne connaissons encore que fort mal et rappelons, après N. Catach, que la première description précise de l'orthographe française date de 1952[1]. Une des causes principales de cette complexité est que les systèmes graphiques et alphabétiques ne sont pas soumis au seul principe phonétique (correspondance un son - un symbole) mais en même temps à d'autres principes. Je ne soulèverai qu'un problème, celui que N. Catach appelle « *un reliquat, lettres historiques ou étymologiques* »: « *De même, comment expliquer le maintien des graphies dites "grecques" dans les mots courants comme* théâtre, rhume *etc., ou "latines" comme le* p *de* prompt *ou* sculpture*? On voit que la reconnaissance d'un système (ou plutôt d'un plurisystème) graphique ne doit pas nous conduire à l'aveuglement: s'il y a une réforme à faire, c'est bien évidemment par ce reliquat peu fonctionnel et non fonctionnel qu'il faudrait commencer*[2]. » Mais tout repose ici sur le critère de fonctionnalité, à la fois vague et restrictif et dont les différentes sciences humaines, de l'anthropologie à la sociologie et à la linguistique, ont progressivement vu les limites. Je prends le cas particulier des lettres étymologiques d'origine « grecque » ou « latine »: elles ont une importante fonction, celle de marquer une classe particulière du lexique français, un peu comme le lexique savant est, en anglais, marqué phonologiquement. Rien ne permet d'affirmer que la simplification, comme c'est le cas en espagnol, soit un gain véritable, si par ailleurs elle ne permet plus la reconnaissance et l'apprentissage plus faciles du lexique savant (cf. par exemple, dans la collection *Le Français retrouvé,* les deux dictionnaires *Trésors des racines grecques* et *Trésors des racines latines).* C'est que l'absence de fonctionnalité à un niveau n'exclut pas la fonctionnalité à un autre niveau.

On est ainsi conduit à voir à l'œuvre dans l'orthographe quatre principes: un principe phonétique, un principe morphologique, un principe de différenciation et un principe historique. L'orthographe sert à représenter des sons, mais elle sert aussi à représenter des morphèmes dont elle assure la stabilité — morphèmes lexicaux aussi bien que grammaticaux —, à lever des ambiguïtés entre homophones, et enfin à garder les traces d'une histoire. A. Marti-

1. V.G. Gak, *L'Orthographe française*, Moscou, trad. fr. 1976.
2. N. Catach, *L'Orthographe*, Que sais-je?, 1988.

net, dans un article consacré à la réforme de l'orthographe, écrit: « *L'adoption d'un point de vue fonctionnel implique que ne sera retenu aucun argument d'ordre esthétique, logique ou étymologique*[1]. » Or c'est ici qu'apparaît un point essentiel: si la linguistique se définit par une approche fonctionnelle au sens ainsi indiqué, alors il y a plus de choses, beaucoup plus de choses dans le langage que ce qu'en disent les linguistes. Le langage a une esthétique, une logique, une histoire et vouloir agir sur un aspect du langage sans tenir compte de ces différentes dimensions manifeste une grave erreur de jugement: le langage est « *un fait social total* », il vit dans et par l'usage et l'on ne saurait valablement fonder une réforme sur les seules considérations d'une linguistique restreinte qui ne se préoccupe ni de logique, ni d'esthétique, ni d'histoire. On sait que, parallèlement au mépris dans lequel les linguistes ont tenu l'écriture, ils ont aussi méprisé l'histoire, rebaptisée diachronie. A cause de cette éclipse, on manque aujourd'hui de bons spécialistes d'histoire de la langue et, ici encore, les conséquences sont graves pour l'enseignement et la recherche: dans combien de Facultés y a-t-il un enseignement cohérent d'histoire du français? En même temps que de l'histoire on s'est aussi débarrassé de la philologie, et l'étude du langage comme de la littérature se ressent de cette disparition. Or le projet central de la philologie consiste précisément à ne pas séparer le langage et les choses — *Wort* et *Sache* —, la grammaire et la culture, le système et son histoire. Il est naturel que la langue garde les traces de son histoire, même si ces traces sont « absurdes » parce qu'elles ne sont pas « fonctionnelles » au sens restreint du terme. « *Nous autres philologues...* », avait coutume de dire Nietzsche et l'on aurait bien besoin aujourd'hui de philologues qui, sans respect pour les conventions ni les idées reçues, reprennent dans un cadre plus souple les problèmes de la langue: rejoignant la leçon des anthropologues, ils auraient à mettre au centre de leurs préoccupations les liens qui unissent la langue et la culture.

Car c'est bien de cela qu'il s'agit. Sous l'influence de la linguistique structurale et générative, on a eu tendance à croire et à proclamer que l'essentiel d'une langue est dans ses structures phoniques et grammaticales. Or, ce n'est pas exact: le langage sert à parler du monde et de l'homme et ces connaissances sont

1. A. Martinet, *Le Français sans fard*, P.U.F., 1969, p. 63.

déposées dans le lexique. Le langage sert à la communication, mais il ne s'agit pas de cette communication vide dont on nous rebat partout les oreilles : il communique des informations, il véhicule une conception du monde. Il est donc légitime de s'interroger sur les risques que telle ou telle réforme de l'orthographe pourrait entraîner pour la transmission de notre héritage culturel. Lorsque A. Martinet évoque dans un article « La réforme de l'orthographe française », il ne fait à aucun instant intervenir la notion de tradition culturelle et le seul commentaire qu'il fasse à propos d'une réforme révolutionnaire qui conduirait à une orthographe purement phonologique, but de toute réforme de l'orthographe (« *Nous avons, dans les pages qui précèdent, considéré implicitement qu'une réforme de l'orthographe devrait, pour atteindre ses fins, aboutir à identifier, un par un, les signes de la graphie et des phonèmes de la langue* ») est le suivant : « *Il est clair qu'une telle orthographe aboutit à rendre les textes illisibles pour ceux qui n'en ont pas appris les règles, et que son adoption générale et exclusive ne pourrait se faire qu'après des décennies de coexistence avec l'orthographe actuelle*[1]. » On le voit, le langage est une chose trop sérieuse pour que sa manipulation soit laissée aux mains des seuls linguistes : on ne fait pas une réforme de l'orthographe comme on fait une réforme de la fiscalité, du droit de vote ou de la TVA : la langue est porteuse d'une culture et *l'orthographe fait partie de la langue*, contrairement aux affirmations de beaucoup de linguistes : « *L'écriture est un instrument qui note la langue mais n'est pas la langue*[2] », « *Beaucoup confondent encore l'orthographe et la langue*[3] », la langue écrite fait partie de la langue, car il ne faut pas confondre les problèmes d'origine et les problèmes de structure et, comme nous l'avons souligné, le système écrit a une autonomie relative, d'ordre cognitif et linguistique, qui en fait un élément à part entière de la totalité langue. Par ailleurs, l'orthographe est un élément du système graphique : elle a donc aussi une existence relativement autonome à l'intérieur du système graphique et du système linguistique dans son ensemble. L'erreur est de partir d'une définition restrictive de la langue — c'est ce que l'on parle — et de ne voir dans l'écrit qu'un simple codage indifférent de la parole : l'écriture

1. *Le Français sans fard*, éd. cit., p. 78.
2. M. Masson, « Avant-propos », *op. cit.*, p. 6.
3. N. Catach, *L'Orthographe*, éd. cit., p. 88.

n'est pas seulement une institution purement conventionnelle, elle est *instrument de connaissance* et *monument*. Il est vrai que le *e* dit muet ne joue, d'un point de vue fonctionnel étroit, qu'un rôle marginal dans le système phonologique français, qu'on n'en prononce qu'un petit nombre dans la moitié nord de la France. Faudrait-il pour autant le supprimer dans la graphie, au moins pour ceux qui n'ont pas de rôle fonctionnel ? Or il faut observer que toute la poésie française, jusqu'à aujourd'hui, repose sur l'existence du *e* muet dans tous les cas où il est écrit : « *L'E muet reste une pure merveille. Accordez-lui tant que vous voudrez toutes les longueurs, à moins d'idiotismes rarissimes je doute qu'il existe dans notre français moyen (haha) une autre voyelle ou, prosodiquement parlant, syllabe, aussi parfaitement pneumatique. Le vers roule sur cette chambre à air. Ici elle se dégonfle à vous en faire toucher la jante, ailleurs elle s'enfle au bord de l'éclatement. Du coup elle agit fatalement sur ses voisines*[1]. » Et Jacques Roubaud commente magistralement ces phrases magnifiques de Jacques Réda : « *L'élément, à la fois corporel et immatériel, agissant et invisible, par lequel* se propage *la poésie, celui qui :*

fa tremar de claritate l'are
[fait trembler l'air de clarté]

(Cavalcanti)

c'est dans le système de la poésie française "depuis les temps incubatoires", mémoire d'une singularité dans les langues dites romanes, le e muet "pneumatique"[2]. » Supprimer tout ou partie de ces *e* muets, c'est ainsi d'un seul coup supprimer l'accès direct à un pan entier de notre culture qu'on ne peut conserver qu'en maintenant la graphie, justement parce que cette graphie est en opposition avec la prononciation du français parisien d'aujourd'hui. On me dira qu'il n'est pas question de supprimer les *e* muets et que l'orthographe purement phonétique est un « *épouvantail* »[3]. Mais c'est un épouvantail qui n'a pas l'air d'épouvanter les linguistes qui l'ont proposé et le considèrent encore comme un idéal. Et ce que je demande, c'est que, dans le

1. Jacques Réda, *Lettre à Action poétique*, n. 70, 1977.
2. Jacques Roubaud, *La Vieillesse d'Alexandre*, Paris, Maspero, 1978.
3. N. Catach, *L'Orthographe*, éd. cit., p. 89.

plus précise : faut-il, *dans les conditions actuelles*, faire une réforme de l'orthographe française, et quelle réforme faut-il faire ?

Un premier problème est le suivant : les partisans d'une réforme ne s'entendent pas sur sa portée. M. Masson écrit, dans son « Avant-propos » cité : « *Les linguistes sont tellement habitués à considérer ces faits que pour eux tous, probablement sans exception, la nécessité d'une simplification de l'orthographe s'impose comme une évidence*[1] ». En laissant de côté l'étrange argument d'autorité qui affirme sans preuve un consensus qui n'existe pas, il faut ajouter que malheureusement les linguistes partisans de la réforme ne sont pas d'accord entre eux. En face des partisans du *statu quo*, parmi lesquels il y a des linguistes, se trouvent des partisans d'une orthographe phonétique qui, comme A. Martinet, jugent d'une part une réforme totale impossible et des réformes partielles à la fois inutiles et imprévisibles dans leurs effets par les réactions en chaîne qu'elles entraîneraient[2]. Mais les partisans d'une réforme « modérée » ne sont pas davantage d'accord entre eux : « *Autant en théorie, tout le monde est par conséquent d'accord pour faire* une *réforme, autant, dans la pratique, les choses ne vont plus :* quelle *réforme faire, et par où commencer*[3] *? » Nous sommes ainsi sur un terrain plus concret et moins chargé de présupposés de tout ordre : la question n'est pas tant de s'armer de tout un pathos idéologique pour enfoncer des portes ouvertes, elle est de préciser le champ de la réforme.*

C'est ici qu'intervient un second problème : s'agit-il d'une seule réforme « modérée » selon la formule souvent utilisée ou d'un ensemble de réformes successives ? Les partisans de la réforme tiennent à ce sujet un perpétuel double langage : ils affirment d'un côté qu'il s'agit d'une réforme limitée, mais aussi que cette réforme limitée n'est qu'un commencement. Voici par exemple deux phrases empruntées à une interview de N. Catach : 1. « *L'opinion n'est sans doute pas prête à accepter des réformes radicales, c'est pourquoi il faut avancer avec prudence et s'en tenir à des propositions modérées.* »

1. *Ibid.*, p. 8.
2. Cf. A. Martinet, « La Réforme de l'orthographe française d'un point de vue fonctionnel », in *Le Français sans fard,* P.U.F., 1969.
3. Nina Catach, *L'Orthographe,* éd. cit., p. 90.

2. « *L'essentiel, c'est de faire bouger le système. En procédant par touches homéopathiques. Toucher dans un premier temps, aux accents circonflexes, cela permettrait peut-être, ensuite, de faire d'autres réformes*[1]. »

Dans le *Que sais-je?* qu'elle a consacré à l'orthographe, N. Catach écrit : « *s'il y a une réforme à faire, c'est bien évidemment par le reliquat non fonctionnel qu'il faut commencer* »[2]. C'est sans doute le verbe commencer qui revient le plus fréquemment dans la bouche des réformateurs. Il convient donc de se placer sur un terrain plus large et d'envisager non seulement la première étape — une réforme « modérée » —, mais aussi les autres : que veut-on réformer, jusqu'où veut-on aller ? Personne ne répond clairement. Le mot d'ordre est de bouger, de remuer, d'agir : « *Osons faire bouger la norme*[3] ! » Cela est d'autant plus gênant qu'une réforme portant sur un point très particulier du système peut avoir, a souvent des conséquences sur d'autres points. Prenons un exemple dans les suggestions faites par J. Leconte : proposant la simplification de certaines consonnes doubles, il suggère que, pour lever l'homographie entre *hom(m)e* et *home*, on écrira *home* dans le premier cas et *hôme* dans le second ; il introduit donc un nouvel accent circonflexe — lequel est considéré comme une des plus grosses sources de fautes dans les dictées. Par ailleurs, le manifeste des dix linguistes semble pencher pour une suppression complète des accents circonflexes, alors que le rapport Beslais proposait de l'utiliser pour noter les voyelles longues...

Il est question de supprimer certaines ou toutes les consonnes doubles : cela entraîne des conséquences sur l'ensemble du système dont tout le monde doit être informé car sinon, parler de réforme modérée sans donner le tableau de toutes les conséquences est une duperie. Prenons l'exemple de l'adverbe *prudemment* : si je l'écris *prudement*, je devrai lire *prudement* avec un *e* dit muet et le mot perd son rapport avec *prudent* tout en se confondant avec *prude* ; il me faut donc, si je décide de supprimer tous les doubles *m*, modifier l'orthographe de la voyelle et écrire *prudament*, ce qui me conduit à écrire

1. *Le Monde de l'éducation*, 164, octobre 1989, pp. 58 et 56.
2. P. 57.
3. Nina Catach, interview citée.

prudant et donc à généraliser les terminaisons en *-ant* pour un certain nombre d'adjectifs et de noms (c'est d'ailleurs ce que proposait la commission Beslais). Soit maintenant l'adjectif *solennel*: si je l'écris *solenel*, la deuxième voyelle ne se prononce plus *a* ; je suis donc amené à l'écrire *solanel*. Toujours dans le cas de la suppression des consonnes doubles, j'écrirai, au lieu de *terre*, *tere*, mais je dois alors introduire un accent pour obtenir une orthographe phonétique, d'où *tère*. J. Leconte semble reculer devant cette simplification et propose de garder les consonnes doubles pour des « *mots très courants comme* elle, belle, celle, quelle, telle, nacelle, querelle, *ou* cette, belette, crevette, *etc. De même* terre, terrasse, terreur... *semblent-ils préférables à* tère, tèrasse, tèreur, effet *à* èfet, mienne, tienne, chienne *à* miène, tiène, chiène[1]. » Gagne-t-on vraiment beaucoup si on garde les consonnes doubles pour les « *mots courants* » et qui peut mesurer le gain en termes cognitifs ? Si je suis contraint d'écrire *tère*, *tèrible*, est-ce un gain appréciable ? On le voit, la situation est très complexe et le risque de réactions en chaîne très réel, comme le montre l'exemple des réformes en Hollande : « *L'histoire de ces changements nous apprend que la première réforme appelle la seconde, et que s'ensuivent de nouvelles réformes...*[2]. » Il est donc absolument nécessaire, répétons-le, que tout le monde soit informé exactement des conséquences globales d'une réforme car, sinon, on peut craindre que, dans la pensée de certains réformateurs, l'essentiel ne soit de faire bouger pour mettre en branle un mouvement difficile à arrêter.

On le voit, il est difficile de prendre au sérieux des affirmations en faveur d'une réforme « modérée » qui est, par ailleurs, présentée comme un commencement. Et cela d'autant plus que l'on préconise la nomination d'un Comité des Sages qui sera permanent : « *La Commission devra être permanente, comme le sont les commissions équivalentes des autres pays européens. Elle devra ensuite à dates régulières et selon l'opportunité envisager ce qu'il sera possible de faire dans le sens de la simplification*[3]. » Quant à J. Leconte, il parle d'une « *commission permanente de*

1. *Op. cit.*, p. 37.
2. Geerts, van den Broeck, Verdoodt, *art. cit.*, p. 180.
3. Ph. Cibois, *op. cit.*, p. 130.

l'orthographe (ce Comité des Sages qu'évoquent les dix linguistes du Monde*) composée de personnalités compétentes et au goût sûr...* »[1]. Il convient donc de s'interroger sur la composition de la commission et sur la façon dont elle pourrait travailler. Il n'est pas de mon propos de juger du choix opéré pour la constitution du Conseil supérieur de la langue française, mais il ne comprend aucun philologue et bien sûr peu de spécialistes de l'histoire de la langue, ce qui lui donne une composition très différente des commissions chargées de la réforme dans d'autres pays. Par ailleurs, comment procédera la commission? Pour le choix entre les consonnes doubles à supprimer et à maintenir, J. Leconte conclut: « *Ce sera bien entendu à la commission de trancher cas par cas*[2]. » Si la commission reflète la diversité des opinions existantes, elle ne pourra aboutir qu'à des compromis boiteux et incohérents, qui compliqueront la situation au lieu de la simplifier. Lorsque N. Catach tente de dégager « *les points communs à l'ensemble des projets les plus récents, qu'il serait souhaitable de retenir* dans un premier temps »[3], elle continue en disant « *si l'on met à part celui de R. Thimonnier* »: pourquoi exclure les conceptions différentes, celles de R. Thimonnier ou celles des « idéographistes » comme E. Charmeux ou J. Foucambert? Il faut le dire clairement: il n'y a pas de consensus pour l'instant, pas même entre linguistes, au sujet d'une réforme déterminée.

Une dernière question, essentielle, se pose: faut-il procéder, *dans les circonstances actuelles*, à une réforme de l'orthographe française? S'il y a un seul progrès à retenir dans la méthode et la théorie des sciences humaines et de l'action, c'est sans doute celui qui a été réalisé par la réflexion sur les conséquences involontaires de l'action humaine: je vis dans un monde déjà organisé, où mes actes n'ont pas seulement les effets que je voulais provoquer, mais aussi d'autres, imprévus, involontaires et qui peuvent produire des résultats allant dans le sens opposé, augmentant au lieu de diminuer les défauts et les maux que je voulais faire disparaître: « *Il devient possible que des comportements rationnels (sur des horizons limités) au sein de sous-systèmes conduisent, sur un avenir à plus long terme et au niveau*

1. *Op. cit.*, p. 42.
2. *Op. cit.*, p. 38.
3. Souligné par moi, J. M.

global, à de véritables catastrophes[1]. » C'est dire qu'une réforme, de quelque ordre qu'elle soit, doit tenir compte, non seulement des effets recherchés, mais aussi des « effets pervers » qu'elle peut entraîner. C'est pourquoi, si une réforme « modérée » de l'orthographe est décidée, il serait absolument nécessaire d'observer les précautions suivantes:

1. Il faut tirer les enseignements des autres réformes de l'orthographe dans d'autres pays en comparant ce qui est comparable et en prêtant attention aux « échecs » aussi bien qu'aux succès. Il faut aussi tirer les enseignements des réformes opérées en France dans les domaines voisins: je pense en particulier à la réforme de l'enseignement de la grammaire, du primaire au supérieur, sous l'influence de la mode linguistique des années soixante et *dont on n'a jamais mesuré les conséquences*. Le moins qu'on puisse dire est que le succès n'est guère évident: l'enseignement de la grammaire — ou de la linguistique — française est dans un état de chaos absolument catastrophique. Pourquoi ne pas nommer une commission d'évaluation qui juge des résultats de ces changements?
2. Il faut que la réforme soit bien préparée: d'un point de vue scientifique, par une consultation large des spécialistes, à quelque école linguistique qu'ils appartiennent. Il existe, par exemple, dans les pays francophones (Belgique, Canada, Suisse) ou ailleurs, d'excellents spécialistes qu'il serait essentiel de consulter: je pense, parmi bien d'autres, à la tradition philologique belge des Grevisse, Hanse, A. Henry, P. Delbouille, etc. Avant de décider de la réforme, il conviendrait de publier un livre blanc indiquant l'ensemble des conséquences qu'auraient les réformes proposées sur l'ensemble du système et les difficultés qu'elles rencontreraient, afin qu'un large débat soit ouvert.

Il faut aussi que la réforme soit bien préparée d'un point de vue pratique. C'est un aspect essentiel, et qu'il faut souligner, car il met en jeu des intérêts économiques. Une réforme, pour avoir des chances de réussir, doit être annoncée à l'avance et être accompagnée d'un certain nombre de mesures pratiques: je cite, à titre d'exemple, la sortie pour la date prévue de tous les manuels d'enseignement en nouvelle orthographe, ainsi que des

1. J. Lesourne, *Les Systèmes du destin*, Paris, Dalloz, 1976, p. 305.

livres, brochures l'expliquant et en signalant les conséquences sur l'enseignement.
3. Il faut que l'on étudie, par des simulations, les « effets pervers » possibles de la réforme et les difficultés qu'elle rencontrerait. Je donnerai comme exemple des effets pervers causés par une réforme universitaire dont on n'a pas mesuré les conséquences, la suppression de la thèse d'État qui, dans de nombreux pays francophones — Maroc, Algérie, Tunisie et bien d'autres — a eu comme principal résultat d'orienter les thésards vers d'autres pays pour préparer et soutenir leur travail.
4. Il me semble nécessaire que la réforme ait bien lieu *en une fois* et qu'on ne donne pas l'impression d'une série de réformes incessantes, qui ont les effets les plus traumatisants sur les enfants, les adultes et les étrangers qui parlent, écrivent ou veulent écrire notre langue. Nous avons l'exemple fâcheux des réformes de l'enseignement en France, dont, ici encore, il faudrait bien que l'on évalue les conséquences. Il semble que la classe politique française, ne voulant ou ne pouvant plus changer la société, se rattrape en réformant sans cesse l'enseignement: qui de nous n'a vécu au moins une demi-douzaine de réformes? *Le préjudice causé aux enfants par cette réformite aiguë est bien plus grand que le préjudice causé par les difficultés de l'orthographe*, mais il semble que les adultes politiques soient heureux de jouer avec l'intérêt des enfants. Le changement perpétuel est extrêmement grave, pour les enfants comme pour les étrangers qui apprennent notre langue.
5. Par ailleurs, il n'est pas sûr que la situation actuelle soit bonne pour une réforme, même « modérée », de l'orthographe. En cette époque où se heurtent les impératifs contradictoires de la standardisation et de la mécanisation d'un côté et de l'autre le refus croissant des normes par un individualisme exacerbé, on peut se demander si l'existence de tolérances entre deux façons d'écrire ne va pas être un facteur supplémentaire de chaos; on oublie en particulier que l'instauration d'une tolérance conduit à l'apprentissage de deux fois plus de règles qu'auparavant, soit l'ancienne et la nouvelle.

Je crois qu'il faut tenir compte des facteurs que j'ai rappelés pour se prononcer objectivement sur l'utilité et les chances de succès d'une réforme de l'orthographe, même modérée. Je reviens, pour terminer, sur un argument souvent avancé en faveur de la réforme, variante d'un argument déjà rencontré : « *Sera-t-elle encore en français demain, cette culture, si nous n'assurons pas à l'ensemble de la nation la transmission, la pratique et la connaissance satisfaisante de l'instrument forgé pour eux au fil des siècles ? Notre langue deviendra-t-elle une langue minoritaire en Europe ? Son apprentissage, par le déclin d'une norme désuète, ne risque-t-il pas de décourager nos partenaires européens*[1] *?* » Je voudrais répondre en citant quelques lignes d'un des grands linguistes de ce temps, Morris Halle. « [...] *il n'est pas moins concevable que très peu d'améliorations résultent de ces efforts dans l'apprentissage de la lecture et de l'écriture, car, bien qu'il y ait des différences significatives entre différents systèmes d'écriture, il n'est pas à exclure que ces différences ne jouent qu'un rôle tout à fait mineur dans la capacité d'acquérir la maîtrise de ce système, si on les compare à d'autres facteurs tels que la motivation de l'élève, les attitudes de l'enseignant et de l'élève à l'égard de la matière enseignée et à l'égard l'un de l'autre, etc.* »[2]. Et M. Halle rappelle qu'il avait appris à lire et à écrire en hébreu, langue dont, comme la plupart de ses camarades, il n'avait qu'une faible maîtrise pratique, sans que cela conduise à de graves problèmes de lecture : ne serait-ce pas que, pour apprendre à lire et à écrire une langue, il faut d'abord le vouloir, il faut l'aimer ?

JEAN MOLINO*

Le texte qui précède a été rédigé en décembre 1989. Depuis, une réforme a été « approuvée » par le Premier ministre. Elle porte sur le trait d'union, le pluriel des mots composés, l'accent circonflexe, l'accord du participe passé et diverses anomalies.

1. « Manifeste des dix », *Le Monde*, 7 février 1989.
2. M. Halle, « On a Parallel between Conventions of Versification and Orthography ; and on Literary among the Cherokee », in *Language by Ear and by Eye, the Relationships between Speech and Reading,* Cambridge, The M.I.T. Press, 1972, p. 151.

* Jean Molino est professeur à la faculté des lettres de Lausanne.

Les remarques que je présentais me semblent garder toute leur valeur et particulièrement les réflexions portant sur les conditions d'une bonne réforme. Ces conditions n'ont pas été respectées ; c'est pourquoi je parierais volontiers que le seul résultat sera d'accroître la confusion. Je voudrais seulement souligner deux points :

1. La réforme actuelle, très limitée, est largement en deçà de ce que laissaient entendre les partisans d'une réforme « modérée ». Elle n'a peut-être été décidée sous cette forme que pour donner le plus rapidement possible satisfaction aux groupes de pression qui la réclamaient. Mais on n'échappera pas au dilemme : ou on s'arrêtera là et il s'agit d'une mesure qui ne « simplifie » l'orthographe du français que de manière peu sensible, ou on entrera dans la spirale dangereuse de réformes successives qui, même très limitées, enlèveront à la langue ce qui en garantit le bon fonctionnement, c'est-à-dire la stabilité.
2. On n'a pas suffisamment tenu compte des sentiments et des réactions des autres pays francophones, qu'il fallait largement consulter : est-on sûr que tous accepteront la réforme puis celles qui sans doute suivront ? La France serait-elle seule propriétaire de la langue française ?

Une réforme de l'orthographe est possible, je ne suis pas sûr qu'elle soit aujourd'hui souhaitable, mais l'essentiel est de bien prendre conscience des effets de la réforme — effets recherchés mais aussi effets involontaires et « pervers » — pour qu'elle soit réalisée dans les meilleures conditions.

Lausanne, le 6 juillet 1990.

La culture et la langue

HECTOR BIANCIOTTI

Qu'une compagnie composée de vingt-trois personnalités — où l'on regrette la présence de deux écrivains — se soit appliquée à relever les aspects arbitraires d'une langue qui a fait, à ce que l'on dit, ses preuves, rappelle l'académie imaginée par Swift dans le troisième livre des « Voyages de Gulliver » : ses membres s'efforcent d'attendrir le marbre pour en faire des oreillers, fabriquent de la poudre à canon avec de la glace, créent une variété de moutons sans laine, et proposent à l'humanité d'éviter le langage oral afin de ne pas fatiguer ses poumons.

Valéry a observé qu'« il y a, chez nous, un goût dépravé des règles » — ce que Claudel baptisait « le besoin de la nécessité », propre aux Français. C'est sans doute à ce penchant que l'on doit ces propositions de nouvelles règles pour l'orthographe. Soit dit par parenthèse, une volonté d'innovation aurait dû tenir compte, comme voulait Littré, du mot même désignant la discipline que ces conseillers souhaitent améliorer. Faisant écho à Vaugelas, qu'il cite — « Quoiqu'en grec et en latin on dise *orthographia*, nous disons pourtant *orthographe* ; et, quoique nous disions orthographe, nous ne laissons pas de dire orthographier, et non orthographer », — Littré soutient que dire orthographe au lieu d'orthographie est fautif, car *graphe* signifie le savant, et *graphie* l'art.

Au XVIe siècle, Joachim Du Bellay avoue le peu d'attention qu'il porte à l'orthographe, « la voyant aujourd'hui aussi diverse qu'il y a de sorte d'escrivains ».

Quatre-vingt-cinq ans après sa mort, une compagnie

La tentation du bas

LAKIS PROGUIDIS

En janvier 1989 parut dans *Le Monde* un appel de dix linguistes en faveur d'une « modernisation de l'écriture du français ».

Au début de leur texte, après avoir décrit les inconvénients de ce qu'ils considèrent comme un immobilisme de la langue, ils citent des exemples d'États où on a déjà osé intervenir et adapté l'écriture aux exigences du temps :

> « Ce fut le cas pour l'Allemagne (1900-1920), la Russie (1917), les Pays-Bas (1936-1970), le Portugal et le Brésil (encore tout récemment), l'Espagne et les pays d'Amérique du Sud, les pays de l'Est, etc. La Grèce vient de supprimer certains signes hérités du grec ancien, qu'elle utilisait depuis plus de deux mille ans. Rares sont les pays qui, d'une façon ou d'une autre, ne se préoccupent pas d'adapter leur graphie. »

La place exceptionnelle que la Grèce occupe dans cette énumération est due, à mon avis, à l'émerveillement des dix linguistes devant l'ampleur de l'héroïsme grec : les Grecs, et les Grecs seuls, ont supprimé en quelques heures, grâce à un simple acte gouvernemental, « certains signes » en usage « *depuis plus de deux mille ans* » !

Voyons donc comment et pourquoi la Grèce a mérité cette distinction. Mais avant d'entrer dans le vif de l'histoire et de ses effets, il faut d'abord apporter une précision à l'information des dix linguistes : la Grèce n'a pas supprimé « certains signes » mais certains signes d'accentuation. Seule cette précision peut permettre de comprendre que la Grèce est ainsi intervenue dans quelque chose d'essentiel. Le lecteur pourrait sinon supposer

Constantinople, ni Florence, ni Paris, ni aucun autre centre culturel n'a songé pendant les siècles suivants à la contester, ni à changer la marque des Ptolémées. C'est pour cette raison que des millions de moines ont recopié à la lueur des bougies, scrupuleusement, sans jamais poser de questions superflues, les textes grecs dans leur écriture unique. C'est pour cette raison que, de Helsinki à Johannesbourg et de Los Angeles à Tokyo, toutes les bibliothèques du monde contiennent ces textes. *L'écriture de la langue grecque appartient aux Ptolémées.*

Face à cet immense épanouissement dû au talent et à la capacité spirituelle d'Alexandrie, dû, surtout, au souci spécifique pour sauvegarder les valeurs du passé, la Grèce à l'ère de Papandreou, à l'ère où la décision de suppression du système « polytonique » fut prise, ne représente culturellement, dans le monde, qu'un îlot insignifiant. Or, Papandreou imposant aujourd'hui l'écriture « monotonique », c'est comme si le chef d'un village du royaume des Parthes aux temps hellénistiques, un chef parlant déjà un grec pas tout à fait correct, supplantait les Alexandrins et imposait à tout le monde sa propre manière d'écrire la langue.

Comment ce bouleversement total des proportions est-il rendu possible ? Comment le rapport petit-grand s'inverse-t-il ? Par une distorsion parallèle du temps. Sur ce point, le texte du ministère est très clair : « La multitude des signes d'accentuation a été inventée pendant l'époque alexandrine pour servir des besoins spécifiques (...) qui ont *entre-temps* disparu. » (C'est moi qui souligne.) On a l'impression que les Ptolémées gouvernaient *la Grèce actuelle* peu de temps auparavant ; ils auraient pris une décision, disons pour la construction d'une usine, et *entre-temps* un changement dans les intérêts publics aurait obligé les nouveaux dirigeants à annuler la décision de leur prédécesseurs. Sinon, que signifie ce langage ? *Entre-temps*, c'est-à-dire quand ? Hier, au XIXe siècle, au IIIe siècle ? QUAND ? Qui s'est le premier aperçu de la disparition des « besoins spécifiques » ? Évidemment aucune réponse n'est prévue. Et, d'autre part, personne n'osera se moquer du labeur acharné des copistes qui, selon le ministère, paraissent d'un coup avoir versé leur sueur pendant des siècles pour rien. Il n'y a donc qu'une seule explication : ces « a été inventée », « servir des besoins » et « entre-temps » n'ont aucun rapport avec un savoir relatif aux questions de la langue ; ils relèvent du langage du commerce et c'est seulement à l'intérieur de ce langage que le temps perd tout fondement objectif, qu'il naît et disparaît avec les biens de consommation.

ON SAIT ; deuxième vague

La métamorphose commerciale de la langue une fois acceptée, on entre de plain-pied dans les laboratoires de tests.

On choisit un homme au hasard, on lui montre ἕνα, il lit : éna (l'accent sur l'é) ; on lui montre alors ένα, il lit bien, comme dans le cas précédent : éna. Voilà ! Le nouveau produit est bien testé ; nous avons le même goût, le même résultat et ça coûte moins cher puisqu'on se débarrasse de ce [ʽ] (esprit rude) qui, comme il a été démontré, ne sert à rien. On répète l'expérience, cette fois avec l'esprit doux [ʼ]. C'est fantastique, on ne constate pas la moindre conséquence sur la prononciation. Et avec l'accent circonflexe [ῖ] ? Pareil. Parfait ! On commence tout de suite les calculs : trois frappes de moins, cela donne presque une frappe de moins par mot, tant de mots par page, tant de pages par article, tant d'articles par journal, etc., etc. ; les premiers à encaisser les profits sont les journaux. Et quelle merveilleuse coïncidence ! Les laboratoires nationaux sont complètement confirmés dans leurs recherches par les grands laboratoires internationaux. On appelle, par exemple, chez I.B.M. « — Nous voulons vous passer une commande pour des machines à écrire électroniques. — Quel alphabet ? — Grec. — Elles sont prêtes, combien en voulez-vous ? — Prêtes, oh ! quel dommage, vous savez, nous venons de découvrir que quelques frappes sont à supprimer. — Vous voulez dire les trois signes d'accentuation ? On les a déjà supprimés. — Déjà ? — Oui, vous savez, ils sont complètement inutiles, on l'a testé. » La fierté nationale n'a jamais été, exception faite de quelques exploits sportifs, autant stimulée.

L'été dernier, après sept ans pendant lesquels les chasseurs d'accents avaient abondamment sillonné le pays, j'ai installé mon propre laboratoire. J'ai demandé à des enfants grecs de douze à quatorze ans de lire à haute voix un extrait d'une nouvelle écrite au début de ce siècle, puis un poème des années 30. Dans les deux cas les enfants restaient *muets*. Certes, le système « monotonique » n'avait pas touché la prononciation, pourtant il avait complètement détruit les cordes vocales ! Les enfants voulaient savoir ce qu'étaient « ces petits signes autour des mots ». Car ce que je montrais aux enfants n'était pas ce ένα qu'ils ont appris à l'école mais le ἕνα écrit par le poète ou le prosateur. Il faut imaginer un instant quelques lignes où les mots apparaissent surmontés de ces [ʽ], [ʼ], [ῖ]. Évidemment l'image étant complètement différente de celle à laquelle les enfants se sont habitués, la lecture correcte est d'un coup exclue. Ainsi ceux qui ne connaissent que le nouveau système d'écriture renoncent d'emblée à tout livre « ancien », à savoir tout livre *vieux* de dix ans (!) ou nouveau mais rebelle aux goûts de l'ère des Papandreou.

Les apprentis novateurs ont donc réussi en peu de temps à rendre inutiles les bibliothèques des pères. Pour les enfants élevés avec le nouveau système, l'ancienne « image alexandrine » de la langue, *c'est-à-dire celle qui était en vigueur jusqu'à ce mai de l'an de grâce 1982*, brouille le regard et ils sont obligés de la rejeter. Les « anciens » livres — donc TOUTE la littérature grecque — ne servent désormais qu'à orner les murs.

ON SAIT ; troisième vague

Après les hommes d'État et les dactylos, une troisième couche est appelée à se prononcer sur la suppression des accents : les enfants. Ainsi toute la population se trouvait rassemblée pour mener à bien le projet antiptoléméen. « — Mon chéri, est-ce que ce signe bizarre te gêne ? — Oui. — Voilà, on l'enlève, c'est simple ! » La barbarie ne se montre jamais en tant que telle ; elle se cache derrière la dignité d'un projet libérateur.

Il est vrai que le texte ministériel s'adresse aux enseignants et non aux enfants. Mais il me semble qu'aujourd'hui les enseignants sont presque devenus la main droite des enfants et je me permets donc, pour la clarté de mon écrit, de passer sous silence les quelques nuances superflues. Dans le même souci de clarté, je ne mentionnerai pas les quelques linguistes, universitaires et autres associations estudiantines tous favorables au projet. Je les range parmi les fonctionnaires. Ce texte aurait pu être écrit par n'importe lequel d'entre eux.

Mais avec ces trois catégories — fonctionnaires, dactylos et enfants —, *toute* la population est-elle représentée? Oui, presque à cent pour cent. Il reste une petite marge, numériquement insignifiante, occupée par les écrivains. Eux, dans leur ensemble, ont refusé d'adhérer au système « monotonique »; plus que ça: ils se rassemblent, ils font preuve d'une solidarité inédite, ils essaient de garder de leur côté les grandes maisons d'édition qui — avec des pertes considérables — continuent à honorer leur nom et leurs buts. Mais jusqu'à quand?

Retournons à la fin de la période alexandrine.

Après trois, quatre siècles de pérégrinations, les lettres grecques ont trouvé un nouveau foyer. Ce fut Constantinople ; et c'est là qu'elles ont connu le grand déchirement: la langue officielle restait très attachée aux formes figées du passé ; la langue parlée évoluait comme toutes les autres langues européennes. Néanmoins, cette deuxième langue portait toujours l'habit de la première, gardait soigneusement les accents, restait attachée à l'« image alexandrine ». Constantinople fut prise en 1453. L'Empire ottoman s'étendit jusqu'à Vienne. Le déchirement de la langue grecque continuait. Et il était donc tout à fait normal que quatre siècles plus tard, avec la guerre de l'Indépendance, au moment où émergeait le nouvel État grec, tout citoyen libre fût doté d'un moyen d'expression bicéphale: officiellement il prolongeait Constantinople, et en privé il se liait avec son peuple. Déchirés et profondément affligés, tous les Grecs tournaient leurs regards vers l'écrivain. Dans cet affrontement où plusieurs cultures revendiquaient leur part, on attendait qu'il fût à la fois le combattant, le veilleur et le juge suprême.

Aux dernières décennies du XIXe siècle deux camps opposés se sont nettement formés: les puristes qui prononçaient et écrivaient par exemple ἕν et les démotikistes qui choisissaient ἕνα. Les puristes aimaient pratiquer et enseigner une langue nette de toute trace plébéienne, les démotikistes étaient sensibles à l'évolution linguistique menée par le peuple, par le « démos ». L'affrontement s'est poursuivi pendant des décennies et il ne fut résolu que dans les années 70 de ce siècle. Néanmoins une chose reste indéniable : chaque camp se proclamait héritier légitime du passé, préservant ainsi la survie et la continuité de son rival. Les deux adversaires avaient beau vouloir couper la langue en deux, les signes dont les sages d'Alexandrie avaient accompagné les mots résistaient avec succès à toute déchirure irrémédiable. Peu importe donc si les puristes tenaient à sauvegarder le ἕν dont Parménide avait fait usage au VIe siècle av. J.-C. ou si les démotikistes voulaient ajouter à la fin ce α et reproduire ainsi le ἕνα du peuple ; les uns et les autres restaient étroitement liés par l'habit alexandrin commun. Ainsi, quoique la déchirure fût profonde et douloureuse, le passage d'un camp à l'autre restait toujours ouvert. Aucun démotikiste, même le plus extrémiste, ne pouvait rester sans voix devant un écrit des puristes ; il le lisait tout de suite sans aucun problème. (Tandis que les enfants « monotoniques » d'aujourd'hui sont automatiquement exclus de l'ensemble de *la culture d'antan* !)

Plusieurs penseurs grecs contemporains ont considéré le fossé linguistique entre les puristes et les démotikistes comme le handicap majeur de la nation. Ils craignaient que, pendant ces deux derniers siècles où l'Histoire mettait la pendule à l'heure des nationalismes, la Grèce ne manque le rendez-vous, que sa voix divisée ne trahisse l'absence de cette homogénéité exigée par l'époque. Pourtant il n'est pas sûr que la culture doive suivre l'Histoire en somnambule. Et de ce point de vue, Alexandre Papadiamandis (1851-1911), un grand nouvelliste, et Constantin Cavafis (1863-1933), un grand poète, qui ont pratiqué tous les deux, chacun à sa manière, des pastiches linguistiques inimaginables allant des deux côtés du fossé, resteront pour la culture européenne et mondiale de superbes railleurs des entités homogènes. Dans ce coin de la terre, les sirènes du présent et de l'avenir n'avaient pas entièrement séduit l'esprit, et l'âme du poète se cramponnait à une langue mille fois rapiécée pour remonter l'échelle du Temps.

En ce qui concerne la bataille ancestrale, Papadiamandis et Cavafis y ont ajouté ceci : si la « langue du peuple » était destinée, comme ce fut le cas dans le monde entier, à remporter la victoire finale, elle devait faire preuve de quelque chose de plus que de la coquetterie, elle devait être capable de porter quelque chose de plus que l'habit alexandrin ; elle devait, à elle seule, assumer pleinement tout le passé. C'est à Georges Séféris (1900-1971) que les lettres grecques ont confié cette tâche difficile et lui, il l'a parfaitement accomplie. Il a montré, surtout avec ses poèmes mais aussi avec ses essais, ses traductions et son journal, que la « langue du peuple » était prête à remplir totalement ce rôle. Lentement le travail ardu pour la récupération du passé cicatrisait la déchirure et le corps apparaissait de nouveau dans toute sa robustesse. Ainsi, la bataille prit fin : la « langue du peuple » avait triomphé, mais l'« image alexandrine » de la langue grecque restait intacte !

Les choses en étaient là dans les années 70. Séféris a indiqué le chemin pour les quelques siècles à venir ; tous les Grecs étaient obligés d'accepter le verdict. Ils l'ont d'ailleurs accepté avec enthousiasme et ont commencé à travailler sur des bases plus solides qu'elles ne l'avaient jamais été depuis des temps immémoriaux. Et subitement des gens incompétents, sans qualification aucune, sont montés sur la scène et ont déchiré l'habit, comme ça, arbitrairement, sous prétexte que celui-ci les gênait. Ainsi, du jour au lendemain, les écrivains à peine en route sur le chemin ouvert par Séféris prenaient le chemin du retour aux monastères ; et cette fois tous ensemble. Le fossé d'antan a disparu. Maintenant c'est l'abîme.

Comment l'expliquer à vous qui lisez ces plaintes ? Regardez ces trois épithètes qui concluent la troisième vague d'imprécisions du texte ministériel : LOGIQUE, PRATIQUE, ÉCONOMIQUE. Le crime étant commis, on veut le justifier en nous assenant ces mots comme des arguments suprêmes. Or, l'écrivain n'a pas d'arguments mais des soucis ; face à la langue, dans la langue, il n'a qu'une seule préoccupation : trouver la voie JUSTE. Êtes-vous déjà si loin du malheur qui vient de frapper notre patrimoine commun, du sort de la plus ancienne langue de l'Europe ? Que pourrais-je vous dire ? Ces signes autour des mots étaient les fenêtres par lesquelles respiraient *encore* les textes anciens. L'écrivain écrit ἕνα et il sait qu'il est ainsi en liaison directe avec le ἕν de Parménide. Obligez-le à écrire ένα ; c'est la condamnation à la cécité. Il se sent perdu, il ne voit personne à côté de lui, il entre dans la solitude absolue. Alors il résiste ; et c'est pour ça qu'il est rejeté par tous. En plein désert, furieux et désespéré il essaie de sauvegarder à tout prix le monastère « polytonique ».

2. Le pollen de la technique

Les dix linguistes français ne s'intéresseraient-ils guère à l'opinion des écrivains? Reprenons leur texte à l'endroit où nous l'avons laissé:

> « Rares sont les pays qui, d'une façon ou d'une autre, ne se préoccupent pas d'adapter leur graphie. En France, du Moyen Age à Rabelais, de Rabelais à Ronsard, des classiques à Voltaire, de Voltaire à Littré, d'édition en édition du dictionnaire de l'Académie, des milliers de mots français ont changé de forme. »

Or, voilà qu'à la suite des États exemplaires apparaissent Rabelais et d'autres écrivains. Actes étatiques et écrivains illustres mènent le combat de l'évolution linguistique. Mais, pourquoi les Français ont-ils donc le privilège de l'autorité réformatrice de Rabelais tandis que les Grecs doivent renoncer à leur Séféris face au premier fonctionnaire imbécile? Car, *mutatis mutandis*, c'est comme si au lendemain de la publication de *Pantagruel* un secrétaire quelconque de François 1er intervenait et imposait sa propre graphie aux textes de Rabelais et effaçait ainsi le grand novateur de la langue française de la mémoire collective. C'est cela qui se passe en Grèce actuellement: Séféris a réanimé la langue grecque, les économistes de l'écriture montrent aux élèves les poèmes de Séféris réécrits selon leurs règles. Séféris a utilisé ces « signes » vieux de « plus de deux mille ans », eux sont venus dix ans après sa mort pour le corriger. Et ici, en France, on les applaudit, on les considère comme des maîtres. On met ainsi dans le même sac Rabelais et les fatigués de l'orthographe, le gardien du sens et les illettrés des ministères. Or, ce mode d'argumentation ne nous choque déjà plus, cet amalgame illégitime passe presque inaperçu.

Pourtant, s'étonner de ces quelques lignes qui accordent le même respect à Rabelais qu'à l'irresponsabilité grecque n'est rien. l'important est de comprendre ce que signifient ces rapprochements. Les dix linguistes ne parlent pas de Rabelais, ni de son œuvre comme un tout inséparable, ils ne parlent pas d'un phénomène total. Ils découpent de ce phénomène un événement qu'ils appellent *l'intervention de Rabelais dans la graphie du français*. Ensuite, ils vont du côté grec et ils procèdent pareillement : dans l'existence longue de vingt-cinq siècles de la langue grecque ils découpent l'événement d'*intervention de l'Etat actuel dans sa graphie*. Ainsi, dans le texte des dix linguistes, n'apparaissent ni le génie rabelaisien, ni l'imbécillité des fonctionnaires. On n'a affaire qu'à de simples événements, événements dépouillés de leur complexité consubstantielle. La création de Rabelais est réduite à une « intervention », l'acte des Grecs est appelé aussi « intervention » et voilà que dès lors le grand écrivain et les lourdauds peuvent se présenter ensemble dans le même paragraphe. Résultat ? Le monde qui nous entoure se transforme en un conglomérat de « purs événements », de faits dépourvus de ce merveilleux nuage de papillons insaisissables nommés soucis, intentions, beauté, goût, bêtise, etc.

On pourrait, évidemment, faire l'hypothèse de la maladresse d'expression ou des inattentions inhérentes aux écrits à plusieurs auteurs. Ici, ce n'est pas le cas. En regardant, une fois encore, ce paragraphe composé de deux extraits cités plus haut nous pouvons distinguer clairement ce qui cache à ces linguistes l'aspect aberrant de leurs amalgames. Ils ont opéré, sans s'en rendre compte, une rupture nette dans le temps : du côté du passé, jusqu'au XIXᵉ siècle, ils ont rangé les grands écrivains, du côté du XXᵉ siècle, ils ne voient que des actes étatiques. Sans trop réfléchir, ou par une sorte d'économie dans l'argumentation, ils révèlent au grand jour le terrible partage : le passé appartient linguistiquement aux écrivains illustres, le présent aux serviteurs de l'État. Or, au temps du règne de Rabelais nos linguistes se réclament de lui ; au temps du règne de la bêtise ils abandonnent sans hésitation Séféris.

Pourtant, si l'inconséquence du penseur passe presque inaperçue, son désarroi n'est pas pour autant moins visible. Il veut justifier les deux époques et garder son sang-froid face à l'évidente dégradation, mais il ne réussit qu'à trahir sa propre confusion, malaxé qu'il est par les nouvelles exigences. Car, alors qu'il se propose de prendre part à la gestation d'une réforme salvatrice, des quantités énormes de bêtise tombent sur sa tête, des vagues colossales de non-sens déferlent sur son esprit et ainsi, loin de nous donner l'image de l'intellectuel robuste, il nous apparaît comme un boxeur affaibli par les coups qui tombent dru d'une main invisible.

Les dix linguistes, après avoir proclamé leur foi dans l'évolution de la langue en général et après avoir donné les exemples commentés plus haut, passent aux détails.

> « *Défi technique*. L'écrit est en pleine expansion, qu'il soit imprimé (les livres du dépôt légal de la Bibliothèque nationale sont passés, en moyenne annuelle, de dix-sept mille à trente-huit mille de 1960 à 1980, et ont plus que doublé depuis) ou qu'il soit électronique. La technologie informatique consomme, produit, stocke et diffuse d'immenses quantités de données : c'est là un trésor de savoir écrit, *auquel on ne peut accéder qu'en évitant la défaillance graphique, et l'à-peu-près*. »
>
> (C'est moi qui souligne.)

Prenons donc un tel « trésor de savoir écrit » programmé par un homme qui essaie d'économiser les accents, consonnes doubles et tout signe graphique devenu, selon lui, superflu dans la pratique. Il gagne certainement du temps, il gagne de l'argent et il augmente la capacité de cette boîte « savante ». Ces atouts rendent la boîte « très intéressante » et le marché lui ouvre ses portes. Imaginons encore un homme qui, habitué à l'orthographe en vigueur, essaie d'obtenir certaines informations. A chacune de ses demandes, la boîte répond en le traitant d'idiot, elle lui répète sans cesse qu'il ignore sa langue à elle. Qu'est-ce qu'est cet homme par rapport à la machine ? Un manipulateur qui porte encore certaines « défaillances », certains « à-peu-près » ; un être donc privé des services informatiques à cause de sa richesse linguistique. Il ne peut avoir accès au « savoir écrit » qu'« en évitant » les défaillances. Il est obligé d'apprendre tout d'abord la langue standardisée de la boîte. Ainsi la dysorthographie, de maladie se transforme en obligation.

Il s'agit bien entendu d'un paradigme imaginaire. Nous sommes loin d'une telle situation. Pourtant le fantasme de la boîte illettrée hante l'esprit de l'intellectuel, le pousse à se préparer pour pouvoir avoir commerce avec elle. D'où l'affaiblissement, d'où le sentiment que nous sommes des êtres moins doués que les machines. Or, pris de panique devant la perspective miroitante de ces boîtes muettes, nous commençons à jeter à bas la surcharge culturelle, à contraindre nos mains qui gardent le réflexe de « certains signes » et à espérer l'avènement salvateur de la langue sans « défaillances ».

Il y a quelques décennies, la grande famille des progressistes se reconnaissait dans le film de Charlie Chaplin, *Les Temps modernes*. Quel mépris là-dedans pour la machine ! Vous souvenez-vous ? On riait quand les dents de la grande roue attrapaient le pauvre Charlot... Ayant pris le parti de l'homme on se moquait de la machine, on ne filmait que sa caricature. Aujourd'hui les enfants de la même famille nous disent que la langue que nous utilisons présente des « défaillances », des pointes nullement estimées de la part des boîtes informatiques. Le mépris d'antan est remplacé par un bizarre mélange de peur profonde et de fascination.

Il faut donc aller vers le bas, là où le plus grand nombre trouve son équilibre, où celui qui écrit mal la langue devient la mesure commune. Après avoir aplani les phénomènes, on est tenté par la possibilité d'aplanir l'homme. Aller vers le bas d'une manière insouciante et frivole, voilà la devise de nos « Temps Ultramodernes ». C'est pour ça que l'innovation graphique imposée à une culture insignifiante dans son image actuelle envahit et disloque la culture française.

LAKIS PROGUIDIS*

* Lakis Proguidis a publié : *Un écrivain malgré la critique. Essai sur l'œuvre de Witold Gombrowicz.* (L'Infini, Gallimard, 1989.)

Le futur français s'écrit à Haïti

JEAN MÉTELLUS

Le mot francophonie n'est pas une de ces notions sur lesquelles on peut abstraitement épiloguer. Il a une signification précise. Pour certains, il veut dire ouverture possible, pour d'autres, il n'est qu'un slogan, enfin quelques-uns en font commerce. Mais les défenseurs les plus acharnés de la langue française sont curieusement représentés par ceux que le code de la nationalité menace d'exclusion. Tout se passe comme si la défense de la langue française n'était plus l'affaire des Français ou comme si les francophones périphériques non hexagonaux accordaient plus de prix à cette langue que les Français eux-mêmes.

En tant qu'Haïtien, je suis attaché à la langue française parce qu'elle a été et est utile à la vie et au développement de mon pays. Je tiens à la francophonie non pas pour une quelconque raison esthétique mais parce que tout le passé d'Haïti a été exprimé en français.

Tenant compte de la réalité de mon pays où tout le monde parle naturellement créole malgré le souci de certains parents aliénés d'éviter l'apprentissage du créole à leurs enfants, je défends l'usage d'un bilinguisme (créole-français) actif et précoce, mais vrai. Le problème créole-français en Haïti se pose clairement au moins depuis le début du siècle en terme de langue dominée et langue dominante. Et c'est toujours le douloureux constat de l'analphabétisme massif du peuple qui le fait resurgir.

Personnellement, je n'ai jamais appris à écrire qu'en français, mais c'est en créole — la seule langue que je connaissais — que les instituteurs s'adressaient à moi et me donnaient des explications. Car on ne peut pas imaginer une pédagogie qui ne fasse pas d'abord appel à la compréhension de l'élève.

Ce sont les structures socio-économiques en Haïti qui expliquent l'échec de nombreuses campagnes d'alphabétisation et non l'apprentissage de la langue française: il est difficile d'apprendre quoi que ce soit le ventre vide et si, à force de ténacité, l'enfant ou l'adulte a réussi à maîtriser la lecture ou l'écriture, rien dans sa vie quotidienne, dans son environnement, ne l'incite à utiliser ses acquis. Un outil dont on ne se sert pas se rouille. Toute proportion gardée, c'est, à une autre échelle, le phénomène observé en France parmi les jeunes soldats fraîchement incorporés: l'illettrisme y est beaucoup plus fréquent qu'on ne pourrait l'imaginer. Enfin, en Haïti, une grande partie des crédits débloqués pour les opérations d'alphabétisation a été détournée au profit de petits ou grands fonctionnaires. Et ce n'est pas un hasard si c'est pendant « *l'ère duvaliérienne* » — qui n'a plus besoin d'être qualifiée — que des ministres et divers hommes de gouvernement ont résolument considéré la langue française comme l'ennemi public numéro 1 du peuple haïtien. Je crois que le poids de la langue française sur le destin de Haïti a été plus neutre et plus innocent que les trente dernières années de prévarication, les deux décennies d'occupation américaine (1915-1934) et quelques décennies antérieures d'indélicatesse et d'irresponsabilité. Jean Price-Mars, l'un des plus grands sociologues haïtiens, dénonçait en 1927 ceux qui voyaient dans la littérature haïtienne des pseudo-productions françaises parce que nous utilisions cet instrument de communication qu'est le français. Il écrivait: « *Qui a jamais contesté l'existence de la littérature suisse, belge, canadienne d'expression française? Qui a jamais empêché la langue anglaise d'exprimer l'état d'âme des Nègres d'Amérique dans les œuvres de James Weldonjohnson, Dubois, Booker, D. Washington, Chestnut? Et pourquoi donc la langue serait-elle un obstacle pour que des Haïtiens apportent au monde une notion d'art, une expression d'âme qui soit tout à la fois très humaine et très haïtienne?* »

L'ingéniosité des Duvalier est d'avoir désigné le français comme bouc émissaire de l'analphabétisme du peuple haïtien pendant qu'eux s'occupaient d'industries plus lucratives. Et le comble est de constater que nombre de bourgeois bien ciblés par

Claude Soufran, Haïtien, prêtre et docteur en sociologie, dans un article intitulé « *Nationalisme créole, nationalisme formel* » (paru dans le quotidien haïtien *Le Nouvelliste* du 17 décembre 1986) continuent à battre le tam-tam du rassemblement autour du créole. « *En Haïti*, écrit Soufran, *la promotion du créole s'opère dans une société inégalitaire où la division sociale maintient la paysannerie pauvre au bas de l'échelle des revenus et où la division culturelle refuse à ce même groupe social l'accès à l'école et à la connaissance, économiquement avantageuse, de la langue française. Ainsi se perpétue une situation conférant à une catégorie sociale dominante un monopole, un privilège, un avantage économique dont les masses urbaines et rurales sont exclues.* » Car le créole, actuellement du moins, est la langue du rétrécissement, de l'enfermement. Nous autres Haïtiens, déjà exclus des grands programmes planétaires à cause de la misérable réalité que nous connaissons et que nous partageons avec tant d'autres peuples, nous avons besoin d'un instrument de communication qui nous mette en contact avec le monde. Haïti intra-muros ne saurait nous suffire. Et nous ne pouvons pas rêver d'un pareil Haïti pour nos descendants.

Le vocabulaire créole est en grande partie issu du français : or, actuellement, une graphie étrange — qui attend d'ailleurs sa machine à écrire — crée une distance artificielle entre les deux langues sœurs que sont le créole haïtien et le français. Pourquoi par exemple le mot « *constitution* » habituellement prononcé en créole « *constitition* » devient-il dans le créole écrit « *konstitisyon* » ? C'est ainsi qu'« *ouvrier* » devient « *ouvriye* », « *robinet* » devient « *wobinet* », « *bourgeois* » « *boujwa* », « *intellectuel* » « *entelektyel* », « *besoin* » « *bezwen* ». Pourquoi donc cette accumulation de *k*, d'*y* et de *w* dans une langue qui n'en fait pas un usage pléthorique ? Tout se passe comme si le souci de la plupart des promoteurs du créole rejoignait celui des Américains : rendre l'Haïtien de plus en plus étranger à la langue française et le prédisposer à parler américain.

Le passage au français pour un Haïtien qui apprend à lire et à écrire sur la base de ce que nous avons mentionné est sinon impossible, du moins particulièrement difficile. Et c'est à ce moment-là que l'Oncle Sam peut imposer ses conditions à qui veut travailler dans une usine locale de sous-traitance.

A

ANIMAUX : « Centré sur les questions de la propreté et de son coût social, le débat est conduit en des termes qui admettent désormais implicitement comme chose naturelle la place acquise par l'animal familier au détriment des hommes, et plus particulièrement des enfants. Les rares espaces urbains libres de chiens doivent être défendus par des pancartes et des gardiens. Pour le reste, l'enfant et le jeune adolescent, déjà privés d'espaces de jeu par la bitumisation systématique en vue du garage des voitures, se trouvent en concurrence directe et inégalitaire avec *l'appendice poilu*. Aucun élu, aucun journal ne mènera campagne contre *la prolifération canine* en ville — là où la conquête d'un espace vital ne peut qu'empiéter sur celui des hommes —, mais il sera fermement conseillé aux enfants de « ne faire ni bicyclette ni patins à roulettes à proximité d'un chien. Dégagez, les enfants ! »

Paul YONNET, « La dérive zoophilique ou l'Eden animal », *Esprit*, mars-avril 1990 ; p. 14.

B

BOURGEOIS : « Bande d'imbéciles, vous avez manqué un moment d'histoire, un moment tout simple comme un bien « commun » car, le temps d'une longue fête, Paris est redevenu une ville habitée... enfants grimés en bleu-blanc-rouge, femmes discrètement vêtues en révolutionnaires et coiffées selon la tradition, chanteurs improvisés. En admirant ce déploiement de costumes, en entendant ces rires et en partageant cette joie, cette merveilleuse disponibilité qui se doublait d'une liberté de parole, on se prenait à rêver un instant que les Parisiens auraient pu animer un tant soit peu leur ville et leurs quartiers durant cette journée. Paris était devenu un paysage humain (...).

L'exposition présentée à l'arche de la Défense, « Traversées de Paris », ne doit pas faire oublier que l'on peut traverser Paris, que cette ville n'est pas une réserve d'Indiens, ni le refuge des nouveaux Versaillais qui disparaissent piteusement dans leurs chaumières quand la populace se rassemble dans leur ville. Goude, maire de Paris ? On ne le regretterait pas. »

Olivier MONGIN, « Le Paris de Goude », *Esprit, septembre 1989.*

C

COMMÉMORATION : « Quand j'ai rencontré Jean-Paul Goude, il m'a montré *Le Triomphe de la Volonté* de Leni Riefensthal sur le rassemblement nazi de Nuremberg en 1934. Pour sa façon de filmer une parade, toute une foule, en jouant avec les gros plans, les contre-plongées. »

Jean-Paul JAUD, réalisateur en mondiovision de *la Marseillaise* de Jean-Paul GOUDE, *Télérama*, 5 juillet 1989.

CONCEPT : « Le concept, c'est ce qui reste quand on a tout oublié de la pub, et ça se traduit toujours dans un slogan. Qu'est-ce qui reste de Jésus ? “Aimons-nous les uns les autres”. Et de Mitterrand ? “La force tranquille”. »

Jacques SÉGUÉLA.

D

DÉLATION : « Il se trouve qu'Orwell avait une femme qui se dévouait quotidiennement à son mari, qui acceptait n'importe quel travail pour que Eric (le vrai nom d'Orwell était Eric Blair) pût écrire. Elle savait qu'il n'en aurait pas fait autant, mais elle ne lui en voulait pas. » « Pour lui, admettait-elle, le travail passe avant n'importe qui. » Elle avait raison : en 1945, on lui diagnostique un cancer de l'utérus et on l'opère d'urgence — en l'absence d'Orwell, parti, alors qu'il était parfaitement au courant, faire un reportage en Allemagne. A son retour sa femme était morte.

Il arrivait donc à Orwell de jouer le rôle de l'artiste et de l'intellectuel, pour qui la morale commune est négligeable, au vu des exigences du travail créateur. Cet homme si vertueux en littérature ne l'était pas toujours dans la vie. Mais, pourrait-on m'objecter, s'il n'en avait pas été ainsi, il n'aurait certainement pas été capable de consacrer toutes ses forces à l'écriture de ses livres, qui sont de vrais chefs-d'œuvre : les époux modèles ne font pas de bons écrivains. Je n'en suis pas sûr : tout comme la réussite esthétique provenait toujours chez Orwell d'un véritable souci politique, je pense qu'un plus grand souci pour les personnes qui l'entouraient aurait rendu ses livres plus et non pas moins forts. »

Tzvetan TODOROV, *Lettre internationale,* printemps 1989.

DÉLATION CONDITIONNELLE : « Il s'ensuit que les artistes et les écrivains n'échappent pas, comme par miracle, aux jugements moraux et politiques que nous portons sur les autres représentants de l'espèce humaine. La beauté de leurs œuvres ne leur procure aucune immunité morale. Si Shakespeare, miraculeusement revenu au monde, nous apprenait que son passe-temps favori était le viol de petites filles, nous ne devrions pas l'encourager dans cette voie, sous prétexte qu'il pourrait produire un autre *Roi Lear*. Le monde n'est pas fait pour aboutir à une œuvre d'art. »

Tzvetan TODOROV, *loc. cit.*

DIFFÉRENCE : « Ce que j'aime, ce qui me motive dans la vie, ce sont la musique, le rythme, les images. Ce sont les critères selon lesquels je peux apprécier les cultures. Il est tout à fait naturel que je sois fasciné par la culture afro-américaine parce que ses productions dans tous ces domaines m'époustouflent. Mais, si je parle à un intellectuel noir américain par trop conventionnel de mon admiration pour le sens du rythme des Noirs, il me traite de raciste, en me rappelant les accomplissements des Noirs dans le domaine de la médecine ou des sciences. Toutes choses où je ne connais rien ; je ne peux tout de même pas faire défiler des chirurgiens ! »

Jean-Paul GOUDE, « Ce que j'ai voulu faire », *Le Débat*, novembre-décembre 1989.

DREYFUSISME : « Il me semble que Nina Catach, en mettant le doigt sur le lien qui existe au XIXe siècle entre le fait d'être pour ou contre Dreyfus et le fait d'être pour ou contre une réforme de l'orthographe, permet de proposer une explication à l'attitude constante de dévalorisation employée par les adversaires de la réforme.

En effet la société française est partagée au XIXe siècle entre une gauche républicaine qui s'estime héritière de la Révolution et une droite royaliste puis en partie ralliée à la République, mais qui estime qu'il faut le plus possible lutter contre les effets pernicieux des idées révolutionnaires. Cette fracture de la société en deux camps se retrouve lors de l'affaire Dreyfus, dans la lutte qui devait aboutir à la séparation de l'Eglise et de l'Etat, et dans la lutte pour la réforme de l'orthographe (...). Ce qui est en cause c'est le lien profond qui existe entre l'opposition à la réforme orthographique et une certaine idée de la société contre laquelle s'est faite la Révolution. »

Philippe CIBOIS, sociologue (CNRS), in *Que vive l'ortografe !* Seuil, 1989.

G

GÉNÉROSITÉ : « La vie est trop courte pour faire de l'humanitaire triste. »

Fondation Daniel BALAVOINE.

M

MAJORITÉ : Artificiellement fixé à 21 puis à 18 ans, cet âge a été abaissé à 1 jour par la Convention des Nations unies sur les droits de l'enfant : « La caractéristique essentielle de la Convention, c'est de considérer que dès la naissance, l'enfant doit pouvoir accéder à tous les droits de l'homme. Jusqu'à présent, il était implicite que les droits de l'homme s'acquéraient à la majorité, à partir de 18 ans (...).

Un enfant n'a pas seulement des sentiments, il a des opinions. On sait bien que lorsque des enfants se réunissent en France, ce n'est pas seulement pour parler d'une piste de skate-board, c'est aussi pour parler du racisme. Donc liberté de pensée, liberté de religion et bien entendu conséquence directe, liberté d'expression. Expression individuelle et collective. C'est la déclinaison de l'idée que l'enfant est un être humain comme les autres. »

Jean-Pierre ROSENCZVEIG, directeur de l'Institut de l'enfance et de la famille, *Libération*, 21 novembre 1989.

MÉMOIRE : « Je ne me souviens de rien. Je hais la mémoire. Elle nous force à regarder l'avenir dans le rétroviseur de nos egos. Hélas, elle est plus forte que l'oubli. »

Jacques SÉGUÉLA, « Je me souviens », *Libération*, Jeudi 30 novembre 1989.

MUR DE BERLIN : « *Paris-Match* a rassemblé la panoplie du bien-être de deux familles “moyennes”, les Doltmann, Berlinois de l'Ouest, et les Kohler, Berlinois de l'Est.

Pour les Doltmann : deux voitures modernes, un kilo de poisson frais, cinq kilos de pommes de terre et neuf kilos de fruits par semaine. Pour les Kohler : la vieille Trabant commandée il y a douze ans, 500 grammes de poisson fumé, neuf kilos de pommes de terre et cinq kilos de fruits en conserve. »

***Paris-Match*, 30 novembre 1989.**

P

PARATAXE : « Pour obtenir une expression ramassée, percutante, la pub va “dégrammairiser”. Elle élimine du discours tout ce qui n'est pas de nature à agir directement dans le sens recherché, elle supprime les verbes, elle enlève les vocables non indispensables. On en arrive à la parataxe, une construction de phrase que chacun pratique au moins dans son jeune âge, sans mot de liaison indiquant la nature du rapport entre les membres de la phrase. “Pipi moquette, maman fâchée” ou “Darty, des prix”, ça ressortit au même langage. “Etonnez-vous après ça que les gamins pigent tout de suite”, remarque Péninou[1].

Diffusé massivement, ce langage a en outre rencontré chez les adolescents des attentes qui allaient dans le même sens de l'économie, de la simplification, du caractère direct. D'où sa popularisation. »

Roger ALEXANDRE, « Tout tout tout sur la pub », *L'Expansion*, 20 juillet-6 septembre 1989.

PAYSAN : « L'un des slogans les plus saignants de 1968 promettait le bonheur à l'humanité pour le jour où le “dernier capitaliste aurait été pendu avec les tripes du dernier bureaucrate”. Cette radieuse échéance n'est manifestement pas à portée de la main. Il est en revanche une disparition en perspective qui se joue sans drame, dans l'indifférence générale, alors qu'elle mériterait d'être fêtée comme une date dans l'histoire de l'émancipation humaine (...). Les capitalistes prospèrent, les bureaucrates prolifèrent, mais du moins, sur nos vieilles terres d'Europe de l'Ouest, l'extinction du dernier paysan est pour bientôt.

Je parle du vrai paysan, issu d'une lignée ininterrompue de paysans, enraciné dans un sol et dans une communauté, pénétré de l'héritage d'une civilisation millénaire et non pas de l'entrepreneur en agriculture qui va lui succéder, fort délesté celui-là, pour arpenter le même sol, de ce lourd bagage de passé. »

Marcel GAUCHET, « Pleurer les paysans ? » *Le Débat*, numéro 60, mai-août 1990, p. 314.

1. Président d'*Intelligences*, filiale de Publicis spécialisée dans la communication globale.

S

SILENCE : « Cessez ce silence ! Arrêtez de vous taire ! Trois cent soixante-quatre jours par an, Paris subit la dictature du silence. (...)

Votre chanson, messieurs les silencieux, on la connaît. A vous écouter, le tapage nocturne commence le 1er janvier, zéro heure, et finit le 31 décembre minuit. Pour vous, la musique se fait dans des studios capitonnés et s'écoute au casque. Au nom du respect des autres, vous nous faites vivre dans un cimetière (...).

Cette tranquillité, nous n'en voulons pas. Nous voulons des cours d'immeubles où, dès le matin, Christa Ludwig (5e étage) se bagarre avec Reinette l'Oranaise (2e étage), bientôt rejointe par la reine du fado (concierge, rez-de-chaussée). Nous acceptons la musique des autres, même quand ils jouent mal, quitte à les insulter parfois. Nous aimons que les playboys passent dans notre rue, toutes vitres ouvertes, radiocassettes au maximum (...).

Voilà pourquoi la Fête de la musique nous rend si heureux. Ce jour-là nous offre comme un avant-goût de ce Paris bruyant, musicien et mélangé qu'il pourrait être, trois cent soixante-quatre autres jours par an. »

Télérama, 14 juin 1989.

T

TORTURE : « S'il est exact que ce sont les enfants (et les étrangers) qui, par le biais de l'apprentissage, sont les plus gênés par les incohérences du système orthographique, une réforme ne peut être décidée que si l'autorité publique, pouvant voir plus loin que l'intérêt immédiat des adultes, prend la décision de faciliter à long terme l'intérêt de chacun en imposant une réforme progressive. Cela suppose évidemment que les adultes soient sensibles à la peine des enfants.

Ce dernier point est fondamental : dans notre civilisation, tant du côté de la religion de la Grèce antique que du côté de la religion chrétienne, on en a appelé à la protection des faibles par la divinité et l'on a chargé tout un chacun de mettre en œuvre cette protection. L'enfant et l'étranger risquent d'être oubliés si nous ne faisons pas l'effort de les écouter. Que ce soit les enseignants qui nous rappellent que l'enfant souffre dans l'apprentissage orthographique fait qu'ils sont la conscience de notre civilisation. Leur message ne doit pas être négligé : notre civilisation y perdrait une part de ce qui fait sa grandeur. »

Philippe CIBOIS, sociologue (CNRS), *Que vive l'ortografe !*

TOTALITARISME : « Une télévision commerciale a pour mission de plaire au plus grand nombre. Pourquoi voulez-vous que nous programmions un opéra à 20 h 30, alors que 80 % des télespectateurs n'ont pas envie de l'entendre ? Un bon programmateur, c'est celui qui sait satisfaire les télespectateurs. C'est seulement dans les pays totalitaires que l'on impose une culture, une idéologie. »

Bochko GIDANOVITCH, directeur de TF1 Publicité, *L'Expansion*, 20 juillet-6 septembre 1989.

Z

ZOOPHILIE : « Il y a plus d'un point commun entre l'idéologie qui produit le slogan de la "préférence nationale" et celle qui tente de faire admettre une sorte de "préférence animale". (...) Comme Le Pen dans son champ propre, la zoophilie a synthétisé un discours de la décadence : seul doté de la conscience, l'homme a fauté. Il est devenu le coupable de la nature. »

Paul YONNET, « La dérive zoophilique ou l'Eden animal », *Esprit*, mars-avril 1990.

Esquisse pour un autre abécédaire

A

ANIMAUX : « Dans les années qui ont suivi l'invasion russe de la Tchécoslovaquie en 1968, la terreur contre la population fut précédée par des massacres, officiellement organisés, de chiens. Episode totalement oublié et sans importance pour un historien, pour un politologue, mais d'une importance anthropologique suprême ! Ce n'est que par ce seul épisode que j'ai suggéré le climat historique de *La Valse au Adieux.* »

Milan KUNDERA.

M

MÉMOIRE : Je suis mis en demeure d'assumer mon passé, de le déclarer mien et indestructible envers et contre tous, de le revendiquer en dépit de son invraisemblance, et ceci malgré la conspiration générale des frivoles ligués, pour m'en détourner. Ce *malgré* si accentué traduit la fonction prostestataire du souvenir. Contre toute évidence, contre toute raison je déclare que ce passé est présent *quand même* (...) Ce qui est passé est passé... Mais justement la mémoire est un acte de foi, une protestation surnaturelle de l'homme contre la réalité, au nom d'une autre réalité qui a existé et dont il ne reste apparemment aucun vestige palpable dans la vie d'aujourd'hui. »

Vladimir JANKÉLÉVITCH.

P

PAYSANS : « Vers les Préalpes et les monts Euganéens
il n'y avait que des villages, des fermes
et des routes où passaient dans le soleil sous les rosaces
dans un silence inguérissable —
les chariots de moûts — ou de foin —
lequel avait le parfum le plus sauvage, le plus humain ?
Les filles sortaient au soir des premières fabriques.
Et tous savaient, à leur pas,
si c'était l'automne — ou le printemps.
Dans les peuples
descendus depuis mille ans des Alpes
établis depuis encore mille ans dans la plaine,
toute trace de barbarie s'était perdue
même chez leurs bœufs et chez leurs chiens. »

Pier Paolo PASOLINI.

Z

ZOOPHILIE : « J'aime l'araignée et j'aime l'ortie,
Parce qu'on les hait ;
Et que rien n'exauce et que tout châtie
Leur morne souhait ;

Parce qu'elles sont maudites, chétives,
  Noirs êtres rampants ;
Parce qu'elles sont les tristes captives
  De leur guet-apens ;

Parce qu'elles sont prises dans leur œuvre ;
  O sort! fatals nœuds !
Parce que l'ortie est une couleuvre,
  L'araignée un gueux ;

Parce qu'elles ont l'ombre des abîmes,
  Parce qu'on les fuit,
Parce qu'elles sont toutes deux victimes
  De la sombre nuit. »

Victor HUGO.

LA RESPONSABILITÉ DES LETTRES ET LE MONDE QUI VIENT

À l'origine: les livres

DANIÈLE SALLENAVE

Contre les esthètes, qui placent « les livres » au-dessus de la vie, et contre les ignorants ou les démagogues, pour qui « la vie » est la maîtresse de toute expérience et de tout savoir, on soutiendra ceci: c'est dans « la vie » que les livres trouvent un monde ; c'est dans les livres que « la vie » prend figure. Il n'y aurait pas de livres si les expériences de la vie n'étaient déjà ordonnées en figures, mais la vie n'accède pleinement au sens que revisitée par la littérature. Et si le monde ne se constitue pleinement comme monde habitable qu'à travers l'expérience des livres, être privé de livres, ce n'est donc pas seulement être privé d'instruction, de formation, de culture ou encore d'un loisir, d'un plaisir, d'une jouissance: c'est mener une existence dénuée de son nerf intime, hors d'état de poser la question de son sens.

Telle est donc notre thèse. Pour l'illustrer, nous voudrions remonter *à l'origine*: à l'origine de la vie de l'homme, au premier nœud qui s'est noué entre l'enfant et les livres, à ce moment où les premiers apprentissages de la vie se sont articulés à la première fréquentation des livres. Il n'est qu'un moyen de dire cela, et de le décrire: sa propre expérience, mais on n'évitera pas de rencontrer aussitôt une grande difficulté. Ne vais-je pas tout simplement faire le portrait d'un sujet singulier, dont l'enfance s'est déroulée dans les années cinquante de la « province française » ou, à la grande rigueur, le nôtre, à nous Occidentaux, hommes du Livre? Que faire de ce témoignage, quel profit, quelle leçon en tirer à l'usage d'un enfant d'aujourd'hui, citadin nourri de télévision, et de ses parents, ou de ses maîtres?

Mais pour extraire d'une expérience sa généralité, il ne faut pas craindre de s'enfoncer dans la description de ses traits particuliers. J'ai connu très tôt l'expérience des livres. Tous n'étaient pas excellents ; beaucoup appartenaient au second rang ; quelques-uns seulement relevaient de la grande littérature, de la littérature universelle. Ils s'y rattachaient cependant tous, ne serait-ce que par la force d'entraînement qu'ils m'imposaient ou que je leur attribuais, du fait même des circonstances, du moment, du lieu, des conditions dans lesquelles je les avais rencontrés. Car, pour sentir de quelle espérance vitale les livres sont porteurs, peut-être faut-il avoir connu cette « tristesse française » d'un après-midi de la fin de novembre, comme dit Claudel, l'ennui, le silence et le vide des conversations. Un enfant est de plain-pied avec les livres lorsqu'il est poussé vers eux par un mélange de douleur et de joie, une espèce d'élan confus, un grand désir d'arrachement. La peur est un puissant mobile : il n'est pas de mérite à aimer ce qui vous est absolument nécessaire. Une enfance protégée des plus dures contraintes et nécessités de la survie, mais aussi des satisfactions brillantes et vaines qu'offre l'univers récent de la consommation, se voit exposée de ce fait à recevoir plus directement, plus vivement, les images désespérantes de la vie ordinaire, et à en concevoir d'emblée une espèce d'accablement. Sans doute, toutes les vies sont-elles des « vies ordinaires », même les plus accomplies, mais tant de masques nous le dérobent : la nécessité, le harassement quotidien, les contentements rapides, la profusion des divertissements offerts, le crépitement monotone des machines à distraire. Rien, alors, ne venait s'interposer entre nous et cette expérience primordiale : privée de retour sur soi, toute vie est une vie dépossédée, une vie mutilée. La peur et la fascination d'y succomber expliquent sans doute comment l'existence des livres m'est apparue si vite nécessaire, si aiguë leur expérience, si brûlant leur apprentissage.

Il y avait ceci : un village sans beauté ; un jardin calme ; un ciel taché de gris ; les eaux d'un grand fleuve, réduit l'été à un mince filet entre les sables, l'hiver recouvrant tout, les chemins et les maisons. Et ceci : les livres. Qu'est-ce qu'un livre ? Sans en rien savoir, l'enfant s'en fait d'emblée une idée complète, métaphysique ; un enfant qui lit accède aux plus hautes vérités : tout le travail intellectuel et philosophique sort peut-être de cette première confrontation avec la nullité de la vie ordinaire, de la « vie sans pensée », qui lui fait placer d'emblée dans les livres l'espérance de salut.

Le monde était divisé en deux. Celui des livres n'était pas seulement connaissance, distance, étonnement, magie : il était l'existence, il était la vraie vie. Commençant de vivre à la fin des années quarante dans une province que la guerre avait seulement effleurée, je ne voyais autour de moi que des images de dépossession, que la grande pauvreté spirituelle d'une classe privée de ses anciennes valeurs (connaissance de la terre et des saisons, pratiques religieuses, rites) et qui n'avait pas eu les moyens ni l'occasion de s'en forger d'autres. Fortement déchristianisée sans avoir véritablement accédé aux Lumières ; détachée d'une tradition sans s'en être arrachée ; partagée entre des révoltes sans force et une soumission sans limites ; n'ayant émergé d'un long temps de travaux sans joie et sans bénéfices, que pour se voir bientôt livrée aux nouveaux idéaux de la modernité ; proie offerte après des siècles de privation aux nouveaux dieux de la consommation. Autour de moi, un petit groupe d'hommes fortement uni quoique sans racines véritables, presque sans mémoire, s'apprêtait à laisser mourir un passé auquel on n'avait pas de raison de tenir, parce qu'il avait été le moment de l'oppression, sans voir qu'on n'en serait que davantage condamné à un délaissement sans recours.

Le refuge était dans les livres : là était le monde, le vrai monde, non pas celui des grandes actions ou des sentiments nobles, mais un monde vivant, illuminé par la pensée. Pour qui n'a autour de soi que l'exemple de vies sans horizon, il n'est pas étonnant que le seul horizon se fût trouvé dans les livres. Dans les moments d'intense tristesse que l'enfance seule connaît, quand je redoutais que « la vie » ne soit en effet rien d'autre que l'image désabusée qu'en donne la conversation des adultes, il me semblait que les livres édifiaient derrière leur rempart de silence un lieu abrité, un retrait où s'évanouissait l'oppressante vision d'un monde clos. Elevée au milieu de livres de classe, dans une maison silencieuse entourée de jardins eux-mêmes refermés par de hauts murs, j'avais pris l'habitude que les livres y creusent un puissant appel d'air, y dressent leur verticalité, m'impriment un puissant appel vers le haut, me communiquent leur élan. Qu'est-ce qu'un enfant sait de « la vraie vie »? Rien, mais quelque part en lui se sont déjà forgés, au contact des livres, le pressentiment d'une existence moins vaine, l'espérance d'une parole plus vraie, la certitude qu'un accomplissement est possible: tout cela était dans les livres. Si vague qu'en fût la notion, la « vraie vie » s'y était réfugiée.

Dans sa nudité, l'appel aux livres avait quelque chose de farouche, d'unique et de solitaire dont je n'ai jamais perdu l'image ni le désir. Je ne savais rien de ce qu'est « la culture » — la musique, la conversation, les arts, la peinture et les musées, les belles villes architecturées où le passé anime silencieusement les rues en pente douce et les places ombrées. Le goût puissant que j'avais des livres et de la littérature n'était pas l'amour du beau ou du rêve: il était né du besoin de survivre, de ne pas succomber à la torpeur, à l'ennui, à la mort. Les livres étaient la vraie figure du monde, puisque le monde qui m'entourait ne me semblait ni réel, ni vrai.

Réel, à vrai dire, le monde autour de moi ne l'était que trop, tissé de pesanteurs incompréhensibles, de devoirs sans âme, de travaux sans élan. Si lire était une fuite, c'était une fuite vers le vrai, vers la consistance et l'épaisseur, née du désir de secouer sa terrible futilité, son insignifiance, et aussi sa pesante légèreté, son irresponsabilité, et l'espèce de désœuvrement qui marquait toutes ces activités constantes, indispensables, mais creuses, vaines, bornées. On a donc à la fois tort et raison de dire qu'on s'évade lorsqu'on lit. Car on s'évade alors du monde non pour le quitter, mais pour le rejoindre. Le monde réel était bien autrement imaginaire que le monde imaginaire où la lecture me plongeait. Et le monde des livres était doué d'une puissance, d'une solidité, d'une consistance enfin que n'avaient ni la vie ni les paroles de ceux qui m'entouraient. Face à la futilité du monde réel, les fragiles constructions dues à l'art des mots avaient la dureté de l'acier ; elles édifiaient invisiblement l'univers indestructible où l'homme peut se montrer dans la plénitude (fragile ou menacée ou précaire, peu importe) de son être.

Ce dont on fait l'apprentissage avec les livres, il faut, pour le comprendre, renverser quelques idées reçues : ce n'est pas avec le rêve, mais avec la réalité ; ce n'est pas avec soi, mais avec tous les autres ; ce n'est pas avec le privé, mais avec le public ; ce n'est pas avec le subjectif, mais avec l'objectif ; ce n'est pas avec son monde, mais avec le monde. Sans doute les livres ressemblent-ils pour une part aux rêves. Mais grâce aux fictions des livres, on est aussitôt en accord avec le monde imaginaire de tous les autres, on a reçu la confirmation publique, quoique confiée en secret, que le monde visible est doublé d'un monde invisible. On y accède privément, mais un autre qui lit, lit la même chose que vous : le livre fait accéder à l'objectivité et à l'universalité du sens, un livre est une référence commune, qui crée un lien entre tous ceux qui l'ont lu.

L'enfant ne trouve pas l'insouciance dans les livres, mais le souci vrai, une sorte de gravité dont il lui semble ne voir partout que la caricature. Et, dans les livres, il cherche moins le rêve et la gaieté, la fantaisie et l'humour dont tous autour de lui semblent pourtant si cruellement dépourvus, que la vérité, la vérité des actions, des êtres, des paroles, de l'existence. Qu'est-ce qu'une existence vraie, une existence dans la vérité ? Par contraste avec la vie des habitants des livres, ce que je voyais de la vie des habitants de mon village me paraissait faux, illusoire, mensonger et vain. Faux : mal ajusté, insincère, inadéquat. Faux, comme sont faux une copie en face du modèle, un métal vil en face de l'or, comme est faux un sourire qui masque mal la haine ou la tristesse. Dans ces existences que quelque défaut secret avait faussées dès le départ, naissaient bien quelques élans et de vagues promesses que rien ne viendrait remplir ; promesses illusoires et élans mensongers, séparés de tout accomplissement, minés par une habitude de la défaite, un consentement à l'échec. Et c'était comme si un contrat tacite avait été rompu avec le monde, comme une forfaiture : car il y a en lui un éclat, une grandeur, une vérité qui ne se développent que si nous y participons par notre connaissance et notre action. Lorsque nul ne s'y emploie, le monde s'étiole et meurt. Il en va du monde comme de Dieu selon la Kabbale: faute d'être honoré par les hommes, il languit et s'éteint.

Le monde autour de moi languissait et s'éteignait. Je ne connaissais rien, il est vrai, de l'action secrète des âmes fortes ou des bontés cachées de quelques autres: sacrifices, amours, dévouements. Je ne voyais que la tristesse des inaccomplissements. Qu'est-ce que s'accomplir? A coup sûr cela ne pouvait être ni devenir riche ni devenir puissant, mais ceci: devenir soi. Or comment devenir soi quand on naît dépossédé, sans appui, sans livres, sans pensée?

En revanche, dans les livres, c'en était fini de l'existence divisée. Un sens, une lumière s'y posaient: l'homme n'y était plus séparé des autres, ni de lui-même, ni séparé des morts, ni séparé d'une action juste dans le monde. Si étroites qu'elles fussent, si bornées, les vies dont je lisais le récit n'étaient pas creuses, fallacieuses ou vaines, parce que leur déroulement, leur sens, leur histoire, leur action étaient toujours placés dans la réfraction d'une voix, d'une pensée: la parole, la voix, la pensée, du narrateur. Le plus misérable des personnages de roman recevait l'illumination de la vérité, de la pensée, du remords: ses actions s'éclairaient, un feu secret leur donnait du relief, sa vie s'échelonnait selon les purs degrés de la méditation et du songe. Il n'y avait pas d'action, si modeste et dérisoire qu'elle pût être, que la pensée ne vînt éclairer. Placée sous le faisceau d'un regard, d'une intelligence, commentée par le murmure discret de la voix narrative, le monde se réfléchissait, se mettait en perspective, s'offrait à la pensée. Quelque médiocres qu'elles fussent, les vies racontées dans les livres entraient dans quelque magnifique dessein, méritaient d'être vécues, cessaient d'être vaines. En elles un mystérieux projet se laissait deviner, projet que n'avait pas toujours conçu ou compris celui qui vivait, mais toujours celui qui racontait son histoire, apportant à la vie vécue ce supplément de pensée sans lequel elle est incomplète.

A l'origine, donc: les livres. Ainsi se constitue, dans ces premières années de la vie qui sont celles d'un empêchement généralisé, sur le fond de l'impuissance physique et de la dépendance qui sont le lot des enfants, un « monde humain » comme monde commun, où communiquent le lointain et le proche ; la fiction et la réalité ; les vivants et les morts. Quelque chose avec les livres a commencé, une situation prend forme, un modèle s'est établi, qu'on répétera toujours. Seul, étendu, aussi immobile qu'un malade, quoique plein de vie et de feu, l'enfant a tourné le dos au monde, il a laissé dehors le soleil, les jeux, les bruits d'eau, les rires, les appels. Il lit. Ou bien c'est la nuit, et tout le monde dort : mais lui, il ne dort ni ne veille, il lit.

Un enfant ne pense pas que les livres ont été écrits : encore moins par qui. Mais il entend la voix des livres dans sa tête, il se sent guidé par la force d'une volonté invisible et partout présente, celle du poète. Un enfant est en deçà et au-delà de la Poétique ; avec elle, il ne croit pas qu'un livre soit seulement l'expression d'un auteur ; contre elle cependant, il sait bien que le narrateur n'est pas une figure de papier, mais une voix silencieuse qui feint parfois de s'absenter mais ne cesse jamais entièrement de se faire entendre. C'est elle qui en est le garant ; c'est elle qui déçoit ou donne confiance. Et ceux qui lisent un livre auquel l'enfant n'a pas encore accès, l'enfant sait bien que s'ils parlent avec d'autres mots que les leurs, c'est parce qu'ils parlent avec les mots d'un autre. L'autre est là, qui décrit, et pose, et commente, et cache, et révèle : ce jeu-là est inoubliable.

L'évidence que, dans les livres, « quelqu'un parle », se double en même temps d'une autre : l'enfant fait la découverte qu'on peut parler sans voix, qu'en somme, dans les livres, c'est un mort qui parle. Voix abstraite, substitut, essence de toutes les voix ; voix sans corps, mais non sans chair, douce, ou âpre, modulée, phrase résonnant jusque dans l'intérieur du propre corps du lecteur. Je n'aimais du reste pas tant les mots que je n'aimais les phrases. Quoi qu'on dise, il n'est pas sûr que l'enfant s'intéresse tant aux mots, il ne se pose en tout cas pas beaucoup de questions sur leur nature. Il passe rapidement d'une modeste position cratylienne à un parti pris de convention, car il les a trop souvent traversés pour aller aux choses qu'il ne leur demande rien d'autre.

Tandis que dans la phrase il a reconnu la voix ; dans sa coupe, son éclat qui fait faire silence à tout ce qui n'est pas elle ; dans ce timbre qui redouble et fait taire cette voix intérieure si effrayante par sa ténacité têtue et ce bizarre tutoiement pour se parler à soi-même, et qui est comme un regard qui ne le lâche pas, brutal et sans égard, le regard de ce double qu'on abrite en soi-même dans le noir.

L'enfant qui aime les phrases apprend vite à identifier et distinguer leur figure propre, leur mobilité ou leur lenteur, à aimer certaines gaietés graphiques, les points d'exclamation, le frémissement des virgules. Le mystère du point, célébré du reste par la majuscule et la glorieuse insurrection de la nouvelle phrase qui commence. Au temps de mes premières lectures, je m'endormais en me répétant les phrases du livre que je venais de lire, non avec leurs mots mais avec d'autres, les miens, mots ordinaires, ou mots inventés qui s'efforçaient de reproduire les cadences des phrases que je quittais : telle est peut-être la première idée qu'on peut se forger du style d'un auteur, ce ton, cette frappe, cette coupe inimitables, organiques.

La littérature m'ouvrait ainsi les allées d'un monde que je n'aurais jamais sans elle soupçonné ; de vies libres et gaies ; de paysages ; de douces soirées où les conversations montent sur les terrasses tandis que le soleil se couche entre les collines ; d'amour, de paroles, de gaieté. La littérature m'ouvrait le temps, l'espace et le passé ; le monde des hommes et des actions mais aussi le secret de la vie matérielle, et des choses, absents eux aussi de toutes les formes de vie modeste qui m'entouraient, où manquaient le sable tiède et les soirs violets, la vie des Grecs et l'ombre tombant sur les grands fleuves ensablés. Les morts oubliés m'étaient rendus ; le passé indifférent reprenait vie ; la terre elle-même gorgée de pluie et de travaux redevenait le lieu du déploiement d'une splendeur cachée.

Dans les livres, la vie était double, agie et pensée : ce pouvait être ainsi qu'on vivait. La vie avec la pensée, c'est dans les livres d'abord que j'en ai vu le modèle et l'exemple. Vivre comme on vit dans les livres : non pas vivre une vie insouciante, dégagée des contingences et des nécessités, mais tout au contraire, vivre une vie nécessaire, une vie maîtrisée, pensée, arrachée au hasard, à la bêtise, à la mort, selon la logique de la réflexion et du rêve, selon l'héritage des morts. Penser, réfléchir, faire retour sur soi, associer au cours de sa vie les morts, les inconnus, et ceux qui ne sont pas encore nés ; mêler à sa vie la terre brute, les arbres, les saisons, la musique et la conversation. Je n'aimais pas les héros, ni les actions d'éclat, un peu plus les grandes aventures du désert ou du pôle. Mais j'aimais que, saisi par des mots, le sentier et les fleurs, le chien qui passe et la rue qui s'endort se chargent de reflets et de remords. Pour que le monde soit, il me fallait qu'il fût décrit.

Je devinais ainsi que le monde ne trouvait son accomplissement que dans les phrases des livres ; que les livres n'étaient pas seulement la formulation des choses, mais la projection qui les transfigure, que, dans l'inlassable description, le sens se forme et se forge. Ce monde plus libre que celui où j'ai commencé de vivre, je devinais que, si riche qu'il fût, si éclatant, il n'existait vraiment que reflété dans un livre ; que les ruines romaines sous le soleil de midi et les actions violentes d'un cœur désespéré n'apparaissent jamais avec autant de force et de vérité que dans la littérature, réfléchies par elle, placées sous sa lumière, plongées dans son feu.

Il y avait cependant pour moi plus de vérité et de réalité dans le monde sensible des choses physiques que dans l'univers moral des actions pauvres et de la vie dépossédée. La confrontation des livres avec la réalité extérieure ne se faisait aux dépens ni des mots ni des choses, mais sans mon intermédiaire, et comme aux dépens du « moi », mince couche de peurs et de désirs qui s'interpose entre le monde et lui-même. Lire, c'était s'associer à un grand et pur mouvement d'objectivation du monde et de soi : c'était sortir de la gangue du moi, qui voile de sa fumée la forme même des choses et en accédant à leur contemplation, aider à leur accomplissement. Effacer son propre moi, comme dit Goethe « *pour l'amour du tout et de la chose* ».

C'était comme une idée de Dieu surgie de mon incroyance même : le monde, les hommes, les choses et les actions avaient besoin de nous pour s'accomplir ; les décrire, c'était en glorifier la grandeur, en dévoiler la nécessité, les faire être pleinement. La Terre elle-même et toutes les choses réclamaient de passer par le passage étroit des phrases. Il n'est rien de plus évident à un enfant que le mystère de la transfiguration poétique, cette renaissance de la terre dans l'œuvre, selon le vers de Rilke: « *N'est-ce pas ce que tu veux/ Terre! Invisible, en nous renaître?* »

Rien n'était vain, ni gratuit, les livres me le montraient. Toute chose racontée était une chose sauvée, offrant en pleine lumière les mystérieuses colonnes sur laquelle elle repose. Et, arrachée au temps qui dégrade pour accéder au temps qui sauve, la vie de tout homme, méprisable ou futile, ou simplement ordinaire, s'offrait à la plénitude du sens exposé, et le scandale de la mort elle-même pouvait être l'objet d'une contemplation apaisée.

DANIÈLE SALLENAVE

Le culturel, l'éducation, l'œuvre

MICHEL DEGUY

« *Otium sine lettris mors est.* »
(Cassirer citant Pétrarque
citant Sénèque)

Mon propos est de chercher à prendre la mesure d'un phénomène social mondial intéressant *toute* société contemporaine, différemment selon son « développement » économique, mais radicalement par la solidarité, l'intersocialité, générale, à savoir la mesure du phénomène *culturel* ; de porter ce phénomène à la clarté d'une hypothèse conceptuelle appuyée sur des exemples donnés pour des paradigmes ; et, dans cette perspective, de m'interroger dans quelle mesure les arts, et singulièrement la littérature, par le souci de l'*œuvre*, ont de l'« utilité » — une utilité éducative et didactique dans la perspective téléologique où s'ordonne la question de l'utilité, par réitération du « *pourquoi ?* » ; ou, selon les termes du narrateur proustien, perspective de « salut » par opposition à la décomposition, à la perte, à l'insignifiance.

Le *culturel* est un phénomène complexe, opaque, et la phénoméno*logie* de ce nouveau phénomène qui se cache sous des airs familiers est aussi malaisée à traiter que pour une médecine les prémices d'une nouvelle épidémie, avec les caractères de l'*ubiquité*, repérable sur « un grand nombre de cas », et du jamais vu, de sorte qu'on la confond, la méconnaît, la rabat dans l'ancien, le *nihil novi*. Oui, tout phénomène n'est pas la calme répétition du phénoménal reconnaissable — et ce qu'on appelle l'*écologie*, par exemple, dans son énergie croissante, pourrait bien être la réponse à tel phénomène, autrement dit une phénoménologie ajustée, pratique, tâtonnante.

Pour appréhender, dans sa nouveauté, sa radicalité et sa

apparence de méchanceté... peut-être — cette question, donc: « Mais que veut dire INRI? » D'une certaine manière, je n'en suis pas encore revenu. Et voici comment je mets en scène l'effacement de la fable, en accompagnant mentalement un usager du culturel dans la ville d'aujourd'hui: X ne sait pas ce qu'est une église, il n'y est jamais entré ; s'il y entre, il ne sait pas ce qu'est une fresque, un tableau ; il les regarde, il ne sait pas ce qu'est une crucifixion ; s'il s'y attache, il ne sait pas ce qu'est INRI (cette inscription combien de milliers de fois peinte ou gravée depuis combien de siècles dans combien de milliers de chapelles et d'icônes pour combien de millions de fidèles et d'infidèles), et si on lui énonce le tout de la formule déployée, il ne sait pas ce qu'est le latin ; et si on lui traduit la formule, il ne sait ce qu'est Jésus, ni Nazareth, ni Roi ni Juifs. Telle est la situation.

D'où (je veux dire, sur le fond du *fait* de cette déculturation désolée) la pauvreté inouïe des « images » dans les églises aujourd'hui. Entrons dans une église de paroisse villageoise ou urbaine (il y a peu de différence) et y considérons les panneaux, les affichages, les slogans de l'accueil, les dossiers du catéchisme exposés, les bulletins, les « bulles » sur les panneaux, bercés dans la pauvre mélodie *jazzée* de la gentille chanson délatinisée où s'exerce une gentille piété de chorale bénévole, etc. Le ci-devant « peuple » (« le peuple du dieu chrétien », le peuple de Charles Péguy) en tant que tel ne sait plus *lire* l'Eglise, la fable énorme dans la pierre, le bas-relief de l'autel, le vitrail complexe, l'enluminure du psautier, le neume grégorien ; ne peut plus déchiffrer le rébus de l'icône avec son « INRI », les *œuvres*, les replis condensés de l'art de la mémoire. On a donc descendu de la fresque ou du chapiteau, rapprochés de l'usager, quelques signes devenus signaux pour signaler, signaliser et sémiotiser un « espace »[1], parcours chrétien et touristique. Comme dans un préau — car l'Eglise s'est évidée, ne reste qu'un grand capuchon, un abri trop vaste, abritant lui-même les abribus à confession — on a dû recomposer à nouveaux et moindres frais une légende, une BD ; c'est le modèle de la BD qui l'emporte, avec, comme dans un rébus plus simple, des mots insérés, des « messages » abrégés, des « images » de rappel, d'évocation, de suggestion.

1. Comme il y a un « Espace Bonaparte » à Paris, rue Bonaparte etc.

L'Eglise — appelons ça le *concile* — va donc errer dans le « monde profane », en cherchant une culture qui serait locale, populaire, pour s'y accrocher, s'y raccrocher, s'y « brancher » ; faire transporter *sa* bande-son, sa bande image, par la grande bande-animée audiovisuelle disons « culturelle » en général — laquelle a déjà absorbé, intégré, désintégré la ci-devant culture populaire, elle-même prétendument sauvegardée en termes de *patrimoine*. Le « concile » encode, en parasite, son « message chrétien » (c'est mon exemple donc) dans et parmi le codage général, comme un même câble « telecom » transporte plusieurs « communications ». La Bible peut-elle être transportée par son dessin-animé, c'est la question. Sur le déluge culturel, les *arches* construites en nouveaux matériaux, en *immatériaux* (serait encore plus juste), peuvent-elles passer de l'autre côté (métaphorer) le « sens », ce que j'appelais tout à l'heure l'incroyable-devenu-ineffaçable, ou celui-ci n'est-il pas effacé par son encodage immatérial. (Il est vrai que le christianisme — pris ici comme exemple — est d'abord rentré dans la fable générale (XVIIIe — XIXe siècle) pour se perdre avec elle dans l'obsolescence, l'amnésie, la culturalisation.)

Il n'y a plus de *fable*, dans le sens de Rollin, de Jancourt, de Chomfré, de Noël. Starobinski (p. 236) parle de « code sémiologique » non partagé. *For, fari, fabilis* ; dire, dicible, fable. Or la fable était l'instance principale, culturante, de la puissance prochaine de lire ; la composante structurante du déchiffrement, intégrant d'autres composantes, sous-codes ou « langages » si l'on veut ; par exemple, dans une icône en général, celui des postures signifiantes, mains, gestes, jambes, « articulations » corporelles des figures peintes. (Même si quelques-unes demeurent lisibles « immédiatement » pour nous comme les mains jointes de la supplication, etc.) Le tableau était un *rébus*, parlant avec des *res*, des « images peintes ». Aujourd'hui pour la fréquentation effective des œuvres dans les musées, galeries, etc., tout ce dont le *culturel* est exactement la *simulation* (au sens technologique), il est clair que l'« abstraction » d'une œuvre « abstraite » se montre d'abord à ceci qu'elle est *sortie*, oui, de la fable ; et le visiteur (particule d'un collectif) ne peut en user (si seulement il en use) que comme d'un Rorschach, par « projection ». L'objectivation est celle d'une projection ; l'objet un projectile sous le projecteur — la projection dans la séance permettant à chaque sujet-psychique ses projections idiotiques.

Le poème en général, ex-terminé au sens étymologique, est sorti de la fable, du thème, de la rhétorique maîtrisée, de la syntaxe mais aussi du rythme et en général de toute itération, c'est-à-dire de tout signe de reconnaissance — presque[1]...

Et la haine de la rhétorique — dont on se rappelle que Max Fumaroli dans son discours inaugural au *Collège* épinglait un bel exemple, je dirais suicidaire, sous la plume de Renan — contribue à « effacer » l'un de ces sous-« codes » dont nous parlons, ou, en métaphores organicistes, le derme du tissu : les *tours* de la langue, en quoi consiste le langage de la langue, sa figurativité, sa capacité à faire que ce qui est fasse *figure* de « pensable », ne constituaient justement pas un « sous-code » plus ou moins facultatif.

Vers l'anthropologie

L'être *mimésique*, l'« homme », *fait* de la culture (Téchnê) et de la nature (Phusis), comme une proue répartit en sillage deux côtés. Il est « au milieu », l'échangeur entre ces deux hémisphères et leurs pôles que l'abstraction nomme *nature* et *culture*, et que l'imagination « se figure », l'une dans l'antériorité d'une virginité édénique, l'autre dans l'avenir d'une *production* asservissant infiniment une énergie infinie.

Au XVIIIe siècle un « retour à la nature » se programme avec Rousseau. *La Nouvelle Héloïse*, par exemple, est mise en scène pour représenter un tel *milieu* d'échange mimétique, de répartition du partage qui (re) fasse de la nature avec de la culture,

1. Le mode de survie de la poésie — pour ne parler que d'elle —, confié à la scolarité, repose en *anthologies* et en sélections thématiques. Deux remarques alors : Il est vrai que le cœur n'est plus confié au par-cœur ; mais que la poésie en vienne à sortir des *programmes* en général, et c'en sera fait d'elle, faute de transmission obligatoire. Grâces, donc, soient rendues à l'Ecole et aux Maîtres pour ce sursis ; Cependant la mise en morceaux, et regroupés souvent, à dessein de favoriser l'apprentissage enfantin, sous les rubriques thématiques (« la mer, la forêt ; la patrie ; le cheval /.../ ») anesthésie l'intelligence, dont l'attention n'est plus orientée vers la complexité de la composition, la grandeur d'une œuvre. Tout finit par cette apostrophe de Pivot :
« Allons, M. X, donnez-nous maintenant un *petit poème* ! »

de la culture avec de la nature ; de sorte que le travail toujours qualifié, « source de valeur », n'est pas du tout réductible à de la force-mouvement (de la force de déplacement d'un poids, etc.) ; mais il est de la *mimêsis*, il fait « à l'image de ».

Au tournant des deux siècles le *romantisme*, principalement en version allemande, invente une originalité hellénique et une nature « divine ». Le mono-déisme de J.-J. Rousseau — quand bien même le recours à la fable peuple encore le jardin de Clarens de figures, ou figurines, dionysiaques (cf. par exemple la lettre sur les vendanges et la fête, dans la dernière partie) — inspirait un humanisme « savoyard » où la « voix de la conscience » ne parle guère selon les mythes païens et laisse son sujet assez seul en regard d'une *nature* où le retour ne consiste pas à réactiver les rites. Le *romantique*, lui, est celui qui aura cru — aura inventé — que l'homme grec était un être *à la fois* pareil à un « primitif » (quelque chose comme ce que suggère le beau vocable « hyperboréen ») *et* homme *moderne*, « européen » ; c'est-à-dire : *et* immergé dans « la Nature », fidèle aux dieux, obéissant « infiniment » à la Nature, à la Nature divine, *et* infiniment *lui-même*, *politique*, c'est-à-dire « libre », i. e. non asservi aux dieux, détaché, à la limite athée ou « antithéos », *séparé* de rites, mythes, tribus... Tel mixte, compromis virtuellement contradictoire d'incompossibles, s'est défait. Et pour *nous* un siècle plus tard qui voyons l'Amazonien, l'Orénoquien et son anthropologue qui n'est pas Hypérion, la nostalgie de son anthropologue dans son désir d'« être comme eux » et son savoir de sa différence infinie, il n'est pas assuré que l'Orénoquien soit « riche en monde » ; nous le trouvons plutôt « pauvre en monde » puisqu'il n'est pas de notre monde, et ne le sera jamais lui qui, moins libre, moins risqué, moins infini, « se répétant » indéfiniment, à la fois plus et moins mortel, se détruit dans son être en devenant « occidental ».

Du culturel au culturel

On se rappelle que Lévi-Strauss, afin de circonscrire la région des objets d'une anthropologie scientifique, cherchait un phénomène qui fît limite et pli entre nature et culture, et assignait « la prohibition de l'inceste » à cette place et à cette fonction : du côté de la « nature » par sa généralité « sans exception » chez les hommes, à la façon d'un caractère biologique, et du côté de la culture parce que sans exemple dans le genre « animal ». A tout le moins par ce geste deux côtés se distinguaient-ils, articulés autour d'un phénomène mixte, équivoque, par une synapse ajointant et disjoignant la « nature » et la « culture ».

La conception d'un mixte nature-culture, quand bien même rien de purement naturel ne peut être isolé d'un purement culturel, permet d'élaborer une représentation scientifique (« structurale ») de l'humain : enraciné dans des conditions dites naturelles selon le destin d'une physiologie et de contraintes géophysiques immarcescibles (tant que le climat, par exemple, ne pouvait du tout être modifié, que ce fût par des formules chamaniques ou le canon à grêle), sur quoi le savoir-faire n'a pas plus de prise directe qu'un stoïcien sur « les choses qui ne dépendent pas de nous » ; et d'autre part « répondant » aux conditions écologiques par des formations « culturelles » relativement imprévisibles dans la mesure où le fatum naturel ne nécessite nullement la « pensée sauvage » à découper symboliquement son monde de telle plutôt que de telle autre manière : dans un univers de mondes ethniques qui voisinent, une culture au sens anthropologique répond par des mythes et à ses conditions écologiques et économiques de survie et à son confinement avec les sociétés limitrophes par des échanges, des comparaisons et des compensations « de proche en proche », de mythe à mythe.

La lecture de deux méditations tardives de Claude Lévi-Strauss[1] nous aide à comprendre comment la fin (en général) du dualisme traditionnel (en général, c'est-à-dire quelles que soient les modalités du partage en *Deux* dans quelque culture, et quelque « philosophie », que ce soit, entre du naturel et de l'humain dé-naturé, ou de la nature et de l'esprit, ou de l'empirique et du métaphysique, ou du nécessaire et du surnaturel, etc.), dualisme protecteur parce que organisateur et ordonnateur du régime des différences en général, a fait place à une pensée, ou représentation, de l'indivision, du bouclage l'un sur l'autre,

1. *Race et culture* ; *Structuralisme et écologie*, in volume 382, *Idées Gallimard*, pages 427 sq.

du naturel et du culturel, de l'échange incessant de ces déterminations passant l'une dans l'autre. Mais cette réversibilité qui pour l'entendement scientifique accroît la complexité entraîne dans la confusion, pour le sens commun et ses croyances, les distinctions « essentielles » et les séparations instituées qui les protégeaient.

Tentons de rassembler les nouvelles déterminations du *naturel* qui ressortent de ces pages fameuses :

1) « Aucun principe général, aucun raisonnement déductif ne peuvent nous permettre de préjuger l'histoire contingente d'un groupe humain quelconque, les éléments particuliers de son environnement, ni la manière imprévisible dont chacun a choisi de donner un sens à tels traits de son histoire, à tels éléments de son habitat plutôt qu'à une infinité d'autres qui auraient pu tout aussi bien être retenus [...] Nous nous trouvons confrontés à un facteur arbitraire dont l'observation empirique peut seule rendre compte. Cependant, aussi arbitraire qu'il puisse paraître si on examine ses éléments séparément, chaque système devient cohérent quand on l'envisage dans son ensemble. » (466-467)

Nature, ou *naturel*, est ce qui vient nommer la contingence, l'arbitraire d'une facticité, l'irréductibilité d'une singularité.

2) « ... les voies et les moyens de l'entendement ne sont pas cantonnés dans le domaine restreint d'une activité intellectuelle qu'il faudrait tenir pour supérieure en la détachant du reste. Il serait plus juste de dire que l'entendement prend, pour les développer, la relève de processus intellectuels déjà à l'œuvre dans les organes des sens. [...] il apparaît chaque jour davantage que la nature est constituée par des propriétés structurales incontestablement plus riches que les codes structuraux au moyen desquels le système nerveux les traduit, mais non pas qualitativement différentes, de sorte que les propriétés structurales élaborées par l'entendement le ramènent aux structures propres du réel. » (490-491)

Le structural, et, presque, le structuralisme, en étant imputé à la Nature abolit une différenciation qui maintenait des séparations. Alors les distinctions n'« existent » plus que pour la compétence scientifique (l'intelligence du savant), qui s'y retrouve, tandis que le besoin de croire et la doxa ne « savent plus où elles en sont »[1].

1. Bien entendu, je ne dis en rien qu'il faille régresser à du dualisme « obscuran-

3) (446) « Loin qu'il faille se demander si la culture est ou non fonction de la race, nous découvrons que la race — ou ce que l'on entend généralement par ce terme — est une fonction parmi d'autres de la culture. » Ici le renversement ne (re)constitue pas une position stabilisée par une détermination de la relation entre les deux termes, mais il dissout plutôt une subordination usuelle et *indique* la plausibilité d'une inversion, la possibilité d'un change — mais sans en établir la préférabilité sur un mode apodictique.

Toute tentative, se félicite donc Lévi-Strauss, pour ériger l'esprit et le monde en entités distinctes ramènerait à de la métaphysique (p. 486). Et il raconte avec de beaux exemples de monographies scientifiques, comment la différence *étique* et *émique*[1] à la fois tient et ne tient pas, puisque « le seul niveau véritablement étique est le niveau émique » (*ibid.*). On a gagné que c'est la ci-devant Nature (si nous continuons à faire servir ce terme à désigner ce qui est « avant » le travail, i. e. avant la production *et* la science humaines) qui opère, qui est l'« intellect agent », c'est-à-dire le structuraliste. Et à son tour, ou en même temps, l'« esprit humain » se réengloutit « au sein de la Nature », comme partie du tout où il émerge. C'est ainsi que Claude Lévi-Strauss pense avoir « réconcilié l'âme et le corps, l'esprit et le milieu, la pensée et le monde », par le structuralisme qui « s'avance en direction du seul matérialisme compatible avec la démarche de la pensée scientifique [...] dépassant le dualisme de Descartes tout en restant fidèle à sa foi rationaliste ». Or il n'est pas sûr que les Deux se laissent « réconcilier ».

Il faut au moins observer que la réconciliation en question ne s'opère, si elle s'opère, qu'auprès d'une pensée paradoxale, je

tiste » pour protéger un Ordre ancien ; je cherche à mesurer l'instabilité.

1. P. 486 : « Pour éclairer quelque peu le problème, référons-nous à la distinction par ailleurs commode, que font les linguistes américains entre les aspects qu'ils appellent respectivement "étique" et "émique". Ces termes, forgés à partir des mots "phonétique" et "phonémique", dénotent deux manières complémentaires d'aborder l'étude des sons du langage : soit tels qu'ils sont perçus (ou plutôt, qu'on les croit perçus) par l'oreille, même si l'on fait appel à des appareils d'enregistrements acoustique pour raffiner les données sensorielles, soit préalablement soumis par le linguiste à des procédures d'analyse et d'explication qui visent à décomposer le matériel brut en unités constitutives, non immédiatement apparentes. En opérant ainsi, le linguiste travaille au même niveau que l'ethnologue cherche à atteindre en dégageant, derrière les idéologies empiriques, des oppositions binaires et des règles de transformation. »

veux dire d'un discernement que non seulement les paradoxes, par exemple celui du tout et de la partie, ou celui qui maintient une distinction dans sa dissolution[1], ne rebutent pas, mais qui doit, ou devrait, les assumer dans une logique explicite et dans une éthique de la résolution, de la non-certitude assurée, de la... rigueur. (J'allais dire une logique pascalienne du renversement du pour-ou-contre, mais infini, sans point fixe.)

La « hiérarchie enchevêtrée » exige une distinction rigoureuse dans les relations impliquées et une attention « paradoxale » qui puisse retracer son fonctionnement, si le renversement du haut et du bas par exemple n'entraîne pas l'indistinction de cette différence.

Car ce que la représentation dite métaphysique, celle des *deux* ordres naturel et sur-naturel, « fausse » donc au regard du savoir et la sagesse structuralistes, ménageait, voici que son descellement, entraînant la volatilisation des distinctions de sens commun, le rend indifférent, indistinct, et de la perte des distinctions à la confusion et à la désorientation « nihiliste », la pente est forte.

Tout se passe comme si l'appareil de la différence, ou de la correspondance entre les distinctions eidétiques, modales, posées par l'intelligence, d'une part, et l'institution de séparations réelles d'autre part, dépendait en dernier ressort de la différence abstraite, tranchée pour repasser partout, entre *nature* de son côté et *culture* du sien, qui « nous » protège de l'indivision, et précisément de ce que va résumer tout à l'heure le « culturel ». Si Deux n'existe pas... tout est permis ? A la manière dont Claude Lévi-Strauss renverse le rapport étique-émique (en le maintenant !), le retournement d'adages régulateurs peut être généralisé :

Et voici — par exemple — un univers, une ère, où « rien de ce qui est étranger qui ne soit humain ». Entendons que si l'écureuil et la grenouille sont « humains » (p. 487), non pas à la façon franciscaine mais à la façon structuraliste, c'est peut-être la prophétie de Schiller qui s'accomplit étrangement : « La nature a disparu de l'humanité »... au sens où le naturel disparaît de l'humain parce que l'humain tout entier est réintégré au naturel, dissous au naturel *scientifiquement entendu*. A l'anthropomor-

1. Si le seul niveau véritablement *étique* est le niveau *émique*.

phose préhistorique, mythologique puis métaphysique, répond pour la renverser l'anthropomorphisme américain.

Il me semble que la contradiction affrontée par Claude Lévi-Strauss — et qui serait donc mieux nommée la contrariété aporétique et troublante à laquelle toute l'intelligence contemporaine se trouve confrontée — se lit dans cette phrase (de la page 445) qui nous parle de « ces vastes systèmes de rites et de croyances qui peuvent nous apparaître comme des superstitions ridicules mais qui ont pour effet de conserver le groupe humain en équilibre avec le milieu naturel ». La clé de l'équilibre à préserver implique une « pensée » du Mixte, lequel requiert une distinction nature-culture ; mais la connaissance « fait apparaître ridicule » — ou disons coupe de toute *croyance* — précisément ce qu'elle *désire* conserver. Elle dissout le mélange en homogénéisant les deux « côtés » par leur détermination *scientifique* (structuraliste) commune. La science est destructrice, et la *sagesse* structuraliste ne se communique pas avec, n'est pas comportée par, le savoir structural.

Ajoutons — et il faudrait prendre en compte plus longuement ce deuxième paramètre — qu'une deuxième grande « barrière » protectrice, avec celle du « dualisme », s'est abolie, « barrage » dont la ruine fait déferler le « culturel »: la barrière « rousseauiste » de la dispersion humaine, de la *répartition*[1] stochastique millénaire de l'humanité en ethnies et sociétés non communicantes.

« J'ai souligné à plusieurs reprises que la fusion progressive de populations jusqu'alors séparées par la distance géographique, ainsi que par des barrières linguistiques et culturelles, marquait la fin d'un monde qui fut celui des hommes pendant des centaines de millénaires, quand ils vivaient en petits groupes durablement séparés les uns des autres et qui évoluaient chacun de façon différente, tant sur le plan biologique que sur le plan culturel. Les bouleversements déclenchés par la civilisation industrielle en expansion, la rapidité accrue des moyens de transport et de communication ont abattu ces barrières. En même temps se sont taries les chances qu'elles offraient pour que

1. Le non-sens de l'« apartheid » est du type « cercle carré »: il s'efforce de maintenir cet état de séparation « préhistorique » dans le monde ultramoderne du « marché » ! Comme si à la suite d'un jour millésimé du deuxième millénaire *après*, la nuit ramenait les « Noirs » à un deuxième millénaire *avant* (notre ère).

s'élaborent et soient mises à l'épreuve de nouvelles combinaisons génétiques et des expériences culturelles. Or, on ne peut se dissimuler qu'en dépit de son urgente nécessité pratique et des fins morales élevées qu'elle s'assigne, la lutte contre toutes les formes de discrimination participe de ce même mouvement qui entraîne l'humanité vers une civilisation mondiale, destructrice de ces vieux particularismes auxquels revient l'honneur d'avoir créé les valeurs esthétiques et spirituelles qui donnent son prix à la vie et que nous recueillons précieusement dans les bibliothèques et dans les musées parce que nous nous sentons de moins en moins certains d'être capables d'en produire d'aussi évidentes. »

Claude Lévi-Strauss, passionné descendant de Rousseau, on le sait, ne fut point avare de descriptions de ce phénomène *culturel* — où la détermination inouïe d'un « culturel » sans précédent vient contrarier intimement et ruiner le culturel anthropologique — sans prévoir tout à fait à quelle extrémité la catastrophe du tourisme mondial (entre autres) allait précipiter, hyperboliser, la « fusion progressive des populations ».

La définition culturelle du culturel

M. Querrien élabora pour le ministère culturel de M. Lang, au début du premier septennat de M. Mitterrand, un rapport où se formule l'idéologie du « culturel » et le programme de son ambition. La mutation actuelle (« post-moderne »?) de la culture dans le « culturel » opère sur le « patrimoine déterminé génétiquement » — c'est-à-dire sous la subjugation de la science et l'emprise d'une grande *métaphore* « scientiste » insue, incontrôlée. Ce rapport Querrien, auquel il faut revenir, dit: « Le *patrimoine* est l'ensemble des traces qu'ont laissées, sous des formes diverses, les *messages génétiques* qui d'étape en étape ont fait que notre civilisation est ce qu'elle est. *Peu importe*, de ce point de vue que les traces en question soient *codées* en expressions architecturales, en arts plastiques, en fabrications utilitaires, en actes solennels ou en langage courant. »

Qu'est-ce donc que le « patrimoine génétique » sinon la version moderne (actuelle) de la race?

baleines, l'ozone, l'Arctique, les Inhuit, les Amazoniens — mais qui, au moment où nous en parlons, ne sont déjà plus des « Inhuit », etc. Une culture mondiale serait in extremis programmable et réalisable dans le moment de perte du tout de la nature. Le remède peut-il reprovenir du mal absolutisé, pour reprendre le titre rousseauiste de J. Starobinski?

Je risque: appelons *écologie* la tentative de *culture* mondiale, c'est-à-dire universelle changeant immédiatement la catastrophe dans la positivité de mesures d'urgence: rassemblant *tout le monde*, précisément, *dans* la perte de toute culture et de toute nature (la perte de toute culture archaïque par la perte de toute « nature » intègre, intacte) — et *pour* conjurer cette perte.

Il y a une *doxa* aussi de celui que Pascal appelait le demi-habile, doxa cultivée, relevée, qui se croit « à la hauteur » du phénomène mais qui n'est peut-être pas à la hauteur de la question; telle est — me semble-t-il — cette opinion capable de rallier un grand nombre de jugements éclairés, raisonnables, et dont je trouve l'essence à la fin de l'article RACE de l'Encyclopédie: « La coalition des cultures est une donnée essentielle du progrès, mais elle entraîne l'unification. Celle-ci conduit à une civilisation mondiale dont le contenu serait très pauvre s'il n'était que la réduction des différences. Au contraire l'acceptation de la différence chaque fois qu'elle apparaît doit permettre de maintenir la diversité. » Or l'acceptation des différences est un programme faible, folklorique, mercantile, et ne paraît pouvoir enrayer en rien — mais plutôt précipiter — la monotonisation, le déchaînement mondial d'une seule culture sous l'alibi fréquent d'une résistance locale à la culture occidentale américaine (chaman à la T.V. revendiquant en anglais une spécificité ancestrale pour une reconnaissance en dernière analyse budgétaire, etc.): car « les peuples » ont déjà, peut-être, par tous les pores du grand médium de la télécommunication planétaire sécrétant les modèles de nos désirs, *acquis* l'américanité; de même que la « reconnaissance de la dignité » des petites langues, idiomes et patois, c'est comme si elle ne pouvait se faire qu'en anglo-américain dont la prévenance imparable aura toujours déjà assuré la prédominance. De sorte que résister *et* ne pas résister (formule de *Gelassenheit*) à cette monoculture, c'est la question, et comment?

Retour à la culture (ou vers l'écologie)

Il s'agit bien d'une résistance au *culturel.*

Et si c'est bien d'une même obscure novation que sont menacées Nature et Culture dans leur intimité, leur antique relation mimésique, alors c'est en terme de « retour à la culture », dont l'expression n'a pas servi, que telle « résistance », qui n'est pas un programme, peut se formuler. Retour à la nature (« écologie ») et retour à la culture sont solidaires, en réciprocité, il s'agit d'un seul et même retour, et qui ne cherche pas à « retourner » à quoi que ce soit d'arrêté, de figé, de déjà bien connu — un retour qui ne retourne pas, mais se retourne, en tous sens, pour trouver du nouveau au fond du toujours inconnu. Car la « nature » vers laquelle se retourner n'est plus celle « là qui t'appelle et qui t'aime » (A. de Vigny), mais « à réinventer », selon le mot de Rimbaud. Un retour est inventif ou rien. Il met au jour l'inépuisabilité (ou non) de ce qui fut, de ce qui « aura été », comme les mises en scène successives (quand elles sont bonnes) font entendre ce qui est en réserve pour nous chez Molière, Shakespeare, Büchner, Euripide... Autrement dit la *mimêsis*, qui fait être aux deux pôles de la Relation qu'elle verbalise (« mimeïtai ») chez Aristote, la nature et l'art, est-elle épuisée ? Peut-elle continuer à « faire monde » ; Nature et Culture peuvent-elles encore « échanger une réciprocité de preuves » (Mallarmé) ? La Relation tient-elle encore en réserve une « future vigueur » (Rimbaud) ? Pas moins que la liberté, qui n'est pas épuisée. Qui dirait que la liberté est épuisée ? Sa définition, qu'on dit métaphysique, est de ne pouvoir l'être. Et quelle que soit la « nouvelle épistémê » dont les journalistes spécialisés répètent le slogan, la pensée des trois siècles récents que la fameuse devise dénote ici comme son sigle (Liberté, Egalité, Fraternité — LEF) est toujours « au programme », pas moins que la musique de ces siècles, toujours inouïe, que ni la répétitive ni le rock n'invalident, ni même ne démodent.

L'homme fut dit libre et partout il est pauvre en libertés, en particulier soumis aux contrefinalités prodigieuses d'un « progrès » en général dont la deuxième dérivée — mais peut-être *dérive* serait un mot plus juste — ne permet pas aux quatre cinquièmes de l'humanité de profiter, comme si la péremption accélérée des « produits » ne laissait pas même le « tiers monde », grand Tantale supplicié, jouir, le temps d'une pause, des rebuts de notre production[1]...

La *Technique*, malgré les espoirs de solution des maux, qui escortaient idéologiquement et publicitairement son « programme » d'installation planétaire, n'a pas permis l'articulation du local demeurant local et du global intégrant le local sans le détruire. (En savent quelque chose les *minorités* qui espéraient que leur indépendance aurait pu être *reconnue*, réarticulée et réordonnée aux centres géopolitiques stationnaires dont elles dépendent, grâce à la complexité technologique. Partout où un écosystème, une « culture » humaine a de la consistance reprise dans une volonté générale d'autonomie, alors les centres [Etats] doivent le *laisser être* : il est insensé, par exemple, que les Kurdes soient interdits d'*être ensemble* par la Société des Etats.)

La « résistance au culturel », que je désignerais volontiers pour un temps du nom d'« écologie », rencontre donc sa principale difficulté dans la difficulté de *penser* un *moratoire*. Ralentir pour permettre à l'humanité de recevoir effectivement les instruments d'une amélioration économico-sociale n'est pas seulement un objectif pratique qui semble déjà ne pas pouvoir passer en programme politique, mais passe d'abord pour une niaiserie « théorique ». J'en prends pour exemple le champ de la bioéthique où la décision de « moratoire » prise par J. Testard non seulement fait lever les épaules à la majorité des « scientifiques », mais ne freine pas un instant la marche « faustienne » des laboratoires.

Comment concevoir un « moratoire » ? Le seul mérite du mot (d'ordre) de *Retour* semble tenir à ce qu'il indique à l'imagination d'un mouvement de déviance de la trajectoire pour

1. Qui n'a pas été pris d'un dégoût, violent, à l'aspect des *nouveaux modèles*, dont les « salons » exposent l'insensé renouvellement annuel — Mercedes, BMW, 405 Turbo V 6 GTI, etc. — tous ces rhinocéros-robots, tonnes de blindage et de technologie menaçante, ne comprendra jamais l'horreur de l'Occident que peut éprouver l'autre monde, celui qui est en tiers, ni la passion écologique et son : « Attention ! Il est bien tard ! »
Le self-service parano de l'Individu riche produisant le monde comme son marché et le marché comme son monde, production qui inclut, bien sûr, le marché du monde ou tourisme, est un grand culte dont la publicité est la mythologie et dont les petits temples portatifs, ou *écrans*, célèbrent en permanence les offices idolâtriques, hécatombes de dollars et de calembours : *car-cult.*

une boucle dont l'effet serait bien comme d'un frein, d'un détour, d'un retard. (Après tout, si je prenais le ton du sermonnaire, le mouvement de « l'homme qui descendait de Jéricho », de faire attention au blessé sur le bas-côté, pour le prendre en charge et le soigner, dut bien « occasionner un retard dans son programme ». Il se peut que pas seulement la parole de « charité », mais celle de fraternité commande en général un retard...)

Et quel est ce *distrait* légendaire dont l'activité *met en retard*, sinon l'artiste — à condition qu'il ne fasse pas recycler trop vite ses produits en culturodollars... La néoténie, « naturelle », et l'éducation, « culturelle », se renforcent l'une l'autre.

Sur l'emploi de l'« écologie »

Ce n'est pas moi qui parle grec, c'est l'« écologie » ou *logos* de l'*éco* (oïkos), c'est-à-dire de l'« habitation ». Le « logos », pensée de la pensée (noêsis noêséôs), détermina ce qu'était l'« homme » par *nature*: le « naturel » d'une nature humaine était « logique ». De son côté l'« habitation », dite « poétique » par Hölderlin, était cette Nature dont le naturel se déterminait comme *divin*. De sorte que, puisque ces deux « côtés » ne tombaient nullement de part et d'autre, mais que c'est de leur *relation* que l'*onto*-logie disait l'être, « physiquement et métaphysiquement », *Nature* dans l'ensemble nomma le « milieu de cette relation infinie » (Hölderlin), ou échange entre du divin et de l'humain: celui qu'une « culture » (au sens anthropologique ultérieur) fixait à chaque fois ici ou là sur la terre, dans la complexe homologie « structurelle » de langue, mythes, rites, artefacts, qui donnait à un peuple (êthnos) sa place, son séjour (éthos) singulier, sa temporalité située, son histoire, dans l'écart (« Vierung » ou « Quadriparti » dans l'allemand de Heidegger) qui dis-joignait « mortels et dieux, terre et ciel ».

En d'autres termes, le naturel de la nature l'était par une culture (« formule » à chaque fois précise d'un ajointement), et le culturel de l'humain l'était par (sa) nature. La *mimêsis*, praxis et poiêsis, rémunérait ce chassé-croisé originaire et original, faisant « y être » — si j'ose dire — de « l'être-là » humain[1]

1. Tout ça pour « Dasein »..

foisonnant à chaque fois en autochtonie singulière (grec dans l'occurrence de mes exemples) sur la terre, donnant du « monde » à cette terre sur la terre. La mimêsis, si nous retenons, encore un instant, ce mot fondamental qui nomme « le milieu » de la relation prononcée par Aristote, faisait (dans l'acception française du *faire* qui retient aussi le sens de contrefaire, comme quand on dit que l'enfant « fait le singe », ou l'homme fait le dieu... à son image) de l'humain (*téchnê*) pour du divin (*phusis*) et réciproquement, les pro-duisant respectivement ajointés — dans le sens phénoménologique archaïque de « produire », soit: amener à apparition.

En termes récents: pour l'anthropologie une « culture » consiste précisément en la différenciation active du culturel et du naturel, des échanges entre les pôles du culturel et du naturel qui se séparent (« génétiquement ») par ces échanges.

Il s'agit de savoir si telles différences (« essentielles » dans le langage de la philosophie, et de l'écologie *si l'écologie est philosophique*), celles du « monde » et de la « terre », du naturel « divin » et de l'humain « logique », et aliae, ont encore de la ressource, donnent encore à penser (selon l'expression chère à Ricœur) et à œuvrer en ouvrages et œuvres ; si un « retour à la culture », celle de la *logie* et de l'*éco*, a du sens ; si la philosophie a de l'avenir... en une époque où, précisément, *technique* n'est plus *technê* ni physique nature (natura rerum...), mais où tout ce qui est (« l'étant ») est déterminé par sa calculabilité (Heidegger) et sa (re)productibilité (W. Benjamin) ; autrement dit où il n'y a plus de différence de nature entre le naturel d'une nature définie par sa maîtrisabilité scientifique (Descartes) et le culturel d'une culture *par sa mise en valeur économique* en tant que patrimoine génétique codé.

Reste-t-il quelque chose, une différence, en retrait, qui ne soit pas intégralement simulable (au sens moderne de la synthétisation), autre que sa reproductibilité technique, et à quoi le marché universel n'assigne pas d'emblée une valeur, mais qui soit laissée à l'abandon, *en voie d'inachèvement...* ? « Je » ne le crois pas ; mais il importe d'essayer, de mettre cette question à l'épreuve, et c'est ce que j'entends par « moratoire ». (En d'autres termes: ou bien l'« écologie » n'est-elle même qu'un sous-secteur de la technique chargé de retraiter les contrefinalités par du surprogrès technologique » approprié — et c'est bien ainsi que la tolèrent et la courtisent les « grands partis politiques » qui veulent se l'adjoindre —, ou elle est l'héritière de la philosophie, l'imprévisible rejeu de cette « pensée » dont parle Heidegger qui peut ressaisir l'être et notre être, et qui « en attendant », détourne, retarde le (s'efforcerait à penser et prévoir le détournement du) fatum « nihiliste » terrestre, dans le surseoir au trop-tard de son cours.

Le « retour à la culture » n'est pas tant alors un retour au savoir de ce qu'elle fut, essence alors préservée encore par cette archive nostalgique même, constamment (re)mise à jour grâce aux *savants*, mais tentative de faire reparler — philosophiquement, littérairement, artistiquement selon tous les arts — ce neutre en retrait que marquait tout à l'heure le *il* de ma question, pronom neutre de formes verbales et du « il y a », « sujet apparent de l'être », de cette « chose » encore qualifiable en « naturel », que la philosophie, le cœur, l'œuvre, *re-spectent*, et que la *mimêsis* fait être « à nouveau », s'il y a correspondances (Baudelaire), analogies de l'expérience (Kant), entre esprit de poésie, sursaut de la liberté sans fond, comme-unité des arts, principe éthique de tolérance, politique du respect.

Car pour ce qui est du « culturel de masse » — sous-produit de la production — et de la technologie de la production, ils se défendent fort bien tout seuls, et n'ont pas besoin de « nous », je veux dire de cette pensée du détournement que j'évoque. Ils « finissent » le monde définitivement. Mais quoi, quand ce temps du monde fini aura échu, quand le rien-que-le-lieu du une-fois-pour-toutes aura eu lieu ayant mis en « mémoire » tous les « il y avait une fois » ?

La pensée « écologique » de résistance au culturel attend, elle, qu'on y pense et la pense. Elle « résistera » par une critique virulente de la doxa planétaire et de ses stéréotypes « culturels ». Prenant dans la problématique du moratoire la « sauvegarde du terrestre », elle peut être novatrice, attirant déjà massivement *la jeunesse*. Elle *retarde* ; elle harcèle, pour les enrayer, des séquences techniques de pollution : c'est cela qui fait bon signe, quelles que soient les variétés politiciennes des élus écolos, dont je ne m'occupe pas ici. C'est sa « future vigueur », sa réinvention de l'amour, qui sont en question. De *l'attention qu'elle donnera au culturel comme « pollution »*, voire *comme à la pollution principale*, il dépendra qu'elle soit, ou non, une pensée de son temps. Je clos par un exemple qui « fasse comprendre » : c'est le tourisme qui rend bien manifeste cette pollution. Et parmi les cas exemplaires, celui de Venise « par exemple », *Venise perdue des eaux : le maire de Venise a démissionné en 1989 après le passage des* Pink Floyd *qui laissa 300 tonnes de détritus à Saint-Marc...*

(Je fais de l'épagogie sur des signes — signes qui, bien sûr, peuvent être traités en exceptions insignifiantes par d'autres « humeurs ». Mais c'est justement la question de cette « pensée » : la poésie comme l'amour risque tout sur des signes.)

« Pollution » ? Océans mazoutés, Moby Dick devenue l'ubiquité de cette énorme méduse d'hydrocarbure qui crève sa poche noire crevant partout l'océan, partout signalée aux Achabs technologiques : stratosphère trouée aux éruptions solaires, chapeau vert d'Amazonie arraché. Mais surtout... Où donc se dépose à la fin des fins cette pollution, là où l'épuration, qui n'a rien à voir avec le purisme, sera plus malaisée que la purification, la renaturalisation (la bio-regradation) des déchets « radioactifs » épars enfouis dans cette terre ? Pollution dans« la langue », en langue, tordant et dénaturant le vernaculaire et la beauté dont il était capable, exterminant la terminologie et la syntaxe, désintégrant l'intégrité de son phrasé capable d'intégrer les choses anciennes et nouvelles, désarticulant son bâtiment (Hebel), et, donc, détruisant son hospitalité, cette hospitalité qui fut d'autant plus capable d'accueillir un dehors (ou le temps perdu...) qu'était plus « richement ouvragé » son dedans, c'est-à-dire sa texture, grammaire, graphie, tropologie, style ? De sorte que l'exemple le plus « parlant » de cette pollution au cœur du cœur de la culture dont je parle, c'est un morceau, un déchet de la culturalisation, un éclat du médium-message qui va nous le fournir, je le prélève au hasard, comme il m'atteint, dans le réseau de la communiquinformation cette année : « *Le générique Dakar de la 5 primé* : Le Grand Prix de la Communication du Festival de Chamonix a été attribué, ce 10 février, au générique du rallye Paris-Dakar sur la 5. La bande-annonce faisait, cette année, un melting-pot des dernières techniques de l'image de synthèse : paint-box, système Harry, traitement en post-production avec canaux ADO. Bref, un must tridimensionnel. L'image du logo de la 5, en ombre portée, devance les bolides, lève un nuage de poussière... Nos speakerines n'ont plus qu'à bien se tenir pour doubler les images. »

Non que le « culturel » soit lui *aussi* « pollué », sujet à, et objet de, pollutions diurnes et nocturnes mais en tant que par lui-même — ce phénomène qui nous emporte plutôt que nous ne le « promouvons » — pollution polluante.

De utilitate

Et par exemple la pensée du retour qui retarde — mais qui est aussi la seule à s'étonner du caractère sans précédent de ce qui survient sous la simulation « homonymique » de l'ancien « rénové » — en tant que pensée du « bon usage » (... Pascal... S. Weil... Grevisse...), s'interroge sur la persévération des usages, sur le transport capable de conserver l'utile, et par exemple sur « l'utilité des lettres ».

Reparler en termes d'utilité, relativiser, donc, la langue et la pensée en l'occurrence, implique, il me semble 1) une mesure de la perte, 2) une reprise de la question *pourquoi*, et 3) une méditation de la dépendance (ou autonomie relative) de l'art.
1. De la perte. Comment décrire — et mesurer les conséquences de — la disparition de la culture cultivée? Faisons défiler la séquence désordonnée de quelques aspects d'un *phénomène* encore illimité, inexhaustivable, et que son énigmatique opacité ne permet pas de qualifier d'avance dans les tons de la « barbarie » ou du « progrès »:

La déshérence de l'écriture; la relève du langagier par l'algorithme; la sémiotisation des messages en rébus iconiques, la binarisation des injonctions; l'insurrection des doxas, l'antagonisme mortel des convictions intégrisées; l'abaissement de l'intelligence « moyenne » en deçà du seuil de sensibilité au paradoxe jusqu'à la surdité à l'égard de la contradiction triviale, celle de la logique publicitaire en général, qui va donc fonctionner en « double blind » in(con)scient; et tant d'autres symptômes, autorisent-ils à parler d'une « sortie » de « l'âge classique », si par « classique » nous cherchons à désigner la continuité d'un temps bouclé enchaînant avec conséquence les

« coupures épistémologiques » même et par « sortie » la discontinuité d'une « novation » différente de tous les changements, la sans-précédence même? Modifiant infinitésimalement une formule bien citée de Char: « La terre s'éjecte de ses parenthèses lettrées... »

En vue de quoi

L'extinction des *causes finales*, i. e. de l'aristotélisme — celui qui règne par exemple dans le *De vulgaris eloquentia* de Dante que « nous aimons tant » par ailleurs — entraîne la défunction de la question *en vue de quoi* (en allemand: « Wozu Dichter »...) ; soit du souci en vue de la vue d'où on voit, de la « hauteur », de la transcendance entendue comme mouvement d'élévation. La fin de la transcendance[1] est la fin de l'ascendance du signe (pour emprunter à Breton), de l'ascension vers ce qui est au-dessus, différent d'ordre (Pascal), hors de portée; vers ce qui est utopique c'est-à-dire qui est dans le lieu *comme* au-dessus du lieu (peut-être, tout simplement, de l'ascension vers le « comme »?). Fin du mouvement de se mettre à *la hauteur de ce qui dépasse celle-ci*, ou, en d'autres termes, de ce à la hauteur de quoi désirait se mettre la rhétorique, précisément, qui se définissait comme l'art des moyens d'une telle paradoxie au service d'une telle finalité, service du plus haut que le haut. Le paradoxe et la finalité savaient se dire et par un redoublement (« en vue de la vue d'où ») et par un comparatif (si le Haut est *plus haut* que la hauteur à laquelle peut atteindre le dire par les moyens qui ne servent cette fin qu'*en se faisant oublier*). Le discrédit et l'inemploi de la rhétorique exclue de l'enseignement signifient son congé à la question *en vue de quoi* et à la paradoxalité (préciosité oxymorique, *agudezza*, etc.) en tant que milieu de la pensée vernaculaire — comme si celle-ci n'était plus, en somme, « à la hauteur » de ces questions que ne se pose plus l'humanité que

1. Peut-être aussi la fin du « transcendantal »: « Il n'y a pas de transcendantal sous mon scalpel »... L'étiologie scientifique de l'empirie en général, ouvrant sans cesse de nouveaux chantiers prélevés sur le discours philosophique (en particulier de « sciences humaines ») débauche et désœuvre complètement le discours des conditions de possibilité.

parce qu'elles sont résolvables : si le supérieur en général, pour reprendre un mot de la terminologie comtienne, n'a plus de marque que le masque d'infamie de l'inégalité sociale réputée n'avoir plus en fin de compte d'autre « fondement » que l'inégalité par l'argent[1].

Or il n'y a pas de hiérarchie, i. e. d'architecture et d'architectonique, il n'y a pas d'« édifice » hiérarchique, de « tente » (voûte, abri...) hiérarchique, sans un certain mât, pôle, « transcendant », c'est-à-dire qui *lève* le tout, enlève, soulève, « relève », soit dans une opération effective (« réelle ») (la levée de ce qui soulève)..., elle-même aspirée, subsumée, enlevée, en assomption vers et par le Haut, ou « comme si ». En d'autres termes, le Haut ne tient que grâce au *comme si* d'un « venir d'en haut », dans l'*équivoque* d'une *passe* entre le *sublime* et le *divin* (syncope que figure la main de Yahwé dis-joignant la main d'Adam au faîte de la Sixtine)... « Aide-toi, le Ciel t'aidera » : je ne peux hisser le mât, tendre le mât, lever la voûte protectrice de la coupole, ménager le vide vertical protecteur, que si « d'en haut » le mât est lui-même *comme* tiré, aspiré, par le Haut. La levée du tenseur dépend certes d'une force qui d'en bas s'exerce à faire monter... vers ce qui attire, *comme si* d'en haut s'exerce à la faire monter contre la pesanteur cette « grâce » dont parle S. Weil dans un langage chrétien, ou de la place des « dieux » dans le traité *Du sublime*. Paradoxe du *bootstrap*, dit le logicien... La poésie et l'art ont en charge le comme-si — la charge de sauver ce qui paraît.

A quoi bon, donc, et grâce à quoi

La culture *occidentale* — peut-être toute civilisation — est une machine à remonter le temps. La visée de l'art, la vision de l'artiste, *font du passé*. Comment faire du passé ? Métamorphoser le présent en circonstance « inoubliable », c'est-à-dire citable, et recitable, est un moyen. Cela, le poème (l'œuvre) ne le

1. L'orthographe, par exemple, ne serait plus qu'une marque de distinction sociale, signe auquel se reconnaissent, pour se démarquer, les classes à revenus « supérieurs » !

peut pas par soi-même, « à soi tout seul ». (Croire le contraire caractérise l'outrecuidance que je ne dirai pas moderne, mais ultramoderne, quand le poème, « autotélique », se prenant pour fin et pour moyen à soi tout seul pense se suffire et suffire à faire événement.)

Homérique en effet, ou pindarique, c'est-à-dire « à l'origine » (pour nous), le poème, l'œuvre d'art, *dépend* de dieux, entiers ou demi, de héros, d'hommes, et d'*êtres*. Le poème *célèbre* l'exploit, la prouesse où (de) l'être s'avance, paraît, « phénoménal ». Engkômiatique, épidictique, le dire fait l'éloge (il ne les *crée* pas) d'Athéna, d'Hélène, d'Achille, des chevaux, du bouclier, selon un dispositif à trois où le Prince, l'athlète et le récitatif (j'emploie ce terme pour rappeler ce mode de la parole entraînée « originellement » par la lyre et le tambourin) occupent les sommets de l'échange triadique... c'est-à-dire le politique, l'athlétique, le poétique. De même le chant lyrique (Sappho) dépend de l'amour. Et plus profondément encore dans sa trame même, le dire pour « trouver » ses comparaisons dépend de choses, naturelles et artisanales, pour cette anaphore de l'Incomparable qu'il poursuit — s'il est vrai que le temple ou l'enrênement, le pont ou la prison, etc., artefacts « banausiques », ont bien dû être d'abord inventés et ouvragés pour pouvoir entrer dans le poème par leurs noms en figurants et comparants de notre condition.

D'un moratoire

Quels axiomes rassembler dans une disposition qui se réclame « malgré tout » d'une fidélité au sens classique, affectée du coefficient « comme si » de la sagesse provisoire ?

Si ce qui est devenu incroyable n'en est pas moins ineffaçable, il faut continuer à faire de la révélation avec de la profanation : la typologie des images et des schèmes traditionnels[1] requiert encore les métamorphoses qui les métaphorent, i. e. qui en transbordent l'arche sur les eaux croissantes du déluge culturel. Pulchrum, bonum, verum *convertenda* : le comme-un des mortels fait le matériau et la tâche du bonheur personnel et commun.

1. Au sens, par exemple, de N. Frye, dans « Le grand code ».

Confection et perfection de l'ouvrage d'art, savoir-faire de l'œuvre refermée sur son passage secret pour pouvoir s'ouvrir, accueillir, donner (sur), sont à l'ordre du temps : *faire* monde, en faisant œuvre, programme — encore une transformation ; *soit* l'art à l'œuvre en ce temps-ci !

Les œuvres protègent les langues.

La diversité des langues vernaculaires, ou *Babel*, protège le monde contre sa fin.

Une axiomatique provisoire s'adosse, explicitement ou non, à des critères qui rendent possible de juger (axiô) ce qui *vaut mieux*, c'est-à-dire en définitive ici à la tâche de remontrer la supériorité, la *préférabilité*, du complexe sur le simple, des valeurs de rhétorique et de tropologie sur les leurres de l'immédiat, du spontané et de l'expressif. La construction complexe (la *-plicité*) de l'ouvrage et la réception active, ou transformation ludique (plutôt qu'à sa consommation passive de loisir) offrent une issue de secours au désir de destin et de salut d'un *auteur* (Proust) et d'un lecteur.

MICHEL DEGUY

Talent et sagesse[1]

ANDREI PLESU

A tous égards, qu'il s'agisse de l'exercice de la pensée, de l'expérience courante de la vie, d'une décision de la volonté ou des options de l'affectivité, la crise maléfique, le « mal » se manifeste comme une pathologie du discernement. On en vient à voir des différences là où les ressemblances sont essentielles et l'on voit des continuités là où essentielle est la discontinuité, la rupture. Décomposer mentalement ce qui par nature tient ensemble et homogénéiser ce qui par nature est distinct, telles sont les déviations possibles du discernement malade. Il parviendra par exemple à distinguer, avec pédanterie et une verve analytique effrénée, différentes espèces de bien, mais il découvrira des transitions subtiles, des cohérences cachées, des affinités illusoires et justificatives entre le bien et le mal. Le discernement malade concilie des territoires inconciliables et brise l'unité partout où il la rencontre.

Nous n'avons pas de définition ultime du « talent » et de la « sagesse ». Et par ailleurs il n'est pas certain que connaissant la définition des choses, on connaisse les choses elles-mêmes. Mais c'est un fait avéré que dans le monde de la culture, talent et sagesse, ou ce que nous sous-entendons par ces mots, ont fini par obtenir une autonomie réciproque illégitime. La sagesse s'estime mise en péril par la grâce nonchalante du talent, le talent se sent incommodé par les critères rigides de la sagesse. En d'autres termes sont apparues deux catégories d'hommes qui trouvent

1. Extrait de *Minima Moralia, Eléments pour une éthique de l'intervalle*. (A paraître aux éditions de l'Herne en novembre 1990.)

une incompatibilité là où devrait régner l'harmonie complémentaire : nous trouvons d'une part le sage amer qui voit dans le don artistique une tentation, un risque d'« envoûtement », une inclination coupable à déplacer l'accent du vrai et du grave sur le « bien tourné » et le frivole ; d'autre part, l'homme de talent qui traite les rigueurs sapientiales comme une entrave à sa liberté propre, comme une mort « thermique » de l'enthousiasme et de la beauté. Il y a en effet un risque que le talent tourne le dos à la sagesse et s'endorme dans le vide de la délectation de soi ; qu'à son tour la sagesse perde de sa séduction et renonce à l'expressivité pour s'éloigner en pâlissant du pathos du monde. La réalité de cette situation est indubitable ; ce que nous mettons en question, c'est sa normalité. Car il n'est pas normal de dissocier talent et sagesse. Le talent qui n'est pas orienté vers la sagesse n'est pas un véritable talent, mais une jubilation ornementale mineure. La sagesse qui ne sait pas charmer et convaincre n'est pas une véritable sagesse mais suffisance dogmatique, code abstrait de prescriptions sans vigueur.

Mais après tout, pourquoi le talent aurait-il besoin de se tourner vers autre chose que vers sa propre splendeur, et pourquoi la sagesse, par définition autarcique, sphérique, suffisante à elle-même, aurait besoin du faste des manœuvres électorales ? Parce que le talent n'est qu'un outil pur et, comme tel, n'a de sens qu'en faisant preuve de « fonctionnalité » ; et parce que la sagesse possède, entre autres nuances de sa réalisation, celle de générosité, d'ouverture salvatrice vers les autres. Le talent a besoin d'être finalisé alors que la sagesse a besoin d'être instrumentalisée. Il y a un ridicule du talent vide telle une musculature inactive, comme il existe une tristesse de la sagesse qui ne communique ni ne contamine. D'une part, séduction sans objet, persuasion sans substance, de l'autre, vérité sans éclat, didactisme fatigué, sentence aride suffoquée par l'ennui. Naturellement, cela ne se passe pas toujours ainsi : le talent sait parfois « servir » et la sagesse trouve encore des ressources pour « conquérir ».

Pour servir, le talent doit se rappeler à lui-même quelques données élémentaires, quelques platitudes : tout d'abord il doit réinventer l'humilité. Le talent n'est pas un mérite mais un don inexplicable qu'il faut honorer. Et l'on comprendrait mal comment nous pourrions distribuer la constatation objective du talent comme une décoration, un hommage, de telle sorte que celui auquel on rend hommage se sente, en plus, fier. C'est comme si l'on félicitait quelqu'un pour ses yeux bleus. Le talent n'est pas le résultat d'une acquisition laborieuse, un bénéfice acquis par on ne sait quelles vertus : c'est une nature privilégiée, un chèque en blanc, un cadeau reçu par miracle génétique le jour même de la naissance. Le talent est le « talent » (de l'Evangile) qui ne t'appartient pas et duquel tu ne peux mériter qu'à condition de le faire fructifier. Il est sans doute admirable comme le sont les yeux bleus. Mais l'admiration et l'éloge ne sont pas une même chose et ne conviennent pas nécessairement au même objet. L'admiration s'adresse à la chapelle Médicis, par exemple, tandis que l'éloge revient à Michel-Ange. Nous admirons la beauté du monde mais nous ne pouvons le louer pour sa beauté. De la même manière, nous admirons le talent mais nous ne louons pas l'homme talentueux, comme un individu méritant détenant de droit ce qu'il détient. La rhétorique latine savait cela quand elle utilisait pour désigner le talent le terme « ingenium ». Composé de « in » et de « gigno » (naître, produire) il désigne au sens strict l'« inné » : une habileté naturelle, une aptitude native, une simple « manière d'être ». Comme manière d'être, l'ingenium latin se rapproche de l'une des acceptions de l'« ethos » grec, celui de prédisposition passive. Il arrive aussi que chez Cicéron et Quintilien, ou encore plus tard chez Isidore de Séville, l'ingenium soit sinon une traduction, du moins un équivalent plausible de la « physis » (nature) grecque, puisque la triade classique ingenium, disciplina et usus (chez Isidore : natura, doctrina, usus) semble reproduire la théorie de Protagoras sur la physis, l'épistémê et l'askésis, ces trois qualifications nécessaires de toute entreprise réussie (Cf. J.J. Pollitt, *The ancient view of greek art: criticism, history and terminology*, Yale University Press, 1974, pp. 382-389). De ces triades, il résulte que l'ingenium seul est insuffisant : il n'est qu'une possibilité qui a besoin pour s'actualiser d'un supplément d'exercice assidu et comme corollaire, d'une vérité bien assimilée. C'est seulement par l'exercice que le talent (ingenium) devient « facilitas », facilité, aisance. La « facilité » est dans ce cas plus que le talent puisqu'il s'obtient par un effort répété, par des vocalismes, par une gestion laborieuse du don natif. Pour sa « facilitas », on peut louer un artiste. Pour son talent, pas encore. Mais il n'est louable à juste titre qu'après avoir donné à sa dextérité une direction, une orientation doctrinale. Au talent (ingenium) il faut ajouter l'apprentissage (traditio) — proclamera tout le Moyen Age jusqu'à Cennino Cennini. « Ars sine scientia nihil est. » L'aptitude artistique, dira à son tour Dürer, n'est que « können », potentialité. La potentialité (latente) ne devient pouvoir, « Gewald », que par l'exercice constant, « Brauch », et par l'idée intérieure. Le talent accompli n'est jamais pour un grand artiste une faculté solitaire, isolée de la sphère des connaissances ou d'un engagement spirituel solide. Le talent accompli est une sagesse en acte. « Les uns — observe Erasme dans une page célèbre — ne voulaient pas appeler art mais sagesse le don de bien parler. Cicéron lui-même dans ses dialogues définit élégamment l'éloquence comme une sagesse diserte. Et quelle est la source de l'éloquence cicéronienne ? L'âme instruite abondamment par la connaissance variée de toutes les choses (...) A cela s'ajoute le bon sens naturel, la sagesse et la prudence (concilium)... Tout d'abord il faut faire attention à la manière dont nous pensons, puis il faut accorder les mots avec les raisonnements et non l'inverse. » Et néanmoins, l'« agencement » des mots comme des couleurs et des sons a évolué dernièrement dans le sens d'une spécialisation dangereuse. Car quand le talent se sépare de la connaissance, l'art glisse vers l'artisanat. L'artiste devient un artisan quelconque, mais privé de la noble humilité du métier. Il prend son don congénital comme le pedigree d'une élite et se contente de l'exhiber coquettement sur commande, comme un vêtement de parade. Le talent privé de convictions et de préoccupations élevées, le talent qui peut dire n'importe quoi parce qu'il n'a rien à dire, est à l'art ce que la sophistique est à la philosophie : une euphorie incontinente des moyens. Socrate lui-même règle ses comptes avec cette euphorie stupide, au commencement de son procès : « Seulement, par Zeus, Athéniens, ce ne sont pas discours parés de locutions et de termes choisis et savamment ordonnés que vous allez entendre (...) Il siérait mal à un homme de mon âge de venir devant vous façonner des phrases comme le font nos petits jeunes gens » (*Apologie de Socrate,* 17 b-c in Œuvres G.F., trad. E. Chambry). Le talent sans amour de la vérité, le talent qui n'est pas sage, qui est narcissique, décoratif, le talent en soi est – semble penser Socrate – une forme de juvénilité, une preuve d'immaturité. S'il est plus ou moins pardonnable dans les premières années quand on découvre que l'on peut sans savoir ce que l'on veut, il est intolérable quand il survit à l'âge.

Si pourtant la sagesse a le droit d'excommunier le talent incontrôlé atteint par le contentement de soi, le talent a lui aussi, de temps à autre, des raisons de mettre en cause la sagesse inexpressive, celle pour laquelle la vérité est nécessairement maussade et « intransitive », raide jusqu'à l'inarticulation, plutôt effrayante qu'attachante, en bref, barricadée entre des silences précautionneux, des obséquiosités solennelles et des murmures sybillins. Que la vérité perde de son charme, que son déploiement soit disgracieux, est tout aussi grave que si la contre/vérité se montre conquérante ou qu'une simple jonglerie formelle remporte du succès...

Par « sagesse » nous ne comprenons pas ici la performance solitaire et anonyme de ceux qui prennent l'absolu à leur propre compte et qui se débattent dans l'intimité avec leurs imperfections et celles du monde. La sagesse de l'anachorète est au-delà du commentaire et au-delà de toute exigence terrestre. Ce que nous visons cependant est la sagesse qui accepte la condition de la communauté terrestre et dont la communauté a besoin : la sagesse qui veut irradier, non par sa simple présence mais par un discours et par une action publique. Celle-là ne peut arborer le retrait de l'anachorète sans se contredire elle-même. L'efficacité communautaire ne peut être obtenue sans la collaboration de l'intelligence avertie, de la construction engagée, et de la formulation mémorable. La sagesse qui s'adresse aux hommes a besoin de talent, de la stratégie discrète mais conséquente d'une « captatio » permanente ; elle doit servir l'évidence par l'ingéniosité : être capable de déployer toutes les batteries de la séduction. Quand le mal, comme non-sagesse, sait être tentant, la sagesse doit se rendre plus tentatrice encore ; elle répondra donc à la séduction qui corrompt par une séduction équivalente qui récupère. Le talent n'est nulle part mieux placé que dans le terrain de la sagesse et, dans un certain sens, la sagesse n'est rien d'autre qu'une bonne localisation du talent, des dons innés. Il n'est pas étonnant qu'en grec classique, où le discernement malade qui viendra plus tard n'avait pas encore sévi, sophia et technè, la sagesse et l'art au sens large, fussent strictement apparentés. Homère n'hésite pas à définir quelque part l'habileté du charpentier comme sophia. Et Aristote, dans *L'Ethique à Nicomaque,* mentionne aussi cette acception du terme (« une réussite suprême dans un art particulier »), occultée ultérieurement. A peine après que la technè eut été nettement séparée de l'épistémê (connaissance, science), la sophia fut petit à petit rangée dans le registre de la seconde, plutôt que dans celui, plus modeste, de la première. La sagesse (sophia) évolua ainsi résolument vers un sublime olympien, ne laissant aux indigènes que l'exercice substitutif de la philosophie ou des vertus plus appliquées de type phronesis ou sophrosyne. Ce n'est qu'au déclin de l'Antiquité qu'on put retrouver, dans son aspect violent et mystérieux, la corporalité et l'immédiateté de la sophia. En d'autres termes, la sagesse sut alors descendre dans la chair de l'Histoire renonçant de défiler plus longtemps, avec réprobation, dans un ciel inaccessible. Incarnée, c'est-à-dire confondue dans sa propre antithèse, la sagesse a choisi d'aider par participation et non par émulation statique. Dans ce contexte, le talent (aptitude à séduire) peut apparaître comme une tentative de la sagesse de transpercer la carcasse opaque et insensible d'une humanité que la vérité énoncée de manière monodique ne persuadait plus. Le talent bien utilisé est une adaptation de la transcendance au combat difficile, à la querelle confuse de l'immanent : c'est un narcotique, un euphorisant, un anesthésique sous lequel on peut administrer le remède de la sagesse. Le talent est un privilège minimal, l'arme strictement nécessaire de la sagesse qui veut convertir le monde : c'est son corps, comme la sagesse est son animation.

Mais s'il fallait définir la sagesse rapidement et sans prétention, nous dirions qu'elle est l'expression suprême de la santé, en ajoutant, sur les traces de Socrate du *Charmide*, que la santé véritable est le résultat d'une accommodation parfaite entre l'esprit et le corps. La sagesse est par suite une vertu de l'intégralité : c'est la capacité de l'esprit d'habiter à tout instant chaque partie du corps et la disponibilité du corps à se laisser habiter sans intermittence par un principe supérieur. Une cohérence parfaite et une hiérarchie entre les registres distincts de l'être, voilà cette santé que nous appelons sagesse. Pour l'entretenir, dit Socrate dans le dialogue susmentionné, il faut procéder de haut en bas, de l'âme au corps, de l'ensemble vers la partie. « Or l'âme se soigne par des incantations, et ces incantations, cher ami, ce sont les beaux discours. Ces discours engendrent la sagesse dans les âmes, et une fois qu'elle est formée et présente, il est facile de procurer la santé à la tête et au reste du corps » (157a, in fine, in G.F., trad. E. Chambry). Rarement fut écrite chose plus convaincante sur la force guérissante de la beauté et sur la magie latente de la sagesse. Platon dit en peu de mots ce que nos nombreuses pages essayent si laborieusement d'approcher. Le talent n'est sage que s'il sait guérir et la sagesse n'est efficiente que si elle sait enchanter... La sagesse est la cible, le talent, la maîtrise du tir à l'arc. Et s'il arrive parfois que devant la cible ne se place aucun archer, il arrive aussi que penché sur l'arc bandé, l'archer ne voit plus la cible : c'est à cause de ce discernement malade qui voit des ressemblances là où essentielles sont les différences, et s'obstine à diviser ce qui est fait pour tenir ensemble.

ANDREI PLESU*

Traduit du roumain par
Grazyna Klewek et
Thomas Bazin

* Philosophe, actuel ministre roumain de la Culture, un des rares membres du gouvernement proche du Groupe pour le Dialogue Social.

L'éducation productive selon Goethe

CLAUDE ROËLS

> *« Tout ce qui ne fait que m'instruire sans accroître mon activité ou me vivifier sur-le-champ m'est odieux. »*
> (Goethe)

C'est en tant que poète que Goethe est pédagogue. Cet être multiple est avant toute chose un être poétique. Seule une rhabdomancie qui prendrait pour baguette l'expérience poétique indiquerait la source d'où jaillit sa parole et d'où sa vie se forme. Se décrivant lui-même, Goethe note qu'un « instinct de formation poétique, toujours plus actif, sans cesse à l'œuvre au-dedans et au-dehors, constitue le centre et la base de son existence. L'a-t-on saisi, ajoute-t-il, qu'alors toutes les autres contradictions apparentes se résolvent ». En une suite de métamorphoses qui sont autant de lustrations, il éprouve que « le monde s'ouvre de plus en plus ». Tâcher de dire en quoi ce rapport singulier que l'on peut bien nommer pédagogique et qui prend naissance dans une expérience poétique à tous égards unique nous concerne pourtant à présent d'une façon vitale, « nous les hommes modernes, nous les semi-barbares » qu'évoque déjà Nietzsche, tel est le propos de ce texte.

Parler de l'éducation productive selon Goethe en mettant l'accent sur le sol poétique qui la porte, voilà qui peut aujourd'hui surprendre. Les termes « productif » et « productivité » relèvent en effet maintenant presque exclusivement de l'économique, lequel n'a semble-t-il rien à voir avec le poétique. Mais que désigne en l'occurrence le poétique ? Un mode d'existence qui n'implique pas forcément l'écriture et qui donne accès « au sein même du réel pur » dont parle Valéry. Si l'on reconnaît autres esclaves de luxe? Goethe nous met également en garde contre l'érudition. Fort de son incommensurable culture qui ne fait qu'un avec sa vie, il se moque de cette perversion de la culture et de cette négation de la vie qu'est au fond l'érudition. Goethe renvoie ainsi dos à dos ceux qui logent toute leur vie impasse de l'érudit et les dérisoires « Bougeotteurs » que brocarde René Daumal. Les uns comme les autres demeurent, quoi qu'ils fassent, des êtres sans rigueur.

Le pédagogique que Goethe vit et pense, ou pour le dire en un seul mot, incarne, relève bien en un sens de l'époque de la *Bildung* (formation, éducation, culture). Mais la *Bildung* n'est plus, et le poète sut voir, au soir de sa vie, au moment où il parle du productif, du même regard lucide, et la fin d'une époque et la naissance de celle qu'aujourd'hui nous vivons: « Les jeunes gens, écrit-il en 1825 à son ami Zelter, s'agitent bien trop tôt et se trouvent ensuite entraînés dans le tourbillon du temps présent. Richesse et vitesse, voilà ce que le monde admire et ce vers quoi chacun tend. Chemins de fer, postes rapides, bateaux à vapeur et toutes les facilités possibles de la communication, voilà où s'en va le monde de la culture, pour se surpasser, se sur-cultiver et, par là, persévérer dans la médiocrité. C'est vraiment le siècle des têtes compétentes, des hommes pratiques, prompts à saisir, lesquels, pourvus d'une certaine habileté, ressentent leur supériorité sur la foule, même s'ils ne sont pas doués pour ce qu'il y a de plus haut. Tenons-nous en autant que possible à la manière de penser dans laquelle nous avons avancé, nous serons avec peut-être encore quelques-uns les derniers d'une époque qui n'est pas près de revenir. » Il se pourrait que Goethe fût aussi, comme l'ont bien senti Nietzsche et Freud par exemple, le grand devancier qui nous aide à penser et à vivre notre époque de la technique.

Thomas Mann, dans ses controversées *Considérations d'un apolitique*, constate que la réalité actuelle de nos démocraties se ramène à l'accroissement constant du caractère public de la vie moderne. Il en appelle alors au modèle d'éducation proposé par Goethe: « Aux dangers psychiques, humains, de cette démocratisation croissante, à savoir au danger d'un nivellement complet, d'un abêtissement et d'un encanaillement par le journal et la rhétorique, seule peut obvier une éducation dont l'idée dominante, comme Goethe le réclame dans la "Province pédagogique", devrait être le respect. » Rilke, l'année même de sa mort, dénonce lui aussi « la curiosité de notre époque, cette ignoble surveillance d'autrui qui se drape de prétextes soi-disant humanitaires, cette néfaste publicité qui déterre constamment les germes des événements et précède tout ce qui pourrait arriver ». L'éducation productive, individuelle mais surtout pas individualiste, forge notre caractère et ne laisse aucune place aux caprices du moi. « Je ne suis pas ici pour jouir à ma guise ! se dit Goethe lors de son *Voyage en Italie*, je veux m'appliquer aux grands objets, apprendre et m'éduquer. » Et dans les *Xénies apprivoisées*, il s'adresse aux lecteurs en ces termes : « Je n'écris pas pour vous plaire, il faut que vous appreniez quelque chose. » Rien de tel que le subjectivisme pour donner des hypocondriaques ou encore des « héautontimoroumènes » comme les appelle Goethe en créant le mot. Il faut lire ces pages de la *Campagne de France* dans lesquelles Goethe raconte comment, au cours d'un « voyage dans le Harz en hiver[1] », il tenta en vain, s'étant fait passer pour un autre, de venir en aide à un jeune homme égaré dans les méandres de son moi.

Le manque de respect désagrège l'homme. Dans une conversation de 1815 que rapporte Boisserée, Goethe critique l'extension indue du système éducatif de Pestalozzi en affirmant que cela conduit à la suffisance et « anéantit tout respect, tout ce qui donne un caractère humain aux hommes dans leurs rapports réciproques. Où en serais-je arrivé moi-même, dit-il, si je n'avais pas constamment été forcé d'avoir du respect pour autrui ? Et ces gens, avec leur folie et leur rage de tout vouloir ramener à l'individu isolé et de se croire autant de dieux de l'indépendance, ces gens-là veulent former un peuple et résister aux hordes sauvages une fois que celles-ci se seront approprié les règles

1. C'est là le titre d'un de ses poèmes. « Mes poèmes sont tous des poèmes de circonstance, ils s'inspirent de la réalité, c'est sur elle qu'ils se fondent et reposent » (*Conversations de Goethe avec Eckermann*). Alain, dans ses *Propos de littérature*, dit fort bien : « Le vrai poète, comme Goethe le savait, est tout de circonstance ; et entendez ce mot en son plein sens, la situation cosmique que nous n'avons point faite, ni voulue, ni prévue, et qui nous tient. »

élémentaires pour se servir de la raison, ce que Pestalozzi a rendu infiniment plus facile ». Ces paroles font écho au célèbre texte des *Années de voyage de Wilhelm Meister* dans lequel Goethe note qu'« il est une chose que personne n'apporte avec soi en venant au monde et à quoi pourtant se ramène tout ce qui fera de l'individu un homme dans tout le sens du mot », à savoir « le *respect* ». Le respect toutefois n'est ni roide, ni guindé. Ce n'est pas quelque chose de formel ou de mort. C'est le signe de reconnaissance de ceux qui savent rendre aux hommes leur salut et au monde son sourire. C'est le symbole même de la vie en tant qu'elle s'ouvre au sens des choses. En se tenant ainsi dans l'ouvert du respect, l'homme accueille et reconnaît les autres comme ses semblables. Il considère aussi ce qui est au-dessus et au-dessous de lui. *Par le respect, je sors de moi pour naître au monde.* Gardien de cette bonne distance qui est celle de la proximité poétique, le respect me donne lieu. Jamais il ne se confond avec la promiscuité psychologique propre à la « sentimentalité larmoyante » (Nietzsche) qui finit d'ailleurs par tout étouffer. Sans respect l'homme sombre vite dans l'indifférence et la haine. « Quant au véritable, à l'authentique, à l'indispensable amour-propre, il dégénère alors, remarque Goethe, en suffisance et présomption. » Le respect se distingue encore nettement de la tolérance, laquelle n'est en effet qu'une situation transitoire qui doit conduire au respect, à la reconnaissance. Or aujourd'hui le respect disparaît avec le sens des choses et la tolérance est érigée en dogme sous l'appellation quelque peu ridicule de consensus. Se tourner vers Goethe n'est pas regarder en arrière avec nostalgie, ou, comme on dit, être archaïque. C'est, depuis un présent désencombré de l'actuel, regarder en avant, là où il est déjà. « Il n'y a point de *passé* vers quoi il soit permis de porter ses regrets, confie-t-il au chancelier von Müller, il n'y a qu'un perpétuel *nouveau* qui se forme des éléments grandis du passé ; et la vraie nostalgie doit toujours être productive, créer un nouveau qui soit meilleur. »

Il devient aujourd'hui urgent de mettre en œuvre l'éducation productive selon Goethe. Mais d'abord quelle figure fait notre aujourd'hui, ou pour reprendre la question de René Char: « Quelle tête porte donc notre époque, qu'il n'y ait plus de *mot* suffisamment persuasif pour traduire le sourire de l'accueil[1] ? » On qualifie souvent le XVIIIe siècle au milieu duquel naît Goethe de siècle de l'éducation. Quant au XIXe qui en 1832 voit la mort du poète, c'est aux yeux de Nietzsche « le siècle du travail ». Est-il réservé à notre XXe siècle finissant d'être l'époque où toute éducation n'existe plus qu'en vue d'un débouché ? Actuellement, le productivisme éducatif, issu du déploiement de la technique planétaire, tient le haut du pavé. Pourtant, « il n'est nullement sûr que "la formation des informaticiens" qui passe pour le *nec plus ultra* de l'éducation technicienne soit beaucoup plus qu'une acquisition de réflexes », se demandait Jean Beaufret qui remarquait encore que les « écoles techniques », aux premiers rangs desquelles se trouvent les grandes écoles de commerce et de gestion qui par ailleurs ne sont pas sans quelques mérites, « prolifèrent sans gloire, réclamant tout au plus d'être mieux prisées, vu l'importance dont elles font parade[2] ». Quand les points de repère douloureusement s'estompent, quand tout ce qui se passe est d'avance déjà pris dans les rets insidieux de l'actualité et dans la parodie de la publicité, quand la détresse s'installe et que règne l'informe, se fait jour une fatigue qui va jusqu'au dégoût. C'est l'exacerbation de tout subjectivisme, de tout psychologisme, la neutralisation et la suffocation. Suffisante, arrogante, la bêtise technicienne s'étend un peu partout. Cette « bêtise intelligente et adéquate » dont parle Léopold Flam[3], suppose une « formation » qui, brève ou longue (cycles courts, cycles longs, « bac + 2, bac + 5 »), demeure toujours expéditive quant à l'essentiel. L'essentiel consiste par exemple à éprouver et à faire éprouver, ainsi que nous y invite Kostas Axelos, « un rapport poétiquement amical, mais non pas romantique, aux êtres et aux choses et entre les êtres et les choses, rapport qui n'exclurait pas la combativité et les conflits[4] ». Et c'est là que nous attend Goethe. L'éducation productive qu'il propose constitue le meilleur contrepoison au productivisme

1. René Char, *Arrière-Histoire du poème pulvérisé*, Paris, Jean Hugues, 1972, p. 29.
2. Jean Beaufret, *Dialogue avec Heidegger*, t. IV, Paris, Editions de Minuit, 1985, p. 73.
3. Léopold Flam, *La Philosophie au tournant de notre temps*, Bruxelles, Paris, P.U.B., P.U.F., 1970, p. 173.
4. Kostas Axelos, *Systématique ouverte*, Paris, Editions de Minuit, 1984, p. 110.

éducatif. Tâchons de la penser, de la vivre et de la promouvoir. Œuvrons dès à présent, sans perdre courage :

> « *Perdre* courage, *c'est tout perdre !*
> *Mieux vaudrait ne pas être né.* »
> (Goethe, *Xénies apprivoisées*)

CLAUDE ROËLS*

* Professeur de philosophie en classe préparatoire HEC à la Tour d'Auvergne, Paris.
A préfacé la réédition des Conversations de Goethe avec Eckermann (Gallimard 1988).

L'ÉCOLE, TOUJOURS L'ÉCOLE

ment ses promoteurs, de donner enfin à l'école et à l'éducation toute la place qui leur revient de droit, c'est-à-dire « la priorité », en vue de mieux affronter les défis historiques qui viennent de se rappeler à nous au terme même de l'année de la célébration du bicentenaire de la Révolution française? S'agit-il bien d'inverser la logique des réformes qui se sont succédé depuis une trentaine d'années pour mettre « l'enseignement en détresse[1] », en dégradant toujours plus les conditions d'études faites aux élèves comme aux professeurs et donc en abaissant matériellement et moralement l'école, non seulement dans l'opinion publique mais aussi à ses propres yeux: comment pourrait-elle ne pas douter d'elle-même quand elle n'est plus évoquée qu'en termes d'inadaptation et d'échec? Ne peut-on espérer que cette nouvelle réforme redonne, enfin, à l'école toute la confiance et la sérénité qui sont si nécessaires à la qualité même de l'enseignement qu'elle a à charge de délivrer?

Ou bien cette loi ne constituerait-elle pas, bien plutôt, le point d'orgue de cette progressive et comme irrésistible dégradation de l'idée comme de la réalité de l'école dans nos « sociétés modernes », en révélant la vérité la plus profonde d'un tel processus par le biais de la systématisation des principes et de la généralisation des effets des réformes précédentes?

Nous voudrions montrer ici en quoi les « trois modernisations » du « système éducatif » qui nous sont proposées risquent bien de ne produire que la sujétion de l'école à l'air pragmatique de notre temps et donc de conduire à son intégration totale au système social global, dorénavant dominé par le seul intérêt technique de la conservation et de la reproduction de soi et délivré de toute préoccupation véritablement critique qui menacerait de le réveiller de son sommeil dogmatique.

Plus particulièrement, nous examinerons les trois types de discours qui pour sembler exécuter des partitions différentes ne s'en conjuguent pas moins aujourd'hui pour hâter un tel effet de façon idéologique, c'est-à-dire en le révélant et le masquant tout à la fois.

Nos sources sont constituées par les textes officiels eux-mêmes ainsi que par ceux des experts que le ministre s'est adjoints, à savoir essentiellement: la « loi d'orientation sur

1. Pour reprendre le beau titre du livre de Jacqueline de Romilly consacré à l'école.

l'éducation et rapport annexé » (texte intégral publié au « J.O. » du 14 juillet 1989), le Rapport Bourdieu-Gros publié en deux étapes par « Le Monde » et « Le Monde de l'éducation » en mars et avril 89, sous le titre « Sept principes pour réformer les programmes[1] », le questionnaire ministériel « Quel enseignement pour demain ? », le Rapport de la commission « Education-formation-recherche » au Xe Plan 1989-1992, remis au gouvernement en août 89, enfin des déclarations publiques et articles divers du ministre lui-même, et plus lointainement du Premier ministre et d'experts et personnalités qui en partagent, pour l'essentiel, les positions.

I

C'est sans doute dans le *discours psychopédagogique* que cette entreprise réductrice est à l'œuvre de la façon la plus insidieuse car la plus séductrice. C'est bien là que le changement du paradigme selon lequel l'école est à la fois pensée et transformée s'opère directement au nom de la plus généreuse des évidences : n'est-il pas urgent, en effet, de « centrer l'école sur l'élève » pour lui permettre de « développer sa personnalité », comme le proclame d'entrée le texte de la Loi d'orientation[2] ?

Qui, en effet, ne souscrirait à ce rappel du devoir de l'école de respecter ce qui hors d'elle est le plus en elle, à savoir ceux qui lui sont confiés et qu'elle a à charge de former : les élèves ? Surtout quand il est précisé, par ailleurs, qu'il s'agit bien de « respecter la diversité des goûts et des aptitudes » pour éveiller à « la réflexion personnelle et critique[3] ».

Mais, outre que l'on se demande de quoi l'école pouvait bien se préoccuper auparavant (n'était-elle jusque-là dévouée qu'à la société qu'elle ne faisait que reproduire ou bien encore à elle-

1. Nous présentons ici, en annexe au présent article, les « Sept antithèses pour un enseignement de qualité » rédigées au lendemain de la publication par « Le Monde » du 09/03/89 de larges extraits du Rapport Bourdieu-Gros.
2. « L'éducation est la première priorité nationale. Le service public de l'éducation est conçu et organisé en fonction des élèves et des étudiants. Il contribue à l'égalité des chances. Le droit à l'éducation est garanti à chacun afin de lui permettre de développer sa personnalité... » Loi d'orientation, art. premier, p. 1.
3. « Quel enseignement pour demain ? » questions III et VII.

même qu'elle ne cherchait qu'à conserver?), on se rend vite compte que dans l'esprit des réformateurs ce rappel s'effectue au nom de la lutte contre un mal qui pour être hybride — l'encyclopédisme[1], le formalisme, l'académisme — peut cependant se réduire à un seul mot: l'abstraction dont serait frappée cette institution d'un autre âge[2]. N'est-il pas étonnant de voir ainsi dénoncer, de façon principielle et répétée, et sans autre forme de procès (puisque, là comme ailleurs, le mal en question ne fait jamais l'objet de la moindre analyse), ce qui fait le propre de l'école — la transmission ambitieuse et rigoureuse des connaissances — comme ce qui précisément empêcherait que soient respectés les élèves, ses bénéficiaires?

En poursuivant la lecture du texte de la loi, on mesure à quel point est oubliée et même refoulée la fonction fondamentale de l'école, qui n'est plus citée comme telle qu'une seule fois et bien tardivement (dans le rapport annexe, p. 13). On découvre donc au fil des pages, incrédule, que l'école aurait désormais pour fin essentielle « le développement de la personnalité » dans le respect de « l'égalité des chances » et par le biais de l'« éducation », termes qui reviennent sans cesse, alors qu'absolument aucune mention n'est faite de l'émancipation individuelle au moyen de l'instruction. Serait-ce un simple hasard, un malheureux oubli ou bien encore une avancée progressiste que ces mots mêmes ne figurent plus au programme de cette nouvelle école? Nos réformateurs croiraient-ils pouvoir dorénavant faire l'économie des distinctions et articulations conceptuelles qui s'imposent ici, sous peine de confusion et donc d'aliénation?

On sait qu'en application de tels « principes », les experts ministériels envisagent très sérieusement des « hypothèses de travail » qui réduisent de façon drastique la place qualitative et

1. Il s'agit bien de « lutter contre l'encyclopédisme, le caractère superficiel dû à l'empilement des connaissances » (Id. question IV) et de « substituer à l'enseignement actuel, encyclopédique, additif et cloisonné, un dispositif articulant... » (Rapport Bourdieu-Gros, principe V). On se demande quelle singulière représentation de l'encyclopédie peut bien être au fondement d'un tel combat. Aurait-on perdu jusqu'à l'idée que l'école et l'idéal encyclopédique sont consubstantiels, depuis Platon et Aristote jusqu'à l'école de J. Ferry fondée en référence à Condorcet, illustre encyclopédiste?

2. « La population « fragile », jeune et adulte est en grande partie mise en échec parce que le système de formation, fondé essentiellement sur les capacités d'abstraction, ne lui convient pas. » Rapport de la commission éducation au Xe Plan, p. 26.

quantitative des savoirs enseignés à l'école: allégement des programmes[1], diminution des horaires de cours, regroupement des matières enseignées en « champs disciplinaires[2] ». Au nom de la nécessité de « diversifier les formes de communication pédagogique[3] », l'acte d'instruire lui-même — dont on ne parle plus comme tel — risque bien de se voir diluer dans l'ensemble informel et confus de « la vie » de « la communauté éducative » (concept dominant du texte de la loi et qui en constitue comme l'aura sémantico-affective), qui sera rythmée par de multiples activités d'expression et de communication[4], assurément plus « concrètes » et donc sans doute plus « intéressantes », « motivantes » pour les élèves.

On peut légitimement craindre que, dans une telle « école », l'animation thématique interdisciplinaire (quand ce ne seront pas tout simplement les activités périscolaires ou para-éducatives) ne se substitue purement et simplement à l'instruction elle-même, conçue comme ce qui doit permettre aux élèves de saisir les éléments de chaque discipline enseignée et d'en maîtriser de façon réfléchie les lois d'organisation[5]. Mais où et quand trouver encore le loisir d'un véritable travail intellectuel, autonome et rigoureux[6], quand l'institution scolaire sera devenue un vaste atelier communicationnel[7].

C'est ainsi que, par exemple, il est prévu d'accorder plus de

1. « Pas d'adjonction [de « savoirs nouveaux », voir notre III, le discours techno-scientifique, N.D.L.R.] sans suppressions. » Rapport Bourdieu-Gros, Principe I.
2. Loi d'orientation, p. 3; le Rapport Bourdieu-Gros propose de « repenser les divisions en "disciplines" », Principe VI.
3. « Quel enseignement pour demain? » question IX.
4. « Les activités collectives et multidimensionnelles conviendraient sans doute mieux à l'après-midi. C'est le cas, par exemple, de l'enseignement des langages. » Rapport Bourdieu-Gros, Principe V. Le Rapport de la commission éducation au Xe Plan propose, en conclusion, de « faire une place plus large à la capacité de s'exprimer et de communiquer », p. 64.
5. « Les séances d'enseignement regroupant des professeurs de deux (ou plusieurs) spécialités différentes, réunis selon leurs affinités, devraient avoir la même dignité que les cours. » Rapport Bourdieu-Gros, Principe VI.
6. On se souvient de la déclaration du ministre de l'Education selon laquelle le cours magistral rendrait « docile et crédule ».
7. On ne parle déjà plus, à ce sujet, que de « thèmes transversaux ». Le Rapport Bourdieu-Gros, quant à lui, déclare que la réduction des programmes doit produire une élévation du niveau en permettant « de travailler moins longtemps, mais mieux, en remplaçant l'apprentissage passif par la lecture active — qu'il s'agisse de livres ou de supports audiovisuels —, par la discussion ou par l'exercice pratique, et en redonnant ainsi toute sa place à la créativité et à l'esprit d'invention. » Principe I.

place à l'oral[1] dans la communication pédagogique généralisée, l'exercice du langage ordinaire (la fameuse performance linguistique) n'étant plus désormais médiatisé par l'accès au monde des œuvres qui exigerait, bien sûr, une maîtrise minimale de l'écrit (ne serait-ce que pour le déchiffrer!) dont on sait qu'elle est rendue de plus en plus problématique aujourd'hui. A cet égard, on peut se demander si « le lancement d'un plan lecture[2] », effectué en référence à un rapport qui « recommande d'étaler l'apprentissage de la lecture sur une période qui peut aller de l'âge de deux ans à celui de douze ans[3] », est vraiment de nature à inverser le lent mais sûr processus d'érosion des apprentissages de base en matière de maîtrise de la langue!

Il est de notoriété publique, bien sûr, que l'on a déjà fait opérer à l'école son « tournant linguistique » depuis quelque temps en substituant l'enseignement du « français » à celui de la littérature, en fixant pour « objectif » prioritaire à l'enseignement des langues vivantes de former à la « communication » par l'usage commun de la langue, en référence à des situations vécues, et, plus généralement, en faisant de moins en moins de place à l'étude des œuvres proprement dites. Sur ce point, comme sur les autres, la réforme en cours risque donc bien de constituer l'aboutissement d'un tel abandon, comme le laisse penser, sans ambages, le Rapport de la commission éducation au Xe Plan[4].

L'idée d'humanité qui est au cœur de cette conception psychopédagogique, dite de l'« intérêt » ou encore de l'« éveil », et qui est directement inspirée des principes du « mouvement de l'éducation nouvelle[5] », considère l'homme

1. Le questionnaire ministériel s'interroge: « Peut-on redonner à l'oral une place plus importante dans l'évaluation? » « Quel enseignement pour demain? », question XI.

2. Prévu par la loi d'orientation, rapport annexe, p. 20.

3. Rapport de la commission éducation au Xe Plan, p.233 (il s'agit du rapport Migeon).

4. « Il faut rappeler que l'enseignement des langues dans la formation scolaire doit viser à la communication. Celle-ci ne se réduit en aucun cas à une pratique de traduction qui serait, si l'on peut dire, de type "ordinaire"; elle suppose une connaissance et une compréhension des grands traits de la culture de chaque peuple. En revanche, elle n'exige pas la connaissance approfondie des littératures étrangères, qu'il faut sans doute réserver à l'enseignement supérieur », p. 37. Sensible à l'effort de distinction qui est opéré ici, on s'interrogera sur le sens qui est accordé à la notion de culture.

5. Mouvement dont on sait que, s'il est d'origine « continentale », son inflexion

comme étant, dans la personne de l'élève ou plutôt de l'« enfant » (du « jeune » comme on dit aujourd'hui,) toujours déjà constitué pour l'essentiel, et l'école, quand celle-ci est encore nécessaire, comme n'ayant plus pour mission que de lui permettre de « s'épanouir[1] » (autre maître mot de l'air de notre temps). C'est de façon cohérente qu'une pédagogie fondée sur de tels principes substitue l'entreprendre à l'apprendre, l'atelier à l'académie. En effet, est-il nécessaire de rappeler ici que la pédagogie de la rupture repose, au contraire, sur une idée philosophique, et non pas psychologique, de l'homme comme pouvant et devant s'arracher à son « monde vécu » immédiat par le détour de l'abstraction pour mieux y revenir en le maîtrisant théoriquement et pratiquement[2] ?

Ce sont bien deux conceptions concurrentes de l'homme et de l'école qui s'affrontent ici : l'une qui, en référence à un homme autocentré sur sa subjectivité empirique, ne peut que condescendre à une école conçue, et surtout vécue, comme moyen d'une satisfaction asservie à la conservation de soi — une école pathologiquement extorquée en quelque sorte ; l'autre qui, s'ordonnant à l'homme dont la raison lui permet de se rapporter à un monde de principes qui le dépasse et l'appelle à se transcender, respecte l'école comme fin en la concevant comme temps et lieu d'une conversion à l'universel et au nécessaire, par essence douloureuse mais fondant une inscription dans le monde qui pour demeurer particulière et contingente n'en soit pas moins véritablement autonome.

Le problème qui semble se poser maintenant est de savoir si cette distinction est principielle, essentielle, ou bien seulement historique et donc accidentelle, comme le prétendent des voix de plus en plus nombreuses aujourd'hui.

C'est ainsi que des psychologues, sociologues et historiens, n'hésitent plus à déclarer que le second modèle — celui sur lequel est théoriquement et historiquement fondée l'école

pragmatiste anglo-américaine l'a beaucoup marqué.

1. « Le lycée permet à chaque jeune de réaliser son projet personnel », loi d'orientation, rapport annexe, p. 14.

2. En ce sens, Platon accomplit l'acte initiateur par excellence, indépassable comme tel, lorsqu'il fonde l'Académie et en fixe symboliquement la loi d'accès, dans l'allégorie de la caverne, sur le mode de la conversion. (« La République », L. VII).

comme institution d'instruction publique — serait aujourd'hui dépassé, en raison de son asservissement à un mode périmé d'organisation de la production et qu'en conséquence de l'entrée de l'humanité dans l'ère de la communication il conviendrait de « gérer autrement l'éducation[1] » !

On ne craint plus, non plus, de s'autoriser du constat des réticences et même des résistances des élèves nouveaux à l'égard de l'abstraction (expéditivement théorisées en inaptitudes foncières) et, pis encore, de l'affirmation de l'existence de différentes formes d'esprit, pour appeler à l'abandon d'un modèle « scolaire » dorénavant réputé « désuet » car trop réducteur[2]. On demeure confondu de découvrir que la conclusion qui est tirée de ces « faits », qu'il faudrait pour le moins se donner les moyens d'établir, n'est pas de tâcher de favoriser au mieux l'accès de tous les élèves à l'abstraction libératrice, mais d'en rabattre sur les exigences, à la fois globalement et sélectivement, pour s'adapter aux différentes familles de pensée en référence auxquelles il faudrait désormais conjuguer les « publics scolaires » au pluriel, sans doute au nom du fameux « droit à la différence ».

1. C'est ainsi qu'Alain Touraine déclare : « (...) la réduction de l'école à l'instruction ne correspond plus à l'activité de notre société. Nous ne vivons plus dans une société de production, artisanale ou même technicienne, mais dans une société de communication, de changements rapides et de relations internationales. Comprendre des documents, interpréter les intentions de l'autre, gérer le changement, travailler en équipe, décider et entreprendre, résister à l'adversité, trouver son chemin dans le labyrinthe des administrations publiques et privées, autant d'activités au moins aussi indispensables au plus grand nombre que la seule possession de connaissances. » et plus loin : « La manière dont doit être organisée l'éducation est à l'opposé de la manière habituelle de gérer l'instruction. » « Des idées pour l'école », « Le Monde » du 24/03/89.
Il faudrait commenter en continu cet article qui a pour ambition de poser les principes permettant « l'invention d'un nouveau modèle éducatif » en les fondant sur une conception enfin moderne de la modernité elle-même. Nous mettrions alors en évidence la façon dont les trois registres de discours que nous étudions ici s'entrecroisent et s'entre-appellent pour faire opérer à l'école son tournant communicationnel qui, bien loin d'enrichir la théorie et la pratique des rapports entre l'instruction et l'éducation, ne fait qu'asservir la première à la seconde et donc, finalement, que desservir celle-ci elle-même.

2. « Les formations doivent prendre en considération l'hétérogénéité des esprits, leurs différences d'aptitudes » et « Il faut que la définition des contenus de formation comme le choix des méthodes tiennent compte de la diversité des formes d'intelligence et d'un éventail d'aptitudes plus ouvert. » C'est en référence à ces exigences que le Rapport de la commission éducation au Xe Plan appelle à la diminution du « caractère abstrait de notre enseignement », p. 4 et p. 26.

Comment ne pas se rendre compte qu'asservissements aux milieux de vie et inégalités de toute sorte ne peuvent ainsi qu'être reproduits, à l'encontre même des buts hautement proclamés et que nous voulons croire sincèrement recherchés, l'héritage et même l'hérédité ayant désormais force de loi ? Qu'en penseront, en particulier, les familles d'enfants en difficulté, et surtout déficients intellectuels, qui adressent à l'école une demande qui est d'abord de scolarisation, avant d'être de socialisation, selon le principe vrai que l'on ne peut réussir la seconde que si l'on ne rate pas la première, et que pour être vraiment libératrice l'éducation ne peut être fondée que sur une instruction qui ne cède rien sur l'essentiel? A cet égard, il faut savoir que c'est précisément au nom de la priorité donnée à l'épanouissement personnel des enfants que le secteur de l'éducation spécialisée s'est constitué comme une contre-école qui ne leur a pas, ou très peu, fait effectuer les apprentissages scolaires fondamentaux, sous prétexte qu'ils n'en étaient pas capables. Il serait pour le moins tragique qu'au moment où ces enfants parviennent à faire la preuve de leur aptitude et même de leur goût pour la connaissance, l'école vers laquelle ils s'orientent ne leur propose plus que le « modèle éducatif » dont, avec leurs parents, ils se détournent[1]. Il semble évident ici que l'école communicationnelle ne fera que renforcer les forts et affaiblir les faibles, au sens psychosociologique de ces termes, et qu'au nom de la lutte contre une « société duale » on n'aboutira qu'à une « société éclatée » en ghettos communautaires qui pourraient bien constituer l'avenir obligé de nos « sociétés démocratiques ».

1. Depuis une quinzaine d'années, en France, à la demande pressante des parents, des classes d'enfants dits « handicapés mentaux » ont été implantées dans des établissements de l'Education nationale, ce qui permet à ces élèves, qui ressemblent plus aux autres qu'ils n'en diffèrent, de s'instruire par le moyen de l'élaboration d'une pensée structurée.
Il est heureux que le succès de telles initiatives ait amené le gouvernement actuel à la décision de poursuivre l'ouverture de l'école à ces enfants, comme en témoigne la loi d'orientation elle-même (rapport annexe : « L'intégration scolaire et sociale des enfants et des adolescents handicapés », p. 16 et 17), en reprise de la loi d'orientation de juin 75 et des circulaires de janvier 82 et 83, qui rappellent le droit à l'éducation de tout enfant comme de tout homme.
Ce qui fait problème ici, c'est donc moins l'accueil de droit de ces enfants que leur accueil de fait : ne faut-il pas tâcher, pour eux comme pour les autres, d'éviter la dérive éducative de l'instruction publique ?

La « socialisation », l'« adaptation » à quoi vise prioritairement, et même seulement, une éducation découplée du souci majeur d'instruire, constituent aujourd'hui les maîtres mots du langage des réformateurs. C'est en passant à la considération du domaine proprement juridique et politique, à l'examen de l'école comme institution, que nous allons pouvoir mesurer ce que signifie l'abandon de la rationalité réflexive et émancipatrice au profit de la rationalité communicationnelle et intégratrice.

II

C'est en effet dans le *discours sociodémocratique* portant sur l'école que le modèle communicationnel devrait, si notre hypothèse est bonne, s'imposer avec le plus d'évidence puisque c'est au niveau proprement politique que s'établissent les normes du vivre ensemble et que cela suppose, en bonne démocratie, quelque contrat.

A bien écouter et entendre ce discours, on se convaincra aisément qu'il s'y agit bien de délivrer l'école d'un centralisme paralysant et même d'un séparatisme irresponsable, pour rapprocher l'institution des citoyens, ou bien le service public des usagers, en tout cas les centres de prise des décisions des lieux d'application de celles-ci.

De ce « principe », découlent deux mesures devant « rénover » le cadre juridique de l'école pour rendre celle-ci à ses « acteurs »: l'une d'ordre pédagogique (le « contrat de formation », élaboré par l'élève lui-même), l'autre d'ordre administratif (l'autonomie ou le caractère propre des établissements scolaires se donnant à eux-mêmes leur propre charte, leur « projet d'établissement »).

Qui pourrait bien y trouver à redire s'il n'était question que de donner un peu plus de responsabilité aux élèves, et même d'élargir leur statut juridique dans le cadre de « la vie scolaire », et de laisser un peu plus de latitude aux écoles, collèges et lycées dans la mise en œuvre de finalités et de moyens clairement établis par l'Etat au niveau national et ayant force de loi?

Mais à y regarder de plus près, il apparaît qu'il s'agit de

beaucoup plus que cela et même, finalement, de tout autre chose.

En effet, « la pédagogie du contrat » ne concernera pas seulement, voire essentiellement, l'organisation des rapports interindividuels et collectifs des différentes « catégories de personnels » de l'établissement, en élargissant ici les droits — et devoirs ? — des élèves tels qu'ils figurent dans le règlement intérieur[1], mais bien le rapport des élèves aux contenus et modalités d'enseignement, et donc à l'organisation et à l'évaluation des études elles-mêmes[2]. Ceux qui étudient seront désormais appelés à choisir parmi des « spécialités », par ailleurs distinguées en obligatoires, optionnelles et facultatives, transmises pour partie dans des enseignements en commun s'adressant à des « publics » à géométrie variable, la notion de « groupe d'élèves » étant maintenant préférée à celle de « classe »[3, 4].

Le texte de la loi demeure dans un flou artistique on ne peut plus complet sur la question de savoir qui sera juge en dernière instance de ce choix des matières ou activités, du rythme de la progression, des modalités de l'évaluation[5] et donc, enfin, de l'orientation globale de l'élève[6].

1. Ainsi l'article 10 de la loi d'orientation « crée, dans les lycées, un conseil des délégués des élèves, présidé par le chef d'établissement, qui donne son avis et formule des propositions sur les questions relatives à la vie et au travail scolaire », p. 4.

2. « Les élèves et les étudiants élaborent leur projet d'orientation scolaire, universitaire et professionnelle en fonction de leurs aspirations et de leurs capacités avec l'aide des parents, des enseignants, des personnels d'orientation et des professionnels compétents. Les administrations concernées, les collectivités territoriales, les entreprises et les associations y contribuent. » Loi d'orientation, art. premier, p. 1. On remarquera ici l'extension et la nature des instances concernées par l'établissement du projet d'orientation des élèves.

3. « (...) on distinguera, tant parmi les spécialités qu'au sein de chaque spécialité, ce qui est obligatoire, optionnel ou facultatif et, à côté des cours, on introduira d'autres formes d'enseignement, travaux dirigés et enseignements collectifs... » Rapport Bourdieu-Gros, Principe V.

4. Ce qui laisse mal augurer d'une diminution des effectifs d'élèves, déjà chichement mesurée par ailleurs puisqu'on peut lire dans la loi d'orientation : « Ne laisser subsister aucune classe à plus de trente-cinq élèves dans les lycées d'ici à 1993 constitue un premier objectif. »

5. On ne parle déjà plus aujourd'hui que d'auto-évaluation !

6. « Le jeune construit son orientation au lieu de la subir. » Loi d'orientation, rapport annexe, p. 19.
Qui s'opposerait au passage d'une « orientation-sanction » à une « orientation-formation » ? Mais il est certain que cela ne saurait être fondé sur une telle indétermination juridique.

Est-il possible ici de ne pas se rendre compte de la confusion juridique et morale qui semble l'emporter dans les esprits concernant la notion de contrat ? Si les relations collectives, à l'extérieur et même à l'intérieur de l'école, peuvent bien et sans doute doivent être d'ordre contractuel[1], en aucun cas le rapport de chacun et de tous au savoir et à la culture ne saurait être, surtout au point de départ, conventionnel, à plus forte raison si l'on veut par là le faire dépendre de l'expression de préférences dont on sait bien selon quelles dépendances elles sont formées. Là aussi, là surtout, l'école est obligatoire en ce qu'elle se propose d'instruire de ce qu'ils ne savent pas encore ceux dont précisément il s'agit d'éclairer l'entendement pour leur permettre un exercice responsable de leur volonté. Imagine-t-on un professeur faire de sa discipline, de la façon dont il la conçoit et l'enseigne, et des modes d'évaluation qui lui sont propres, l'objet d'un contrat qui pour être légitime suppose la liberté et l'égalité entières des parties qui s'y engagent[2] ? Le vrai contrat n'est-il pas ici d'ordre essentiellement intellectuel et moral qui lie le professeur et l'élève dans la confiance commune qu'ils font au savoir qui les transcende tous deux mais qu'ils appellent du plus intime de leur être lorsqu'il est délivré des urgences empiriques, alors que la régulation de l'acte pédagogique par le calcul, l'affrontement et le compromis des préférences, ne peut donner lieu qu'à un contrat de dupes entre des parties pour qui dorénavant le savoir s'achète et se vend, ce dont l'élève finira toujours par faire les frais ? Outre la marginalisation et même la disparition à terme des disciplines déjà fragiles eu égard à leur intérêt psychologique, sociologique et surtout économique (on devine aisément lesquelles !), ce qui est en jeu ici c'est l'idée même de la spécificité et de la dignité du savoir qui ne saurait devenir un objet de consommation ordinaire sans finir par se perdre !

Le risque alors inévitable d'éclatement et d'appauvrissement de l'organisation et de la sanction des études qu'entraînerait une telle « pédagogie à la carte » (l'école serait-elle un « supermarché » où se pressent des « clients » ?) ne saurait

1. Encore faut-il rappeler que l'on ne naît pas citoyen, mais qu'on le devient. On se prend à douter d'une telle évidence à entendre nos réformateurs comme à lire la Déclaration des droits de l'enfant adoptée par l'O.N.U. le 20 novembre 1989.

2. Ce qui ne signifie aucunement bien sûr que le professeur n'ait pas à tâcher de faire comprendre au mieux à ses élèves tous les aspects de son enseignement.

qu'être renforcé par la reconnaissance, sur le plan administratif, de l'autonomie des établissements dans le cadre de la régionalisation.

C'est en effet ce que prépare et même commande la loi d'orientation qui élargit considérablement les prérogatives du conseil d'administration en l'appelant à établir un « projet d'établissement » ayant force de loi pour toutes les activités de l'établissement concerné, y compris l'enseignement lui-même. Ainsi, cet organe à la fois législatif et exécutif, où les représentants des enseignants sont déjà minoritaires, va avoir, a déjà, droit de décision concernant « la partie pédagogique du projet » qui ne peut faire que l'objet d'une « proposition » de la part d'« équipes pédagogiques » dans lesquelles les professeurs risquent bien d'être noyés puisque à la lecture du texte de la loi on ne peut se faire une idée précise de leurs contours (seront-elles limitées à l'ensemble des professeurs d'un même « groupe d'élèves », ou bien s'étendront-elles à d'autres, voire à tous les autres membres de la « communauté éducative[1] ») ?

Qui ne voit qu'une telle diversification et particularisation des conditions d'organisation et d'évaluation des études, comme de l'ensemble de la « vie scolaire », dans la plus grande confusion juridique[2] concernant la distinction et l'articulation des compétences (indétermination qui donne en fait le pouvoir à toutes les forces de pression locales représentées au conseil d'administration), ne peut qu'aboutir, à terme, à l'éclatement du cadre de droit national républicain, alors que celui-ci doit garantir la liberté et l'égalité des élèves dans l'accès au savoir ainsi que la compétence disciplinaire des professeurs ? On ne peut que craindre une telle issue quand on lit dans le Rapport Bourdieu-Gros que « le programme n'a rien d'un code impératif[3] », et dans

1. « Les membres de la communauté éducative sont associés à l'élaboration du projet qui est adopté par le conseil d'administration ou le conseil d'école, qui statue sur proposition des équipes pédagogiques pour ce qui concerne la partie pédagogique du projet. » Loi d'orientation, art. 18, p. 7.

2. « C'est le rôle des enseignants que de définir, avec le chef d'établissement et ses collaborateurs, en particulier les conseillers d'éducation, un projet pédagogique. Ce projet ne se réalisera pleinement que s'il est placé dans un cadre large englobant les relations avec l'environnement socioculturel... et de tous les partenaires de l'école. » Loi d'orientation, rapport annexe, p. 25.

3. Principe III, qui ajoute : « Il (le programme) doit fonctionner comme un guide pour le professeur et pour les élèves — et les parents... »

le texte de la loi d'orientation que c'est l'application même d'un programme national qui constitue « un des problèmes majeurs » de l'enseignement[1]. Partout où des établissements ont déjà usé de cette prérogative en « adaptant » aux conditions locales les contenus et modalités d'enseignement établis nationalement, les professeurs, les parents et les élèves n'ont eu qu'à s'en plaindre (là certaines disciplines se voient amputer d'une partie de leur horaire, ailleurs des options sont purement et simplement supprimées).

On sait que l'idée d'une dénationalisation (partielle tout d'abord, mais jusqu'à quand?) des programmes, des horaires et des examens (on pense, bien sûr, d'abord au baccalauréat dont on nous dit qu'il faut réduire « l'arbitraire pédagogique » et sans doute surtout les coûts économiques) fait très rapidement son chemin dans les esprits des rénovateurs, puisque la plupart des rapports des commissions disciplinaires rendus publics en novembre dernier ne craignent pas de s'y référer de façon principielle. Une telle mesure ne ferait qu'asservir les élèves et les professeurs aux conditions locales du marché, la référence aux « débouchés » professionnels faisant désormais à elle seule toute la loi[2]. C'est le métier même d'enseigner qui sera ainsi soumis à une véritable déprofessionnalisation au sens de désintellectualisation, puisque les professeurs seront dorénavant réduits à la fonction de prestataires de service, aux responsabilités à la fois élargies et diluées dans de multiples activités de communication selon la logique d'un « partenariat » généralisé et seul souverain[3].

1. « Un des problèmes majeurs posés à chaque école et à chaque établissement scolaire consiste à respecter les objectifs nationaux tout en prenant en considération les élèves qu'ils accueillent dans leur diversité d'origine sociale, de culture, de niveau et de qualités personnelles. » Loi d'orientation, rapport annexe, p. 25. De quel côté penchera la balance: programme national ou conditions locales?
2. « Dès lors, le volume des heures de cours et des autres activités pourrait être annualisé et déterminé, non plus par le corps auquel l'enseignant appartient, mais par le type d'établissement dans lequel il exerce ; sa rémunération dépendrait, selon des critères à déterminer, des types d'activités dans lesquelles il se trouverait engagé et des classes devant lesquelles il exercerait. » Rapport de la commission éducation au Xe Plan, pp. 58-59.
3. « Les enseignants organisent l'ensemble des activités scolaires des élèves. Ils assurent les cours, les travaux dirigés et d'atelier, participent à l'assistance au travail personnel, effectuent l'évaluation des élèves et les aident à réaliser leur projet d'orientation. Ils prennent en charge les relations avec les partenaires extérieurs (parents, entreprises, environnement social et culturel, intervenants exté-

N'est-il pas évident qu'une telle conception « contractualiste » de l'enseignement — ou de ce qu'il en restera — n'est que l'application à l'école de la politique de la conciliation des intérêts alors bien compris, selon laquelle toute décision doit être directement prise par ceux qu'elle concerne, qu'ils aient soit à l'exécuter soit tout simplement à la respecter ? Comment ne pas s'apercevoir que ce qui règne alors ce n'est pas la force non contraignante du meilleur argument mais bien les seuls « arguments » de forces qui se composent, décomposent et recomposent en des rapports par essence aléatoires et donc sans cesse changeants ? Dès lors, la loi elle-même n'apparaît plus que comme une règle — pathologiquement extorquée, là encore —, toujours révisable et donc sans cesse empêchée jusqu'au prochain renversement du rapport des forces[1].

Comment faire pour ne pas se rendre compte qu'ici le « modèle démocratique » de la « régulation sociale » par l'expression, la communication et la conciliation des intérêts des parties directement concernées (le « médiateur », quand il est nécessaire, n'ayant plus alors pour fonction que de « gérer » les antagonismes « sur le terrain »), tend purement et simplement à se substituer au « modèle républicain » de la sublimation des volontés particulières en une volonté générale déclarée seule souveraine et dont l'Etat lui-même doit être à la fois l'expression et le garant ?

Tout combat contre la séparation de l'institution scolaire et de la société civile qui se mène au nom d'une conception

rieurs...). » Loi d'orientation, rapport annexe, p. 22.
N'est-il pas clair que « travailler autrement » signifiera alors ne plus instruire mais essentiellement « communiquer » et que la mobilisation des professeurs deviendra totale, ne leur laissant même plus le loisir de continuer à apprendre, à approfondir ce qu'ils doivent — ou devraient ! — enseigner à leurs élèves ?
A ce sujet, dans l'article déjà cité (p. 176), Alain Touraine affirme : « La fonction des enseignants n'est pas seulement d'enseigner ; elle est tout autant de réfléchir collectivement aux problèmes individuels et collectifs des élèves d'une classe. Elle est aussi de participer à des activités éducatives. » « Le Monde » du 24/03/89.

1. L'affaire du voile islamique à l'école, qui a ému toute la France en automne dernier, montre assez quelle confusion, dans les esprits comme dans les faits, peut produire le « désengagement » de l'Etat dans l'exécution de la loi républicaine. S'en remettre pour le règlement des conflits aux conseils d'administration des établissements, n'est-ce pas démettre la loi de sa souveraineté et, à terme, la soumettre aux plus fortes volontés ?

seulement économique et sociale de la démocratie et dans l'oubli des dimensions essentiellement juridico-politique et morale de la république ne peut qu'« ouvrir » l'école à la tyrannie du sens communautaire, d'autant plus redoutable que sous le consensus affleure toujours le dissensus, et la fermer à la recherche désintéressée de la vérité et de la justice, qui seule peut être véritablement et indissolublement solitaire et solidaire.

Là encore, cette distinction que toute l'histoire de la philosophie conçoit comme principielle, depuis Platon jusqu'à Montesquieu, Rousseau, Kant, Condorcet et Tocqueville[1], serait-elle en passe d'être invalidée par l'irrésistible devenir-monde du modèle politique libéral-social-démocrate, dont certains vont jusqu'à prétendre qu'il constituerait la fin de l'histoire, au double sens, chronologique et axiologique, de terme et de but? La « démocratie en Amérique » ne ferait-elle que révéler l'inéluctable destin de l'humanité?

Est-ce être vraiment averti que de s'en remettre à un tel « sens de l'histoire », en oubliant les deux conquêtes de la Révolution française, conjointes en ce qu'elles se fondent réciproquement: la République et l'école, au moment même où de plus en plus de peuples participent activement à une célébration de bicentenaire qui sans cela serait demeurée bien désespérante?

Ainsi les discours psychopédagogique et sociodémocratique qui dominent actuellement les esprits et commandent la nouvelle réforme de l'école sont-ils fondés sur un immanentisme et un concrétisme ennemis de toute médiation formelle et de toute législation abstraite s'effectuant en référence à des fins déterminées de façon autonome par une raison proprement réflexive, c'est-à-dire non asservie aux besoins, désirs, tendances et autres intérêts.

Mais pour mieux saisir la portée d'une telle entreprise réductrice, ne faut-il pas pousser l'analyse plus loin et prendre en considération le discours qui pourrait bien être — c'est-à-dire, en même temps, constituer et révéler — la vérité profonde des deux premiers: le discours techno-scientifique?

1. Tocqueville nous apprend que despotisme administratif et souveraineté populaire pourraient bien se combiner subtilement quand la démocratie ignore son fondement républicain.

III

C'est en effet le *discours techno-scientifique* qui nous révèle enfin le véritable principe, tout à la fois le point de départ et le fondement de la réforme actuelle de l'école. C'est pour se mettre à l'unisson du « progrès-des-sciences-et-des-techniques » que l'école est sommée de se moderniser en mettant fin à son immobilisme stérilisant : il faudrait que d'urgence elle s'inscrive dans l'ère de la communication généralisée pour se rendre plus transparente et performante, dans un monde où dorénavant « tout bouge », « tout circule » (les idées comme les biens et les personnes) sous l'effet d'une compétition devenue totale. Tous les textes des réformateurs s'accordent ici pour placer la « rénovation » de l'école sous le signe d'un tel principe de nécessité, économique dans son essence[1].

Qui n'y souscrirait au fond s'il s'agissait tout simplement de rappeler à l'école que les élèves qui lui sont confiés doivent un jour en sortir pour « entrer dans la vie active » et qu'elle ne doit pas négliger de les y préparer par une formation générale et technique qui leur permette de trouver un métier et d'acquérir une condition qui soient à la hauteur de leur qualification et de leur aspiration ?

S'il s'agissait aussi de remettre un peu plus d'ordre dans les établissements scolaires, comme au ministère de l'Education lui-même, pour enrayer les gaspillages en tout genre, d'ordre encore plus humain que matériel ici, que ne peut que sécréter toute organisation de quelque taille, et pour que l'école soit enfin mieux ordonnée à sa vraie fin, qui ne consentirait à une « rationalisation » ainsi comprise et entreprise ?

Mais il n'est que de lire et d'écouter tous les propos tenus à longueur de pages et d'antennes pour s'apercevoir que, là

1. « Une réflexion en profondeur sur les contenus de l'enseignement et les programmes est aujourd'hui indispensable. L'école doit intégrer l'évolution des sciences et des techniques qui constitue un élément déterminant pour élaborer les contenus des disciplines et le choix des programmes. » Loi d'orientation, rapport annexe, p. 20. « C'est d'ailleurs ainsi, en faisant appel aux jeunes et aux adultes, que les besoins de notre économie en main-d'œuvre qualifiée, en techniciens, en ingénieurs, pourront être satisfaits et que nos entreprises seront armées pour participer aux échanges et à la compétition internationale. » Rapport de la commission éducation au Xe Plan, p. 42.

encore, il est question de tout autre chose : quel est ce monde inouï auquel on proclame brutalement aujourd'hui que l'école se devrait tout entière et qui mériterait qu'on lui consacre toute l'énergie dont un homme est capable ?

Le « principe » rappelé ci-dessus aboutit, là encore, à deux applications majeures, dont l'une est d'ordre pédagogique et l'autre administratif.

Tout d'abord, les contenus et les méthodes, qui sont au cœur même de l'enseignement — faut-il y insister ? —, seront « rénovés » en référence aux « nouvelles technologies » qui vont non seulement faire leur entrée massive à l'école (ce qui a déjà commencé pour l'informatique, comme on sait[1]), mais aussi et surtout servir de modèle à ce que l'on n'appelle plus déjà que la « communication pédagogique ». Tous les textes des réformateurs publiés à ce jour concordent sur ce point.

Il ne s'agit pas, en effet, que d'introduire de nouvelles « spécialités » qui demeureraient régionales dans l'ensemble des connaissances transmises, mais bien d'adapter la logique même des contenus et des méthodes scolaires à ce qui est censé constituer désormais le nouveau paradigme général du savoir et de la culture : l'informatique et les techniques audiovisuelles. Le ministre de l'Education lui-même va jusqu'à donner « les systèmes qui diffusent sons et images » en exemple à une école qui n'aurait plus le monopole de la diffusion des connaissances (comme si elle les capitalisait jalousement !) et qui serait bien désuète et même « retardée » en comparaison d'un monde si riche et si attrayant[2] ! Le Rapport Bourdieu-Gros nous fait, lui, entrevoir la mesure du changement qui se prépare au moyen de « l'introduction de nouveaux savoirs imposés par les avancées de la connaissance et les changements économiques, techniques et

1. La loi d'orientation fait référence au « plan informatique pour tous », déjà en cours ; rapport annexe, p. 21.

2. « L'école, autrefois émetteur privilégié de savoir et de culture, n'est plus seule dans ce rôle. Les systèmes qui diffusent sons et images diffusent aussi des connaissances dans des conditions de présentation toujours variées et souvent très attrayantes mais aussi éclatées et non ordonnées. Nos enfants sont aujourd'hui les produits de cette société de l'audiovisuel. En face de ce formidable défi multiforme, diversifié, permanent et qui s'identifie au progrès technologique le plus moderne, l'école, avec ses méthodes pédagogiques souvent traditionnelles et ses faibles moyens matériels, fait un peu figure de système retardé. » M. Lionel Jospin, « Le Monde » du 26/01/89.

sociaux[1] », introduction qui nécessitera de repenser l'organisation et les modalités mêmes des études[2] (notion sans doute jugée périmée elle aussi puisqu'elle n'est plus jamais employée !). La loi d'orientation, enfin, va jusqu'à faire de l'emploi généralisé de ces techniques de communication dans « le système éducatif » un moyen essentiel de la lutte contre l'échec scolaire, comme si la cause fondamentale de ce mal était la sourde oreille que l'école fait aux nouvelles sirènes[3].

Non seulement plus aucune référence, principielle ou même secondaire, n'est faite au système encyclopédique et architectonique des savoirs et de la culture tel qu'une longue histoire cosmopolitique l'a constitué et auquel l'instruction publique a toujours voulu s'ordonner[4] (rappelons-nous qu'il s'agit précisément de lutter contre l'encyclopédisme et le formalisme !), mais les disciplines dites traditionnelles vont devoir faire de la place en s'allégeant et se contractant, en se réduisant en « champs disciplinaires », pour mieux communiquer entre elles peut-être et y perdre leur spécificité sans doute[5] ! On voudrait encore accentuer le déclin de la culture générale à l'école (et au-dehors) que l'on

1. Introduction du rapport.
2. « En outre, des spécialités sont apparues qui allient la science fondamentale et l'application technique (c'est le cas de l'informatique dans tous les ordres d'enseignement ou de la technologie au collège). Leur introduction dans l'enseignement ne peut être une simple addition : elle devrait avoir pour effet d'imposer à plus ou moins long terme une redéfinition des divisions de l'enseignement. »
Et plus loin, au sujet de « l'enseignement des langages » : « Englobant l'étude des usages du discours, oral ou écrit, et de l'image, il est placé à l'intersection de plusieurs spécialités : il suppose une bonne utilisation des matériels techniques ; il conduit à des relations avec des partenaires extérieurs (artistes, industries de l'image, etc.) et appelle la production autant que le commentaire. » Rapport Bourdieu-Gros, Principe V.
3. « L'informatique est une technique et une science autonome. Mais c'est également un outil d'enseignement permettant une meilleure individualisation de l'apprentissage, des situations pédagogiques nouvelles et le développement de capacités logiques et organisatrices. Elle peut être notamment mise au service des élèves qui courent un risque d'échec scolaire. Son développement à l'école, amorcé depuis 1970 et renforcé grâce au plan informatique pour tous, sera poursuivi et appuyé notamment par un effort de recherche pédagogique. » Loi d'orientation, rapport annexe, p. 21.
Faut-il rappeler qu'aucun bilan sérieux n'a jamais été fait des « expériences pédagogiques » d'enseignement assisté par ordinateur (E.A.O.) et donc que les vertus qu'on lui prête généreusement ici restent à démontrer ?
4. Ainsi Condorcet fonde le projet même d'instruction publique sur le système encyclopédique et architectonique de la philosophie, des sciences et des arts.
5. Voir notre I : le *discours psychopédagogique*, p. 171.

lisation, la compétence disciplinaire y soit relativisée eu égard à la compétence strictement pédagogique, interprétée comme étant d'ordre comportemental et même relationnel[1].

Une véritable « scienza nuova » prétend fonder tous ces discours et pratiques aujourd'hui dominants: les sciences de l'éducation, entées sur une psychologie et une sociologie comportementalistes qui se sont constituées au début du siècle en fonction des impératifs de la production et de la consommation industrielles de masse, et se réorganisent maintenant en référence à la télécommunication généralisée. Ne s'agit-il pas d'inscrire l'acte d'instruire lui-même, rebaptisé « activité pédagogique », dans le cadre plus global de « la gestion des ressources humaines », c'est-à-dire dans l'intégration de plus en plus poussée du « facteur humain » à la logique de la « nouvelle production » ou, comme certains le disent maintenant, de « la culture d'entreprise[2] ? » Ce qui se fait à l'école n'est déjà plus pensé qu'en termes de « formation initiale », qui devrait se fondre de plus en plus dans la formation continue en s'instruisant auprès d'elle de ses finalités et méthodes. Comme on sait que celles-ci sont de plus en plus asservies aux besoins des entreprises, il n'est pas nécessaire d'être grand devin pour augurer de l'avenir quasi immédiat de l'école[3].

1. Ainsi on peut lire dans le rapport de la « commission langues étrangères » travaillant au sein de la commission Bourdieu-Gros: « La deuxième compétence pourrait s'intituler "compétence comportementale": pour enseigner une langue, c'est-à-dire un outil de communication, le professeur doit être un professionnel de la communication sociale, un modèle d'aisance relationnelle » et plus loin: « Les concours de recrutement actuels ne remplissent que très imparfaitement leur rôle: poids excessif de la littérature, majoritairement non contemporaine, vérification de la maîtrise d'une unique langue de spécialité, celui de la dissertation et de l'explication de textes... »

2. Il est proprement navrant, et même effarant, de constater le succès grandissant actuellement en France des théories de l'« Ecole des relations humaines » de Chicago (E. Mayo, K. Lewin...), qui datent de plus de cinquante ans et dont le but avéré est d'intégrer le capital humain à l'organisation de l'entreprise pour mieux le rentabiliser! Aujourd'hui, on ne peut que s'attirer un grand succès de librairie en mettant cette « science » au service de la « rationalisation » de toutes les branches d'activité, comme cela est désormais à l'ordre du jour.

3. Le rapport de la commission éducation au Xe Plan ne craint pas, là encore, d'être on ne peut plus direct: « La formation continue n'est pas toujours à l'abri des échecs que peut connaître la formation initiale, surtout face à des publics de faible niveau. C'est sans doute parce qu'elle s'est trop inspirée du modèle scolaire et n'a pas fait d'effort d'adaptation nécessaire. A l'inverse, la formation initiale confrontée à des élèves qui refusent ses méthodes, pourrait tenter de transférer avec profit les

Cela nous en fait venir tout naturellement à ce qui constitue la condition de possibilité administrative d'une telle intégration économique et sociale de l'institution scolaire : ne faut-il pas se donner un instrument capable de mettre toutes ces nouveautés en œuvre et que peut-il être d'autre que l'établissement scolaire lui-même, alors constitué en véritable entreprise ?

Les écoles, collèges, lycées et facultés sont ainsi appelés à devenir « performants » et « concurrents » pour être « compétitifs », en administrant les choses et commandant les hommes comme savent si bien le faire les entreprises économiques[1]. Le point névralgique est bien sûr constitué ici par le cadre juridique qu'il faut régionaliser et même localiser, par le biais du renforcement des compétences du conseil d'administration, comme nous l'avons déjà indiqué, ce qui pourrait aller jusqu'à l'élection d'un administrateur civil à la tête de ce qui serait alors le véritable gouvernement de l'établissement[2].

Outre le risque, qu'il faut ici rappeler, de déchirement du tissu scolaire et d'asservissement de l'enseignement aux rapports conflictuels et changeants des forces locales, il est urgent de tenir que l'on ne « mène » pas une classe d'élèves ou un établissement scolaires comme on « gère » des groupes d'hommes qui produisent, échangent et consomment des biens et services matériels ou les images et symboles qui leur servent désormais de simulacres ! L'administration scolaire ne saurait avoir les yeux rivés sur ce qui se fait en dehors d'elle pour l'imiter servilement, mais

méthodes novatrices de l'apprentissage et de la formation continue qui réussissent avec ces publics », p. 26, et plus loin : « Le système français de formation continue des salariés fondé en 1971 sur des bases non exemptes d'ambiguïté — référence à la notion d'éducation permanente, rôle du paritarisme, liberté importante laissée à l'entreprise — a longtemps hésité entre une orientation sociale et une orientation économique. Depuis quelques années il est de plus en plus mis au service des objectifs et des stratégies des entreprises », p. 47.

1. Alain Touraine déclare qu'il est maintenant nécessaire « surtout de gérer l'organisation universitaire comme une entreprise, publique ou privée, soumise à la recherche de l'efficacité et à la concurrence » « Ouest-France » du 11/01/90.

2. « Cependant, toujours pour les lycées et les collèges, la règle qui fait du chef d'établissement le président du conseil d'administration ne paraît pas de nature à favoriser un fonctionnement à la fois clair et démocratique (...). Un président extérieur à l'équipe éducative est un gage d'ouverture. Le directeur de l'établissement devient ainsi l'exécutif et cela fait disparaître une confusion des rôles qui pousse souvent à l'autojustification et peut conduire à une attitude passive les partenaires extérieurs. » Rapport de la commission éducation au Xe Plan, p. 49.

elle doit être centrée sur ce qui est ici l'essentiel et qui se trouve en elle, c'est-à-dire réunir toutes les conditions matérielles et morales pour que professeurs et élèves aient le loisir de s'adonner à l'acte d'instruction. Comment cela sera-t-il possible quand le « partenariat », le « jumelage » et l'« alternance » généralisés ne cesseront de distraire les uns et les autres de cette finalité essentielle ?

Si le mérite d'une entreprise industrielle ou commerciale est sans doute de produire et de vendre des biens et services, celui d'un mass-media d'informer ou de « communiquer des messages », il est certain que la vertu propre de l'école est de cultiver les esprits et donc que le mérite d'un élève est d'apprendre et celui d'un professeur d'instruire selon l'ordre des raisons[1].

Pense-t-on vraiment que c'est en soumettant ainsi toutes les formations à la professionnalisation et les établissements scolaires à la loi du marché que l'on vaincra l'échec scolaire, véritable fléau dont — comme pour les autres maux évoqués par les réformateurs actuels — les véritables tenants et aboutissants ne sont jamais analysés ? Pour se faire une idée plus exacte du drame profond qui frappe tant d'hommes aujourd'hui, jeunes et moins jeunes, et qui est d'ordre intellectuel et moral encore plus qu'économique et social, ne serait-il pas temps, enfin, de faire porter la critique aussi sur la sacro-sainte « demande » économique et sociale en cessant de la réserver à la seule « offre » scolaire ? C'est à ce seul prix que l'évocation de l'échec scolaire perdra, en notre pays, son caractère mythique, quasi totalitaire et terroriste puisqu'elle fonctionne tout à la fois comme chef d'inculpation et motif de condamnation sans appel d'une école alors désignée comme bouc émissaire, sans que le procès ait même été instruit !

1. Ce n'est donc pas l'évaluation de leur mérite personnel que les professeurs rejettent mais bien sa perversion instrumentale et communicationnelle qui ne saurait que dénaturer leur métier et donc à terme le dévaloriser, matériellement bien sûr mais aussi et surtout moralement. A cet égard, le texte de la loi est clair qui parle de cette évaluation en termes de référence au reste de l'établissement :
« L'appréciation individuelle de chaque enseignant est replacée dans le cadre plus général de l'établissement. » Rapport annexe, p. 27.
Rappelons fermement ici qu'instruire de l'universel et du nécessaire ne saurait, en aucun cas, se réduire à l'application d'une politique, qu'elle soit nationale, régionale ou même locale (jusqu'où les professeurs dépendront-ils du projet pédagogique de leur établissement ?).

Là encore, faudrait-il abandonner comme dépassée la distinction principielle lentement et difficilement conquise par l'esprit humain, et théorisée par l'essentiel de la tradition philosophique, entre deux genres de vie : l'un qui est entièrement dominé par le souci de la conservation de soi et donc soumis au principe de nécessité qui contraint à redoubler indéfiniment l'asservissement aux façons de produire, de se comporter, de commander et de croire qui caractérisent le moment ; l'autre qui s'ordonne de façon désintéressée à un monde de principes rationnellement conçus et dont la connaissance et le respect désinscrivent l'homme de la « caserne de l'actualité », pour lui permettre de s'établir, à terme, selon le principe de liberté ?

On sait que les critiques généalogiques modernes et postmodernes — qu'elles soient philosophiques ou empiriques — ont tenté de brouiller cette distinction en réduisant toute prétention à la validité à l'expression d'une volonté de puissance dissimulée, faisant ainsi porter le soupçon sur les formes culturelles et les institutions qui tâchent d'en maintenir le souvenir, comme l'école essentiellement. Il serait grand temps de se demander si ces théories sont vraiment plus éclairantes qu'obscurcissantes, plus libératrices qu'aliénantes.

Faut-il rappeler que le geste proprement idéaliste qui est à l'origine et au fondement communs de l'Europe, de la philosophie et de l'école n'est aucunement ignorant de la finitude humaine puisque son programme consiste précisément à rendre ce monde toujours plus habitable en le jugeant et le réformant en référence à des Idées qui en reculent sans cesse l'horizon ? Platon ne fait-il pas redescendre dans la caverne des opinions le prisonnier qui en a été délivré, symbolisant par là le devoir de témoigner de la vérité en vue d'établir la justice ?

Ne serait-il pas temps, aussi, que notre école prenne enfin le tout de l'homme au sérieux, en en cultivant de façon distincte et hiérarchiquement articulée toutes les dispositions, à l'habileté (disposition technique) et au bonheur (disposition pragmatique) bien sûr, mais aussi et surtout à la vérité et à la liberté (dispositions intellectuelle et morale), ce qui nécessite que les formations techniques et scientifiques — au sens restreint du terme — soient de nouveau subsumées sous une véritable culture historique, esthétique et philosophique ?

N'est-ce pas à la seule aune d'un tel programme que l'on devrait se demander ce que peut bien signifier exactement l'échec scolaire, qu'il faut d'urgence se donner les moyens de combattre, moyens qui ne sont pas moins intellectuels que matériels ?

N'est-ce pas en référence à cet idéal que l'on devrait aussi évaluer une vie d'homme réussie ?

Conclusion

Peut-on vraiment prendre au sérieux tous les discours qui annoncent aujourd'hui la fin de la société de production et l'entrée dans l'ère de la communication (ou, autrement baptisée, « postindustrielle », « postmoderne » et même, tout récemment, « posthistorique »), comme si celle-ci était libérée et, surtout, libérait de celle-là ? N'assistons-nous pas bien plutôt au triomphe de l'intérêt technique pour la puissance sur l'intérêt pragmatique pour le sens, qui pour sa part semble s'être déjà annexé l'intérêt théorique pour la vérité ? L'impératif technique n'est-il pas ainsi en passe de devenir l'impératif catégorique de notre temps, si l'on peut encore parler d'impératif pour un système qui tend de façon de plus en plus immanente à son propre maintien par le biais de l'intégration et de la réduction de tout ce qui menace de le subvertir ? Si c'est bien cela qui est en train de se produire, les jours d'une école digne de ce nom sont comptés.

Ce qui est certain, en tout cas, c'est que les trois discours qui sont au fondement de la réforme actuelle de l'école se conjuguent, pour appeler celle-ci à l'ouverture sur le monde fermé de la reproduction empirique du même (qui peut bien se présenter sous la couleur du toujours nouveau) en la fermant au monde ouvert par la recherche désintéressée de la vérité et de la justice et qui ne saurait, sans risque majeur pour l'humanité, être asservi au premier.

Plus précisément, les discours psychopédagogique et socio-démocratique semblent bien révéler tout en la masquant la priorité du discours techno-scientifique, même s'ils ne peuvent s'y réduire tout à fait. En effet, « l'enfant épanoui » sur lequel l'école devrait se régler, n'est-il pas le plus souvent celui qui épouse les évidences préférées de son temps en lui renvoyant, comme en un miroir grossissant, une complaisante image de soi ? Cette insertion quasi spontanée dans le sens communautaire, qui prétend ici se constituer en juge de ce qui vaut, ne prédispose-t-elle pas tout naturellement à l'intégration dans l'ordre des choses économiques, sociales, politiques et symboliques tel qu'il est, sans qu'aucune exigence véritablement critique n'ait plus la moindre chance non pas tant de l'ébranler que de simplement s'y faire entendre ?

Est-il besoin de préciser ici qu'il ne s'agit pas de méconnaître la validité de l'action instrumentale et de l'activité communicationnelle quand elles sont réduites à leur genre et remises à leur place ? Ce qu'il faut critiquer c'est leur prétention à l'universalité, qui ne se soutient que de leur inféodation au modèle objectiviste d'une rationalité qui a pour ambition de se défaire de la tutelle de la raison réflexive comme si celle-ci avait épuisé toute sa vertu d'éclairement et de libération.

En particulier, n'est-il pas clair dorénavant que toute critique empirique des aspects aliénants de l'école de fait — alors dénoncée, concurremment et concouramment, comme « instrument castrateur », « appareil idéologique » et « organisation archaïque » qui ne se fonde pas sur une adhésion principielle à l'Idée émancipatrice de celle-ci, telle qu'est parvenue à la porter à la conscience de soi la tradition philosophique réflexive précisément — ne peut qu'œuvrer à la confusion et amener la disparition d'une telle institution ? Ce n'est pas alors son « tournant communicationnel » qui pourra la sauver s'il est lui-même soumis à un impératif technique qui domine désormais sans partage.

Est-il besoin aussi d'ajouter qu'il ne s'agit nullement ici de réclamer le maintien du statu quo pour une école déjà bien malmenée, et encore moins d'en appeler à la restauration d'un illusoire âge d'or de l'institution républicaine qui a toujours eu — et aura toujours, car cela est dans son essence même — à combattre pour s'établir dans les faits comme pour faire reconnaître ses véritables idéaux ?

Il est tout simplement urgent de retrouver le chemin de la pensée critique, tout spécialement à l'égard d'une société qui se prétend dorénavant bien constituée et aspire à la reconnaissance consensuelle au nom de la démocratie. Il ne peut être que salutaire qu'on lui rappelle les principes fondateurs de l'école qui se trouve être à la fois le fondement et l'expression essentiels de la République, au moment où la tapageuse et satisfaite proclamation de la mort des idéologies pourrait bien signifier tout simplement la fin de non-recevoir opposée à des idées qui déplaisent.

Nous voulons seulement croire que les choses ne sont pas jouées, que les dés ne sont pas jetés, et qu'un sursaut de l'esprit indissolublement réflexif et républicain est encore possible, ne serait-ce que pour ne pas trahir les idéaux qu'invoquent les peuples en quête d'émancipation. Tout professeur qui veut encore, modestement mais résolument, prendre quelque part — rien que la sienne, mais aussi toute la sienne — à cette histoire de plus en plus cosmopolitique, ne peut que partager la conception d'Hannah Arendt selon laquelle le véritable éducateur doit être culturellement conservateur pour être politiquement progressiste : nous tâcherons de faire de cette belle pensée, en quelque sorte, notre morale définitive.

Sept antithèses pour un enseignement de qualité

(En réponse aux extraits du rapport Bourdieu-Gros publiés dans « Le Monde » du 09/ 03/ 89 sous le titre : *Sept principes pour réformer les programmes)*

1. Quels savoirs ?

— « L'introduction des *nouveaux savoirs* », essentiellement les techniques de l'informatique (cf. C 4[1]) et de la communication (cf. C 5), sous prétexte d'adaptation au monde moderne (« imposés par les avancées de la connaissance et les changements économiques, techniques et sociaux » cf. C 1)

1. La lettre « C » suivie d'un chiffre (1, 2, 3, 4, 5, 6) indique la colonne concernée de la page 30 du « Monde » du 09/03/89.

— ne saurait en aucun cas transformer de fond en comble *le système à la fois encyclopédique et architectonique des disciplines ou spécialités* constituées selon leurs contenu et forme propres en une longue histoire qui n'est pas seulement économique et sociale (encore moins nationale) mais aussi et surtout intellectuelle et donc cosmopolitique,

— quelle que soit, par ailleurs, la nécessité de repenser à terme.
   — la distinction et l'articulation, en chaque discipline, entre les parties principielles, fondamentales —, le noyau dur à conserver —, et les parties dérivées, secondaires, à alléger, et

— la progression selon laquelle les savoirs disciplinaires doivent être transmis aux élèves en un tronc à la fois commun et diversifié (en prenant garde ici à l'introduction sans principe véritablement intellectuel d'*enseignements « optionnels ou facultatifs »* au nom d'une « liberté de choix » mal comprise — cf. « contrats de formation » —, alors que le savoir ne peut constituer l'objet d'une option vraiment libre qu'autant qu'elle est éclairée par l'obligation qui est faite à tout esprit de s'introduire, c'est-à-dire de passer de l'ignorance à la connaissance ; ce qui est d'autant plus vrai que les contenus enseignés sont plus exigeants et ne peuvent apparaître comme immédiatement « intéressants »).

2. *Une technologie générale des langages*, ou instruments d'expression et de communication (cf. C 5 « l'enseignement des langages »), ne saurait encore moins tenir lieu des savoirs fondamentaux.

Ceux-ci sont à la fois les plus élémentaires et les plus architectoniques parce que les plus formels et abstraits et qu'ils permettent précisément d'apprendre les autres savoirs et, surtout, à l'esprit qui s'y confronte de se libérer de la tyrannie de l'ici et du maintenant, de s'arracher à sa particularité empirique pour la surplomber et la juger du point de vue de l'universel. Constitués selon un contenu et une rigueur propres qui sont porteurs de *la question du sens et de la vérité*, ils soustraient celui à qui ils s'adressent à la fascination que son environnement — surtout informant et communiquant ! — exerce sur lui.

Ils ne sauraient donc être confondus avec une technologie des langages qui, par essence, fait primer la forme du « message » sur son fond, la façon dont les choses sont dites sur ce qui est proprement dit, le « signifiant » sur le « signifié », et donc annule du même coup, comme si elle était obsolète, l'interrogation sur le sens et surtout la vérité (le bon sens) de ce qui est ainsi transmis et « appris ».

L'école n'aurait-elle plus pour essence et fonction d'éveiller à cette interrogation essentielle en élaborant (à l'Université), conservant et transmettant les savoirs fondamentaux véritablement réflexifs ?

3. Quelles méthodes ?

La formation véritablement critique du jugement (cf. C 2) ne peut s'opérer que selon une analyse réflexive rigoureuse des savoirs fondamentaux. Seul est vraiment libérateur car véridique *un apprentissage élémentaire*, c'est-à-dire qui s'effectue dans le respect de la spécificité de chacune des parties du contenu enseigné et des principes selon lesquels celles-ci se composent en une totalité significative. C'est par sa confrontation analytique, lente et laborieuse, à des disciplines solidement et indépendamment constituées comme telles, chacune en son genre, que l'esprit humain se forme en se libérant des premières synthèses confuses qui l'ankylosent pour en venir à des synthèses secondes dont il possède la loi de construction.

L'esprit ne saurait s'éveiller à lui-même par « l'imprégnation active » de « modes différents de la pensée » en situations d'apprentissage instituées et évaluées en fonction de la « mise en œuvre » pratique des « connaissances » transmises et acquises. A insister prioritairement, sinon encore exclusivement, sur cette *contextualité technique*, selon le primat déclaré du « sens pratique » sur la maîtrise proprement conceptuelle et au nom de la « créativité » et de « l'esprit d'invention », ne risque-t-on pas de rabattre la nature et la logique de l'apprentissage des savoirs sur celles des savoir-faire et faire-savoir (cf. la référence directe à l'exercice pratique » et à la « discussion » ! C 2) ?

Comment ne pas voir qu'une telle conception « pédagogique » s'appuie sur une référence sans partage à *l'état de fait de la société* réduite pour les besoins de la cause à sa plus simple expression économique, technique et médiatique ? (cf. C 1 et C 6).

4. La situation propre à *l'instruction* est celle du *cours spécialisé, disciplinaire*, le face-à-face d'un professeur et de ses élèves qui doivent bénéficier d'un temps et d'un lieu distincts — l'école et la classe — leur offrant les conditions matérielles (pas plus de vingt-cinq élèves, entre autres !) et symboliques (le loisir) d'un véritable travail intellectuel, le professeur tâchant d'adapter ses élèves (et non le contraire !), empiriquement différents, à la teneur et à la rigueur du savoir et de la réflexion qu'il a à charge de leur faire partager.
Une telle exigence ne saurait être réalisée — ni même poursuivie ! — dans des situations d'« enseignements collectifs », ou « en commun », dans lesquelles plusieurs professeurs auraient affaire conjointement à des groupes d'élèves élargis (jusqu'à quel nombre ?), selon une conception fausse et confuse du travail intellectuel et de l'interdisciplinarité. Celle-ci ne vaut que ce que valent les disciplinarités qui la constituent et ne peut, au mieux, convenir qu'à des chercheurs déjà bien avancés dans leurs disciplines respectives dont ils n'aperçoivent eux-mêmes que difficilement l'interconnexion complexe des objets, des méthodes et des résultats, alors que les esprits commençants doivent commencer par... le commencement ! Cela ne signifie aucunement que des rapports ne puissent être établis entre les différentes disciplines intellectuelles et pratiques ; mais n'est-ce pas la fonction propre de certains savoirs architectoniques déjà enseignés (comme, par exemple et à des égards différents, l'histoire et la philosophie dont on sait la part de plus en plus restreinte qui leur est faite) ?

5. Quelle école pour quelle humanité ?

On ne saurait « concilier » (!) universalisme et relativisme au nom de la nécessaire attention à prêter « à la pluralité des modes de vie et des traditions culturelles » (C 6) sans tomber dans *le confusionnisme intellectuel* et *la guerre des différences* (en une référence d'autant plus sans principe qu'elle paraît généreuse au fameux « droit à la différence » et dans l'oubli pur et simple de l'*esprit des Lumières* qui constitue moins une *époque historique* que *l'essence même* de la réflexion libératrice car critique).

L'universel — qui n'est pas que « scientifique » au sens restreint du terme, anglo-saxon précisément — et le relatif doivent être rigoureusement distingués et correctement articulés : le second doit être subsumé sous le premier, de façon critique certes, et non pas ou plus dogmatique. En effet, comment oublier que l'humanité et l'école actuelle, selon leur conception moderne (au moins en Europe), sont issues de la « *crise grecque* », de la rupture du peuple grec des VII-Ve siècle avant Jésus-Christ avec la prétention à l'universalité du mode d'intelligibilité mythico-religieux fondant des pensées et des actes collectifs et coercitifs solidifiés en idéologies et traditions en tout genre, se présentant comme universelles et nécessaires alors qu'elles ne sont que particulières et contingentes ?

L'universalité et la nécessité caractérisent moins ici la possession d'une vérité et d'un bien désormais prétendus absolus — ce qui serait pour le moins incohérent ! — que le mouvement même de la prise de conscience de soi qui travaille de l'intérieur toute activité théorique et pratique de l'humanité dès qu'elle refuse de se laisser enliser dans la particularité et la contingence pour s'inquiéter de la constitution d'un espace intersubjectif, cosmopolitique, de dialogue qui fasse droit aux excellences respectives des différentes civilisations.

L'école ne devrait-elle plus être dispensatrice d'une telle Idée humaniste ?

6. C'est précisément pourquoi on ne saurait, non plus, — au nom de la nécessaire introduction à l'école de formations techniques vraiment qualifiantes — « réduire » *l'opposition rectrice « entre le théorique et le technique*, entre le formel et le concret, entre le pur et l'appliqué » (cf. C 6), puisque le véritable travail intellectuel, et donc *la formation même de l'esprit*, ne se soutiennent que de cette tension perpétuelle entre le particulier et le contingent, ou l'empirique, d'une part, et l'universel et le néces-

saire, le transcendantal, d'autre part. On ne peut donc « réintégrer la technique à l'intérieur même des enseignements fondamentaux » sans méconnaître le propre de savoirs qui ne se sont constitués, et ne continuent de se constituer comme tels, que par un mouvement croissant et complexe d'abstraction, ce qui leur permet, le moment venu et dans des circonstances précises, de s'appliquer sous forme de techniques efficaces, le premier moment fondant le second. En ce sens, *seule l'abstraction est véritablement libératrice*, tant au commencement qu'au terme — s'il en est un ! — de l'instruction.

C'est pourquoi *une école vraiment libératrice* doit prendre le tout de l'homme au sérieux, en en cultivant de façon distincte et hiérarchiquement articulée toutes les dispositions, à l'habileté (disposition technique) et au bonheur (disposition pragmatique) bien sûr, mais aussi et surtout à la vérité et à la liberté (dispositions intellectuelle et morale), ce qui nécessite que les formations techniques et scientifiques — au sens restreint du terme — soient subsumées sous *une véritable culture historique, esthétique et philosophique* et donc que cessent d'être méprisées les disciplines que l'on regroupait naguère encore sous le nom d'Humanités.

7. A cet égard, au nom du dépassement d'une théorie et d'une pratique des Humanités déclarées figées et désuètes, ce qui s'affiche désormais sans ambages, n'est-ce pas.

— *une conception économiste et technocratique*, non seulement de l'école (considérée comme simple reflet et servante de l'état de fait de la société), mais aussi de l'homme et du monde,
— dont les deux versants complémentaires seraient un formalisme vide (cf. méthodologisme, technologie générale des langages) et le réalisme le plus plat (cf. « l'histoire des idées, des sciences ou des techniques » C 6), le second révélant la vérité du premier en un *relativisme historiciste* triomphant dorénavant sans partage ?

Dans ces conditions, que deviennent les exigences proprement humanistes d'*éveil à la question du sens et au problème de la vérité* par le biais d'un langage qui ne soit pas instrumental, selon une rationalité qui ne soit pas qu'opérante et calculante, mais par la vertu d'*une parole réfléchie*, selon *la rationalité méditante* qui réveille chacun et tous à l'obligation de se constituer comme homme libre car véridique, sachant bonifier son inscription de fait, particulière, dans le monde naturel et social, de la référence exigeante et rigoureuse à l'universel ?

L'école et l'humanité auraient-elles désormais perdu cette Idée d'elles-mêmes qui les constitue comme telles depuis l'origine et le fondement communs de l'Europe, de l'école et de la philosophie ?

JOËL GAUBERT*

* Professeur de philosophie Lycée Clemenceau de Nantes.

CORRESPONDANCE

Le signe qui tue

CATHERINE CLÉMENT

Chanderi, octobre 1989. Une procession hindoue passe dans la partie musulmane du village et bouscule les habitants. Deux cents d'entre eux se réfugient dans une maison en dur, la « belle » et grande maison de l'employé du collège agricole. Un major de l'armée indienne vient vérifier, le soir venu, que ces musulmans sont bien en sécurité. Ils y sont. Mais quand le major reviendra les voir à l'aube, il n'y aura plus ni maison ni musulmans. Tous, à l'exception d'une petite fille qui a pu sauter dans une mare, sont morts. La petite Malika aura eu le pied coupé.

Des hindous attaquent des musulmans ; des sikhs attaquent les hindous, qui attaquent les sikhs ; ceux de la caste d'en haut attaquent ceux d'en bas, ceux d'en bas tuent ceux d'en haut, juste au-dessus d'eux, Intouchables contre Intouchables. En Inde, cela s'appelle « communalisme » ; ce mot spécifique recouvre ce qu'on n'ose peut-être pas appeler des guerres de religion. Mais lorsque cela dure depuis près d'un demi-siècle, pourquoi éviter le mot guerre ? Elle est civile, mais c'est la guerre ; elle s'accroche aux religions. C'est-à-dire à leurs signes. Et cela n'a rien de spécifique : cela est universel. Le « communalisme » indien, contre lequel le Mahatma Gandhi s'est battu toute sa vie, n'est rien d'autre qu'une accumulation extravagante de multiples guerres de religion.

Mais comment s'y retrouvent-ils ? Comment font-ils pour tuer, sans se tromper, cette catégorie d'autres, celle-ci précisément, et pas celle d'à côté ? Par quelle science de l'émeute sont-ils capables de discerner les bons à tuer du jour, ou de la nuit ? L'étranger qui arrive en Inde parvient en quelques heures à identifier un sikh : barbe entière, parfois prise dans une résille, turban aux beaux plis ; mais sitôt cette perception établie, la voici vite déstabilisée, puisqu'un hindou du Rajasthan peut arborer aussi et la barbe et le turban. Il faudra des mois d'observation pour apprendre à identifier ce qu'un Indien reconnaît au premier coup d'œil : le bracelet de fer au poignet de tout sikh quel qu'il soit, la robe musulmane, l'absence de point rouge au milieu du front pour les dames non hindoues — et qui donc peuvent être encore sikhs, chrétiennes, parsies, ou juives. Le concept d'indien n'existe pas vraiment en Inde : chacun a « son » Inde natale ; et si l'image de « Mother India » est toute-puissante, nourrissant toutes les appartenances d'un lait généreux et cruel, elle laisse toute sa place à une sémiologie fine des différences.

L'Inde est en effet une république démocratique et laïque que l'on dit là-bas, « sécularisiste » ; toutes les religions ont le droit de se faire remarquer à l'école. Le petit sikh va en classe avec, sur le sommet du crâne, un chignon enserré dans un voile et noué d'un cordon ; le petit musulman porte la coiffe à l'arrière de la tête ; la laïcité est à peu près celle dont pourraient rêver ceux qui, en France, cherchent à élargir le vieux concept du XIXe siècle et à l'adapter à une France frileuse, peureuse, à tendances massivement racistes. C'est une vraie tolérance, foulards et chignons bien en place. Fort bien. En effet l'Inde offre une prodigieuse diversité d'ethnies et de cultures, de religions et de sectes ; c'est la vie même.

Pourtant, lorsque la violence se déchaîne, c'est aux signes qu'elle s'en prend d'abord. Et c'est à bon droit que l'on accuse la violence d'être aveugle : car l'on tue de travers parfois ; l'on se trompe de signe, l'on en démontre l'effrayante absurdité, et la vulnérabilité. Un Français débarque à New Delhi pendant la nuit du massacre des sikhs en 1984, au lendemain de l'assassinat d'Indira Gandhi ; pour son malheur il porte une barbe noire. Il n'échappera au lynchage que par miracle, en montrant son passeport contre la vitre du taxi à laquelle la foule commence à mettre le feu. Cette nuit-là trois mille sikhs furent massacrés ; et si le Français en réchappa, c'est qu'il put produire un autre signe neutralisant les autres. Depuis 1984 les annonces matrimoniales des journaux du dimanche comportent des précisions hallucinantes, à elles seules révélatrices de la barbarie des signes : « Jeune sikh, *fraîchement rasé*, vingt-cinq ans, riche, etc. » Pour être mariable il faut prouver la barbe disparue ; ainsi, et ainsi seulement, croit-on, le danger aura disparu. Mais non : car ceux-là, les « fraîchement rasés », peuvent à tout moment devenir la cible des « vrais » sikhs, ceux qui fièrement gardent la barbe conformément aux lois du sikhisme. Soyez barbu, vous serez massacré ; ne le soyez plus, vous le serez aussi... En Inde, depuis 1984, la barbe peut devenir un signe meurtrier.

Je ne vois aucun signe religieux capable d'échapper à la règle de la violence. Aucun qui ne soit potentiellement porteur d'un marquage pour futurs émeutiers. Le communalisme est un fléau hideux ; c'est pour le combattre que le Mahatma Gandhi portait toujours sur lui le Coran, la Bible et la Gîta ; c'est encore pour le combattre qu'il entreprit des « jeûnes à mort », et les fanatiques à la fin fondaient en larmes, et s'arrêtaient. Mais c'est un hindou intégriste, grand haïsseur de musulman, qui finit par l'assassiner malgré tout. C'était trois ans après que l'humanité eut découvert Auschwitz ; trois ans après la fin de la sémiologie génocidaire nazie. La leçon que l'on croyait donnée commençait à peine ; et le monde entier ne comprend toujours pas que là où il y a signe, cela tue.

CATHERINE CLÉMENT

Le Maître

Ils disent que ma musique est angélique.
Que lorsque le Prince l'écoute
Son visage, caché, s'adoucit.
Avec un mendiant alors il partagerait le pouvoir.
L'éventail des dames de cour est immobile.
Le contact du satin n'amène pas de pensées immodestes
[et douces,
Et absents, comme en un précipice, gèlent leurs genoux
[sous la robe.

Chacun a entendu dans la cathédrale ma Missa Solemnis.
De la gorge des jeunes filles de Sainte Cécile
J'ai fait moi un instrument qui nous élève
Au-dessus de ce que nous sommes. Je sais
Faire qu'hommes et femmes
Perdent la mémoire d'une longue vie
Et que dans les fumées de la nef ils soient rendus
Aux matins de l'enfance quand la goutte de rosée
Et le cri des montagnes étaient la vérité du monde.

Appuyé sur ma canne au soleil couchant
Je puis être semblable au jardinier

Chanson

Quelle que soit la douleur, viendra plus de douleur.
La nuit est noire, elle sera plus noire.
Heureux, ayant vécu, qui partirent à l'heure.
Toi ne mets pas en l'humain trop d'espoir.

Le destin était droit, il sera tortueux.
Crains que l'eau pure empoisonnée devienne.
Qui est intelligent, il sera malheureux.
A l'idiot le bonheur comme une peine.

L'étoile monte et aussitôt décline.
En attendant les années s'en vont vaines.
Ce qui est tombé s'en ira en ruine.
Amère sera la beauté humaine.

1980

traduit par François Piel

Marie-Madeleine et moi

Les sept esprits impurs de Marie-Madeleine
Chassés d'elle par la prière du Maître
S'élèvent dans les airs en vol de chauve-souris,
Tandis qu'elle, une jambe relevée,
L'autre pliée sous le genou, reste assise absorbée
Par la vue de son gros orteil et la courroie de sa sandale
Comme si elle voyait pour la première fois une telle
[merveille.
Ses cheveux châtains se déroulent en boucles
Et recouvrent ses épaules, fortes, viriles presque,
Se posant sur son bras dans la robe bleu sombre
Sous laquelle éclaire sa nudité.
Le visage est un peu lourd, le cou annonçant
Une voix mate, basse et comme enrouée,
Mais elle ne dira rien. Pour toujours entre
L'élément de la chair et un autre élément
L'espérance, elle restera ainsi, et au coin du tableau
Les initiales du peintre qui la désira.

1985

traduit par François Piel

Le crâne

Devant Marie-Madeleine blanchoie dans la pénombre
Un crâne, la bougie s'éteint. Lequel de ses amants
Est cet os desséché, elle ne cherche pas à deviner,
Elle reste ainsi, pensive un siècle et puis un autre.
Le sable dort dans le sablier, car elle a vu
Et senti sur son bras le toucher de Sa main
Alors qu'à l'aube elle s'écria : « Rabboni ! »
Et moi je recueille les rêves de ce crâne,
Car c'est moi qui suis cela, violent
Eperdu d'amour, souffrant dans les jardins
Sous la fenêtre sombre, incertain si pour moi
Et pour personne d'autre le secret de sa volupté.
L'ivresse, les serments. Elle s'en souvient peu.
Et seul cet instant dure, irrévocable,
Quand elle était déjà presque de l'autre côté.

1985

traduit par François Piel

L'INTERMINABLE ÉCRITURE DE L'EXTERMINATION

Comme des moutons à l'abattoir...

BÉATRICE BERLOWITZ

> *« Le secret de l'immortalité de la bonté est dans son impuissance. »*
>
> Vassili Grossmann

Le livre de Hannah Arendt, *Eichmann à Jérusalem*, a provoqué, lors de sa parution aux Etats-Unis, puis en Europe, un scandale assez considérable. A l'origine de ce scandale se trouve en particulier la critique âpre menée par Hannah Arendt contre la politique des organisations et des responsables des communautés juives d'Europe. Mon intention n'est pas de revenir sur ce débat et les nombreuses controverses qu'il a suscitées. Je ne l'évoque que pour rappeler deux éléments significatifs. Le premier, c'est que l'analyse qui conduit Hannah Arendt à accuser les responsables communautaires d'avoir en quelque sorte collaboré avec les nazis à l'extermination des juifs repose en grande partie sur le livre de Raul Hilberg *La destruction des juifs d'Europe*, qui était paru aux Etats-Unis tout de suite après le procès d'Eichmann. Le second élément, c'est que Hannah Arendt rapporte par deux fois dans son livre la question que le procureur de Jérusalem n'a cessé de poser aux victimes venues témoigner lors du procès d'Eichmann : « Pourquoi vous êtes-vous laissé faire sans résister ? » Hannah Arendt, que l'on ne peut certes pas soupçonner de tendresse excessive envers « son peuple », n'hésite pas à qualifier cette question de « bête et cruelle ».

§

La destruction des juifs d'Europe est paru en France en mai 1988. Loin de déchaîner les mêmes passions qu'*Eichmann à Jérusalem*, le livre de Hilberg a été accueilli avec un enthousiasme quasi unanime — à l'exception toutefois d'un article

« Une troisième méthode connue sous le nom de “système des boîtes de sardines à l'huile” consistait à faire s'étendre la première fournée au fond de la fosse, puis à la fusiller d'en haut par des tirs croisés ; après quoi les suivants se couchaient à leur tour, la tête sur les pieds des morts. A la cinquième ou sixième couche, on recouvrait la tombe », Hilberg enchaîne par cette phrase : « Il est significatif que les juifs se soient laissé tuer sans résistance. » On découvre donc en l'espace de neuf lignes un échantillon exemplaire de l'incroyable cécité de Hilberg à son propre texte. Mais il y a, si l'on peut dire, mieux encore. Il écrit à la page 272 : « Les juifs de Russie étaient d'autant moins vigilants que la presse et la radio soviétiques avaient lu ce qui se passait au-delà des frontières. Ils ne savaient rien de ce que d'autres subissaient en Europe allemande : dans le cadre de la politique d'apaisement, les organes d'information officiels avaient pris soin de garder le silence sur l'action de destruction menée par les nazis. » Puis il ajoute quatorze lignes plus loin : « Ainsi ceux qui se retrouvèrent captifs des Allemands représentaient l'élément le plus vulnérable de la communauté. C'étaient les vieillards, les femmes, les enfants, tous les faibles qui, au moment décisif, n'avaient pas écouté les mises en garde soviétiques. » Autrement dit, les Soviétiques cachaient aux juifs le caractère inéluctable de leur extermination par les nazis, cependant que les juifs refusaient d'écouter les mises en garde soviétiques. Une aussi grave inconséquence n'est pas un accident méthodologique, elle témoigne d'une sorte de désinvolture à la fois logique et éthique, qui défait, énigmatiquement, la trame de ce livre. Le lecteur en est d'autant plus affecté que le défaut d'exigence qui éclate dans ce passage du récit à l'analyse historique reconduit, contre le gré de Hilberg, la solitude aphasique des survivants. C'est pourquoi il importe de s'y arrêter.

§

Voici donc un historien qui a brassé pendant quarante ans les archives de l'horreur et constitué des milliers de fiches. Un tel travail, il convient de le rappeler, représente aussi, à sa manière méticuleuse et austère, un monument de piété. Et on ne rendra jamais assez hommage à Hilberg d'avoir mis en œuvre, pour atteindre, décrire et analyser ce non-monde issu de la pratique nazie, les procédures les plus exigeantes de la méthode historique. Il faut lui savoir gré d'avoir fait en sorte que l'histoire de la catastrophe juive puisse s'autoriser de la plus rigoureuse scientificité, au même titre que toute histoire. Mais autre chose est d'avoir voulu faire de cette catastrophe un objet d'investigation comme les autres, autre chose est d'avoir toléré dans le raisonnement historique le plus aigu l'irruption du conformisme idéologique le plus rabâché. Car on doit se demander en effet si la pratique historienne n'aurait pas dû, en vertu d'une rigueur plus méditée, et à des moments qui ne menacent pas la construction scientifique, se laisser fissurer par cela même dont elle faisait l'étude. Son travail aurait ainsi pu conduire Hilberg hors du registre apaisé d'une enquête menée à son terme. Il aurait dû se laisser précipiter dans le gouffre que sa recherche patiente a permis d'entrouvrir. La science se serait mise au service de la perte de connaissance et cette syncope savante aurait enfin marqué la caducité d'une alternative ressassée : *ou* le pathos de la mémoire juive déchaînée *ou* l'impavidité de la science historique stoïquement déprise de son objet — comme si le vrai n'était lui-même que sous le scalpel du savant et ne se déposait jamais dans le cœur affolé d'un homme. N'était-ce pas l'occasion pourtant de nous introduire à un savoir vulnérable à son objet, de nous proposer une nouvelle objectivité, celle qui ménagerait la part d'une subjectivité effrayée ? Le relevé de l'enfer auquel est parvenu Hilberg dans ce livre unique aurait dû le vouer à donner statut à l'effroi, à un effroi nourri, entretenu par la science et qui aurait fondé la règle d'une plus profonde et plus inquiète clairvoyance. Or tout se passe comme si Hilberg, pris dans les glaces de son implacable démonstration des mécanismes meurtriers avait cessé d'entendre la plainte nocturne qui irrigue de son questionnement infini les explications de l'histoire. Le sacrifice de ce résidu inexplicable — comme s'il n'était qu'un îlot d'ineffable à détruire et que c'était là le prix à payer pour l'établissement de la vérité —, ce sacrifice a sans doute condamné Hilberg à ce que Jankélévitch appelle « le boycott de la vérité au nom de la vérité ». Car enfin, ce que décrit le livre de Hilberg, c'est la mobilisation et le déploiement d'une bureaucratie gigantesque en vue de l'anéantissement de tout un peuple — bureaucratie dans laquelle il inclut la finance, le corps diplomatique et l'industrie — et la leçon ultime de ce travail c'est bien la singularité absolue du génocide des juifs par les nazis. Comment un tel constat ne l'a-t-il pas incité à mieux comprendre le comportement des juifs ?

§

Adam Rayski signale très justement — et cela a beaucoup de poids venant d'un combattant de la M.O.I — que Hilberg a tort d'analyser les rapports entre juifs et Allemands en terme de rapport de force. Et en effet, si Hilberg peut à la fois établir la singularité absolument inédite d'une méthode criminelle et continuer à entretenir le motif de la non-résistance juive, c'est bien parce qu'il demeure hanté par un vieux thème héroïque, une vieille symbolique guerrière qui le fait se référer sans sourciller à une terminologie combattante là où il n'y eut jamais place pour un combat. Alain Finkielkraut écrit dans *La mémoire vaine* que parler du génocide des juifs en terme de guerre, c'est réintroduire le monde dans l'immonde. Et j'ajouterai : c'est réintroduire l'homme dans le juif. Car c'est bien de cela qu'il s'agit. Le résistant avant d'être un résistant est un homme. Après avoir fait le choix politique de lutter contre les Allemands, les résistants sont devenus des hommes à abattre, ils n'ont jamais été délogés de la forteresse de leur humanité, elle en est même sortie renforcée. Mais le juif, pour les nazis, est seulement et encore un juif : pour lui aucun repli possible dans l'humain. Le motif des ennemis qui s'affrontent dans le respect mutuel est un refrain familier et poignant de l'histoire guerrière des hommes. Le film de Jean Renoir, *La grande illusion*, raconte précisément cet affrontement qui ressemble à s'y méprendre à un amour impossible. C'est parce que les deux officiers auraient pu se lier d'amitié, c'est parce que leur rencontre aurait pu tourner autrement qu'ils peuvent se battre. Ils ne se combattent que parce qu'ils sont engagés dans des causes qui se contrarient : ce qui les divise est provisoire, la guerre devrait-elle durer cent ans. Et ce qui les unit, c'est leur appartenance commune à l'humanité dont ils prennent la mesure dans un corps à corps tragique. L'amitié que nous montre *La grande illusion* fait justement affleurer au sein de la tragédie guerrière la trame de l'humain éternel, absurdement déchirée. Il en va autrement des juifs pour les nazis: c'est ce qui les sépare des hommes qui apparaît comme éternel et c'est leur appartenance à l'humain qui n'était que provisoire et qui fut, à temps, et enfin, déjouée par les nazis. Si la guerre contre les juifs a pu être menée à bien, c'est parce qu'ils ont été exclus de la guerre. Pour les nazis, il n'a jamais été question que de chasse, de chasse aux juifs, et même pas de chasse à l'homme. D'où l'art si caractéristique des vieux nazis de faire passer pour une parenthèse calamiteuse dont on aurait pu faire l'économie, ce qui fut au principe même de leur action — à savoir l'extermination des juifs: cet art n'exprime que le désir de se raccrocher à tout prix aux images d'Epinal du champ d'honneur. Ainsi est-ce d'un même geste en quelque sorte que Barbie a nié sa culpabilité dans la déportation des enfants d'Izieu et qu'il a osé faire l'éloge de Jean Moulin, espérant nous faire oublier son histoire, et nous convaincre qu'un tortionnaire de la Gestapo pouvait être encore crédible dans le rôle de l'ennemi à qui l'on serre la main après la bataille: comme si ce que les nazis ont commis ne leur avaient pas à tout jamais ôté le droit de se rattacher à la tradition de la guerre — comme s'ils ne s'étaient pas à jamais coupés de la sphère de l'honneur, celle du *combat de Tancrède* et des funérailles d'Hector.

§

Dans l'histoire occidentale, les chrétiens ont continuellement fait en sorte de présenter les juifs comme les repoussoirs de cette tradition virile. Les nazis ont à la fois accompli et fait subir un saut qualitatif à cette exclusion. Aussi Hilberg en inscrivant son récit et son analyse de l'extermination dans la trame de cette symbolique guerrière issue des Grecs et des Croisés fait-il comme si le nazisme n'avait pas précisément exclu les juifs de la symbolique occidentale et peut-être plus radicalement encore du symbolique tout court. Comment peut-il se mettre dans la posture politique qui lui fait déplorer que les juifs n'aient prévu aucun plan armé ni pensé à l'organisation d'une quelconque parade, alors qu'il décrit par ailleurs et en même temps, cette mort lente qui a consisté dans la déchéance de la nationalité, l'interdiction d'exercer son métier, l'exclusion de l'Université, l'arrachement aux maisons, aux appartements, aux rues, aux villes, toutes ces blessures symboliques, les pires, celles qui touchent à l'appartenance et qui menaient non seulement à la suppression pure et simple de la vie mais aussi et en premier lieu à la destruction des systèmes de défense les plus intimes? Etrangement, Bruno Bettelheim semble commettre le même manquement à la justesse et à la justice, lorsqu'il écrit dans un article que si les juifs s'étaient fait traîner par les cheveux dans les rues au lieu de se laisser emmener sans protester, les populations se seraient davantage émues et cela aurait rendu les choses beaucoup plus difficiles pour les Allemands. On a fait, je crois, bien plus que traîner les juifs par les cheveux, dans les rues de Berlin, de Vienne ou d'ailleurs — et l'on sait ce que fut l'attitude des populations voyeuses ou complaisantes. Si les juifs s'étaient donnés en spectacle, cela n'aurait jamais fait qu'un spectacle de plus. Imaginer que des citoyens honorablement connus dans leurs villes, dans leurs rues, dans leur profession, auraient pu trépigner ou crier, c'est oublier que les juifs, eux aussi, ont droit à la pudeur. Ceux qui n'ont pas connu une telle épreuve doivent s'efforcer de s'imaginer ce que cela représentait d'humiliation terrassante que d'être ainsi arrêté et emmené pour crime d'exister. Et les mille pages de Hilberg échouent, me semble-t-il, à faire passer pour une banale impréparation l'énigme à jamais indéchiffrable de l'incrédulité juive.

§

Tchekhov raconte, dans un de ses récits, l'histoire d'un vieux médecin qui était adoré par tout son village, au point qu'il ne fermait ni sa porte ni ses fenêtres quand il sortait, car il était impensable que quelqu'un pût jamais lui nuire. Et voilà qu'un matin on le trouva assassiné. Les juges qui firent l'enquête reconnurent qu'il y avait là tous les indices d'un meurtre, mais comme il n'existait personne au monde qui eût pu tuer le docteur, ils en conclurent qu'il n'y avait pas eu de meurtre. A quelque temps de là, le hasard fit qu'on mit la main sur le meurtrier. Il fut emmené en prison puis jugé. Au moment où il allait prononcer la sentence de mort, le président du tribunal s'écria: « Non! je n'admets pas l'idée qu'il puisse exister un homme qui ait eu le front de tuer notre ami le docteur! » Et on relâcha le meurtrier. L'incrédulité des juifs quant à l'éventualité du mal radical, ne vaut-il pas mieux la placer sous le signe de la sainteté de ce conte?

§

Comme on le sait, les nazis ont inauguré leur programme exterminateur par l'élimination de tous ceux dont la faiblesse physique ou psychique ne pouvait que retarder la montée forcenée de leur délire vitaliste. Cela peut nous aider à comprendre en quoi les juifs eux aussi apparurent aux nazis comme un handicap dont il était urgent de se débarrasser. Les monceaux de lunettes exposés au musée d'Auschwitz en sont le plus pur symbole. Les lunettes servent à corriger une infirmité de la vue, mais elles sont aussi, presqu'au même titre que la plume, l'instrument qui permet de lire et d'écrire. Les lunettes construisent une médiation entre l'œil et le monde, entre moi et les autres : elles s'établissent, elles et le livre, au milieu ; elles marquent l'obligation de différer, le moment de poser un intermédiaire, d'instituer une distance. Elles sont le signe que l'immédiateté pure doit être inlassablement enrayée. Si les juifs ont enseigné quelque chose aux nations, c'est sans doute cette patiente conquête de l'empêchement. Il fallait donc que ces constructeurs de l'intervalle fussent brisés par des idolâtres du corps, de la férocité vitale, de la santé, de la technique respiratoire, de la chlorophyle, de la reproduction. Les nazis voulaient fabriquer des hommes – ou plutôt fabriquer de l'homme – tout comme certains éleveurs aujourd'hui fabriquent des poulets qui n'ont que du blanc, parce que l'intégrité du corps du poulet constitue une entrave à la consommation : on dirait que les nazis, de la même façon, ont voulu désentraver les hommes de l'humain pour mieux les précipiter dans le pur fait de vivre, ne connaissant d'autre obstacle à la fureur vitale que la frénésie du sacrifice qui n'est que son autre face. La conquête de l'humain s'enracine peut-être dans l'accès à une première infirmité, comme si tout avait commencé pour l'humanité quand il s'est trouvé un homme capable de boiter ou de bégayer. Oui, ce sont les fils de Moïse le bègue, qui, aimant la vie plus que tout, n'ont pas su la défendre.

§

C'est qu'il ne faut pas toujours confondre l'amour de la vie avec la passion de la conservation de soi. L'amour de la vie, sans doute vaut-il mieux l'entendre, dans l'esprit de Vassili Grosmann, comme une bonté envers la vie qui s'étend aussi bien aux hommes, aux animaux et à la branche cassée que le promeneur remet en place pour qu'elle cicatrise et revive. C'est très précisément, je crois, la résistance que la judéité incarnait, qui a été assassinée, et cette résistance-là ne pouvait pas résister par les armes. Adam Rayski cite en exergue de son article sur Hilberg cette phrase d'Isaac Babel : « J'avançais, suppliant le destin de m'accorder la plus simple des vocations, celle de tuer. » Le destin n'a accordé cette grâce qu'à un très petit nombre d'entre les juifs. Aussi faudrait-il rendre sa dignité ontologique à l'expression « comme des moutons à l'abattoir », si souvent employée pour qualifier l'attitude des juifs partant vers la mort. Qu'entendaient-ils dans les ténèbres de leurs fourgons, sinon des hurlements et des ordres émis dans une langue incompréhensible et qui n'était pas destinée à la communication avec eux ? La comparaison des juifs avec les moutons ne signifie pas que les juifs avaient régressé vers un état inférieur. Elle signale bien au contraire les retrouvailles, dans l'arche, de tous ceux qui furent immémorialement déclarés aptes à l'expérience radicale de l'inhumain. Ce qu'on appelle la passivité juive, c'est, peut-être, la nappe phréatique de l'humain à laquelle les nazis ont attenté de façon irréversible.

§

Dans *Les racines du ciel*, Romain Gary raconte que des déportés enchaînés revenant du travail, un jour du mois de mai, aperçurent soudain sur le chemin une quantité de hannetons qui étaient tombés sur le dos et qui s'efforçaient en vain de se retourner. Alors ces hommes épuisés se baissèrent l'un après l'autre et remirent les hannetons sur leurs pattes. Mais cela ne dura pas longtemps, car le sergent Grüber, lui, comprit aussitôt la signification de ce geste et mesura la gravité du défi lancé aux constructeurs du *Reich* millénaire. Alors il commença à frapper les hommes à coups de crosse, mais il se rendit compte que ce n'était pas cela qui permettrait de les atteindre. Et il fit ce qu'il devait faire : il écrasa tous les hannetons.

BÉATRICE BERLOWITZ

Le combat avec l'Ange

ALAIN FINKIELKRAUT

Hurbinek

« J'ai calculé qu'à chaque seconde deux ou trois personnages fictifs reçoivent ici-bas le baptême. C'est pourquoi j'hésite toujours à me joindre à cette foule innombrable de saint Jean-Baptiste », écrit Milan Kundera dans *Le livre du rire et de l'oubli*.

Toutes les expériences, toutes les situations humaines, en effet, donnent lieu à fictions et à personnages. Toutes, sauf celle d'Auschwitz. Malgré la place de plus en plus importante occupée par ce qu'on appelle désormais la *Shoah* dans la mémoire collective, rares sont encore les saint Jean-Baptiste qui osent s'aventurer à l'intérieur de l'univers concentrationnaire nazi pour y exercer leur talent d'invention. Et ceux qui n'hésitent pas à le faire provoquent immanquablement un sentiment de malaise.

Quel interdit transgressent-ils ? L'histoire du petit Hurbinek relatée par Primo Levi dans *La trêve*, nous aidera à le comprendre : « Hurbinek n'était rien, c'était un enfant de la mort, un enfant d'Auschwitz. Il ne paraissait pas plus de trois ans, personne ne savait rien de lui, il ne savait pas parler et n'avait pas de nom : ce nom curieux d'Hurbinek lui venait de nous, peut-être d'une des femmes qui avait rendu de la sorte un des sons inarticulés que l'enfant émettait parfois. Il était paralysé à partir des reins et avait les jambes atrophiées, maigres comme des flûtes ; mais ses yeux, perdus dans un visage triangulaire et émacié, étincelaient, terriblement vifs, suppliants, affirmatifs, pleins de la volonté de briser ses chaînes, de rompre les barrières mortelles de son mutisme. La parole qui lui manquait, que personne ne s'était soucié de lui apprendre, le besoin de la parole jaillissait dans son regard avec une force explosive : un regard à la fois sauvage et humain, un regard adulte qui jugeait, que personne d'entre nous n'arrivait à soutenir, tant il était chargé de force et de douleur »[1].

Dans l'infirmerie où il s'était retrouvé avec Primo Levi et une foule d'autres malades après la libération d'Auschwitz par l'armée Rouge, Hurbinek réussit pourtant à proférer un mot : quelque chose comme « masse-klo », « matisklo ». Etait-ce son nom ? Que disait-il ? Bien qu'il y eût autour d'Hurbinek, les représentants de toutes les langues d'Europe, le mot ne livra pas son secret et « Hurbinek qui avait trois ans, qui était peut-être né à Auschwitz et n'avait jamais vu un arbre ; Hurbinek qui avait combattu comme un homme, jusqu'au dernier souffle, pour entrer dans le monde des hommes dont une puissance bestiale l'avait exclu ; Hurbinek, le sans-nom, dont le minuscule avant-bras portait le tatouage d'Auschwitz, Hurbinek mourut les premiers jours de mars 1945, libre mais non racheté : il témoigne à travers mes paroles »[2].

Hurbinek, l'enfant sans nom, sans famille et sans langage, était destiné à mourir d'une mort elle-même indifférente et sans phrase. Cette mort ne devait pas, comme toute mort, achever sa vie mais l'effacer définitivement. Il était voué à ne pas avoir vécu. Nulle trace n'aurait dû être conservée de son passage sur terre...

Le récit de *La trêve* déjoue ce programme : rien certes ne reste de l'enfant qui n'était rien, mais par les mots dont il revêt sa minuscule histoire, Primo Levi l'arrache tout à la fois au néant de l'oubli et à cet être compact et abstrait — les six millions qu'honore, faute de pouvoir faire autrement, la mémoire des nations. Il redonne à ce petit mort indistinct sa physionomie singulière, et à l'ébauche de vie qui fut la sienne, son humanité, c'est-à-dire son caractère insubstituable. Hurbinek n'eut pas le temps d'être un homme, ni même d'accéder à une existence verbale, mais c'était déjà « un individu spécial, une personne, un être unique, irréparable, que rien ne remplacera ». L'épitaphe

1. Primo Levi, *La trêve*, Grasset, 1988, p. 25.
2. *Ibid*, p. 26.

de Michelet au duc d'Orléans, assassiné par les Bourguignons vaut aussi pour ce sans-nom, mort à l'âge de trois ans dans le camp d'Auschwitz: « Rien de tel avant, rien après. Dieu ne recommencera point. Il en viendra d'autres, sans doute; le monde qui ne se lasse pas, amènera à la vie d'autres personnes, meilleures peut-être, mais semblables, jamais, jamais... »[1].

Ce n'est donc pas l'urgence autobiographique — raconter une expérience personnelle trop horrible pour supporter le moindre travestissement — qui rend impossible le recours à la fiction, c'est, si l'on ose dire, l'urgence *hétérobiographique*: le devoir de témoigner, l'impérieuse nécessité de donner aux morts l'assistance qu'ils réclament et la certitude que cette tâche restera à jamais inachevée.

Le cœur d'ajouter un nom manque à celui qui sait qu'il y a tant de cendres sans nom, tant de vies et de morts *en souffrance* que nul livre ne recueillera jamais et qui n'accéderont pas même à l'existence posthume du pauvre petit Hurbinek.

Tous les détenus, en effet, étaient promis par les nazis au même sort que l'enfant d'Auschwitz. Destitués de leur nom et coupés de tout lien avec le monde extérieur, ces hommes faisaient aussi dans le camp l'expérience de l'incommunicabilité la plus radicale. Ceux, en tout cas, qui ne comprenaient ni ne parlaient l'allemand étaient, au sens propre, des *barbares*, c'est-à-dire des êtres qui bien que dotés d'un faciès humain n'étaient pas des hommes de plein droit et n'émettaient, en guise de paroles, que des sons inintelligibles dont *barbar* est une approximation. A l'intérieur des frontières du camp, les mots de leur langue n'avaient pas plus de sens que les borborygmes d'Hurbinek. Seule était admise une langue vociférante — la *Lingua tertii Imperii* — dont ils ne savaient pas déchiffrer les ordres et qui, différence essentielle avec l'expérience du *Goulag*, faisait pour eux du *Lager* « un pêle-mêle de personnages sans nom ni visages noyés dans un continuel et assourdissant bruit de fond, mais où la parole humaine n'affleurait pas. Un film en gris et noir, sonore mais non parlé »[2].

« Ce n'était pas un monde, ce n'était pas une humanité », dit

1. Michelet, *Histoire de France, le Moyen-Age*, Laffont, coll. Bouquins, 1981, p. 629.
2. Primo Levi, *Les naufragés et les rescapés*, Gallimard, 1989, p. 92.

Jan Karski du ghetto de Varsovie dans *Shoah*, le film de Claude Lanzmann. Et ces mots valent *a fortiori* pour Auschwitz. Dans le monde, « nous sommes tous pareils, c'est-à-dire humains, sans que jamais personne soit identique à aucun autre homme ayant vécu, vivant ou encore à naître »[1]. Les hommes, autrement dit, forment ce que Michelet et Hannah Arendt nous ont appris à penser comme une « communauté des exceptions »[2]. Dans le camp, rien de ce qui distingue un homme d'un autre homme n'a droit de cité. L'entassement dans les wagons à bestiaux, les coups, la faim, la privation de parole, le rasage de la tête, le numéro tatoué — tout est fait, au contraire, pour anéantir l'identité unique de chacun. Le camp détruit le monde humain de la pluralité et, en fait d'humanité, ne laisse subsister que l'espèce humaine : l'homme anonyme, interchangeable, muet malgré tout son vocabulaire et réduit, avant de mourir, à « l'égoïsme sans ego du besoin »[3].

C'est à inverser ce processus que Primo Levi emploie sa mémoire de survivant. Narrateur minutieux et passeur infatigable, il ramène ou *remet au monde* les hommes qu'il a connus dans le camp ; il restitue ce qui, en chacun d'eux, excède l'anonymat de l'espèce même si, comme dans le cas d'Hurbinek, cette transcendance se réduit à un combat désespéré pour entrer dans le cercle humain de la conversation.

Et s'il ne choisit pas la voie du roman pour tenter d'approcher la vérité concentrationnaire, ce n'est pas parce qu'après Auschwitz, toute littérature, toute représentation serait devenue caduque, illégitime ou même indécente comme va répétant un cliché paresseux et solennel ; c'est, à l'inverse, par fidélité à la fonction première du récit et par là de la littérature : dire l'unique, rappeler que les morts ont été vivants afin de constituer selon le mot si profond de Michelet, « une famille, une cité commune entre les vivants et les morts ».

1. Hannah Arendt, *Condition de l'homme moderne*, Calmann-Lévy, 1983, pp. 16-17.
2. Françoise Collin, *N'être*, in *Ontologie et politique, Hannah Arendt*, éditions Tierce, 1989, p. 129.
3. Maurice Blanchot, *L'espèce humaine* in *L'entretien infini*, Gallimard, 1969, p. 196.

La zone grise

« L'homme souhaite un monde où le bien et le mal soient nettement discernables car est en lui le désir inné et indomptable de juger avant de comprendre », écrit Milan Kundera dans *L'art du roman*[1]. Et il ajoute qu'à l'encontre des religions ou des idéologies, le roman a pour vocation fondamentale de *ne pas* exaucer ce souhait, et de restituer l'ambiguïté du monde.

Tout en se refusant pour les raisons que l'on a vues à mettre en roman l'expérience concentrationnaire, Primo Levi invoque explicitement la même sagesse que Kundera. Ce n'est donc pas seulement l'art du récit qui l'enracine dans la littérature, c'est aussi l'ontologie, la philosophie de l'existence et le combat contre ce qu'il appelle, lui aussi, « le désir de simplification », « l'exigence de partager le champ entre "nous" et "eux" », l'irrépressible « besoin de séparer le mal du bien, de pouvoir prendre parti, de répéter le geste du Christ au Jugement dernier : ici les justes, là les réprouvés »[2].

Selon Primo Levi, cette répugnance à la complexité se rencontre d'abord et surtout dans la jeunesse. Pourquoi la jeunesse ? Parce que son expérience du monde est balbutiante. Etre jeune, c'est juger le monde sans être dans le monde, c'est n'avoir pas fait encore l'épreuve de l'incarnation ; ne pas savoir sinon d'un savoir abstrait, étranger que l'homme, parce qu'il est mortel, est en situation de défendre son existence et celle de ses proches ; oublier, négliger le niveau élémentaire où la vie est lutte pour la vie. Aussi le regard que les jeunes portent sur la réalité est-il souvent le regard de l'Ange.

Pourquoi ne vous-êtes vous pas échappé ? demanda à Primo Levi un élève – le meilleur, selon toute apparence – d'une classe où il avait été invité à commenter l'un de ses livres. Primo Levi répondit posément en *réincarnant* pour son angélique interlocuteur la vie à Auschwitz. Il expliqua qu'à la différence des grands évadés de cinéma, les déportés n'étaient pas des Papillon musclés ou des sportifs au mieux de leur forme, mais des hommes démoralisés, affaiblis, exténués par la faim et les mauvais traitements. Il rappela que les Juifs étaient les parias absolus de

1. Milan Kundera, *L'art du Roman*, Gallimard, 1986, p. 21.
2. Primo Levi, *Les naufragés et les rescapés*, *op. cit.*, pp. 36-37.

l'univers nazi. Ce qui voulait dire qu'ils n'avaient plus rien : ni patrie ni même maison (leur logement ayant été mis sous séquestre et confisqué au profit des citoyens de plein droit). Avant d'être morts tout court, ils étaient déjà morts au monde. Si, par impossible, ces fantômes avaient trouvé en eux les ressources morales et physiques d'une évasion, s'ils avaient, par surcroît, été capables de déjouer la surveillance de leurs gardiens, où seraient-ils allés ? A qui auraient-ils bien pu demander l'hospitalité ? Sans compter la violence des représailles, le véritable déchaînement d'apocalypse qu'auraient eu à subir leurs compagnons de baraque...

L'Ange écouta avec attention, mais il ne fut pas convaincu. Une fois que Primo Levi eut terminé ses explications, il le pria de « tracer au tableau un plan schématique du camp, en indiquant l'emplacement des miradors, les réseaux de barbelés et la centrale électrique »[1]. Primo Levi s'exécuta. L'Ange étudia le dessin, puis, après quelques instants de concentration, il exposa son plan : « Ici, de nuit, il fallait étrangler la sentinelle, ensuite, revêtir son uniforme, aussitôt après courir à la centrale et couper le courant électrique : les projecteurs se seraient alors éteints et le réseau de fils électriques à haute tension mis hors de service, après quoi, j'aurais pu partir tranquillement. Il ajouta très sérieux : « Si cela devait vous arriver une autre fois, faites comme je vous l'ai dit, vous verrez que ça réussira »[2].

Au camp, Primo Levi faisait souvent ce rêve : il était libéré, il retournait chez lui, dans sa famille, il racontait ce qui lui était arrivé et on ne l'écoutait pas. Rêve prémonitoire : rentré d'Auschwitz, il écrivit *Si c'est un homme* et, pendant plusieurs années, ce livre ne trouva pas d'éditeur, tant il est vrai que ce ne sont pas les anciens déportés, alors, qui refusaient de parler, mais les autres, les destinataires de leur parole, qui refusaient d'entendre. Il y eut toujours des bouches pour témoigner — le besoin de raconter dit Primo Levi dans son entretien avec Ferdinando Camon, était aussi essentiel, aussi élémentaire que le besoin de manger ou de boire —, mais longtemps, il n'y eut pas d'oreilles pour recueillir les témoignages. Aujourd'hui, *Si c'est un homme* est étudié dans les classes, mais les stéréotypes ont

1. Primo Levi, *Les naufragés et les rescapés*, *op. cit.*, p. 154.
2. *Ibid.*

remplacé l'indifférence : le combat contre l'oubli ou contre le détachement à peine gagné, il faut lutter avec l'Ange et avec l'anti-littérature qui sous forme de films, de romans ou de bandes dessinées ne cesse de jeter le monde en pâture à son désir de simplification.

Si quarante ans après Auschwitz, Primo Levi revient une fois encore à la déportation, c'est pour en soustraire la réalité à la pensée des Anges : ceux-ci qui ne haïssent rien tant que l'oubli n'en *perdent* pas moins la mémoire, puisque c'est avec les illusions de l'*arrivant* et non avec les catégories tirées par le *survivant* de son expérience, qu'ils appréhendent l'horreur concentrationnaire. Jeunes ou vieux, tous ceux qui arrivaient à Auschwitz « s'attendaient à trouver un monde effrayant mais déchiffrable, conforme à ce modèle simple que nous portons ataviquement en nous : "nous" à l'intérieur, et l'ennemi au dehors, séparés par une frontière nette, géographique »[1]. Et, confie Primo Levi à Ferdinando Camon, ils se consolaient même de la prévisible férocité de l'ennemi en se disant que, si mal que cela aille, ils trouveraient des camarades. Or, dès leurs premières heures dans le *Lager*, ils doivent faire leur deuil de cette consolation : le camp est un lieu où le « nous » n'a plus cours. Là où, selon une politique délibérée de la rareté, il n'y en a pas assez pour tout le monde, les nouveaux dérangent les anciens, ils ne sont pas pour eux des camarades ou des compagnons d'infortune, mais des concurrents, des intrus, des envahisseurs. Et pour achever de dissoudre toute solidarité des opprimés, les anciens eux-mêmes (notion relative : « on devenait ancien en trois ou quatre mois : la relève était rapide »[2]) sont divisés entre simples prisonniers et fonctionnaires du camp. Dans la plupart des cas d'ailleurs, « le choc avec la réalité concentrationnaire coïncide avec l'agression, non prévue et non comprise, venue d'un ennemi nouveau et étrange, le prisonnier-fonctionnaire qui, au lieu de vous prendre la main, de vous tranquilliser, de vous montrer le chemin, vous tombait dessus en hurlant dans une langue que vous ignoriez et vous frappait au visage »[3].

Entre la victime et le persécuteur, l'espace n'est donc pas

1. *Les naufragés et les rescapés*, *op. cit.*, p. 37.
2. *Ibid.*, p. 39.
3. *Ibid.*, p. 41.

porteurs d'un message : tout ce que j'avais vu et vécu montrait exactement le contraire. Ceux qui survivaient étaient de préférence les pires, les égoïstes, les violents, les insensibles, les collaborateurs de la "zone grise", les mouchards »[1].

Phrase terrible, adressée aux esprits angéliques qui voient Dieu partout, mais dont on imagine aisément l'usage dévastateur que pourraient en faire les autres Anges, ceux qui confondent « comprendre » avec « simplifier ». A ceux-là, il faut répondre qu'ils ne sont pas habilités à juger, et que s'ils ont le *devoir* d'entendre ce que dit Primo Levi, ils n'ont, en aucun cas, le *pouvoir* de le redire. Toutes les vérités ne sont pas comme « deux et deux font quatre » identiquement disponibles à tout le monde. Il en est même d'étranges et de fragiles qui cessent d'être vraies dès qu'elles ne sont plus proférées par celui qui en a fait l'épreuve.

Mais cette précaution épistémologique ne suffit pas. On doit ajouter à l'intention des Anges simplificateurs que la phrase de Primo Levi ne peut être prise au pied de la lettre. La logique diabolique qu'elle met à jour reste, en effet, trop tributaire, dans sa cohérence même, de la logique divine qu'elle cherche à destituer. Car, dans le camp, l'arbitraire régnait, il n'y avait pas de logique : tout était, à tout moment, possible. Une fois la première sélection franchie, on ne savait jamais ni sur qui ni pourquoi la condamnation allait s'abattre. Ce qui nous met pour toujours dans l'incapacité de « répéter le geste du Christ au Jugement dernier » et de dire des survivants soit qu'ils sont les élus, soit qu'ils sont les réprouvés.

Il faut donc lire cette phrase par-delà son contenu littéral : Primo Levi nous donne à entendre qu'à Auschwitz, l'humanité, au sens premier de souci de l'autre, n'était pas une qualité ou un atout, mais un défaut, un obstacle, un danger, une chance en moins de s'en sortir : « Chajim est mort, Chajim, horloger de Cracovie, juif pieux, qui en dépit des difficultés de la langue s'était efforcé de me comprendre et de se faire comprendre, et de m'expliquer, à moi l'étranger, les règles essentielles de la survie aux premiers jours critiques de la captivité ; Szabo est mort, le paysan hongrois taciturne, qui mesurait presque deux mètres et pour cette raison avait davantage faim que les autres, et cepen-

1. *Ibid.*, p. 81.

dant, tant qu'il en eut la force, n'hésita pas à aider les camarades plus faibles à tirer et à pousser ; et Robert, professeur à la Sorbonne, qui répandait le courage et la confiance autour de lui, parlait cinq langues, s'usait à tout enregistrer dans sa mémoire prodigieuse et qui, s'il avait vécu, aurait répondu aux pourquoi auxquels je ne suis pas capable de répondre ; et Baruch, débardeur au port de Livourne, est mort, aussitôt, le premier jour, parce qu'il avait répondu à coups de poing au premier coup de poing reçu, et qu'il a été assommé par trois Kapos coalisés. Ceux-là et d'autres, innombrables, sont morts, non malgré leur valeur, mais à cause de leur valeur »[1].

Soumis au feu croisé des malentendus, Primo Levi oppose la honte à l'hommage de son doux ami religieux. Mais la honte qui le brûle est sans rapport avec la honte que certains de ses jeunes interlocuteurs veulent lui faire éprouver.

C'est de sa passivité, en effet, qu'on lui demande toujours des comptes. C'est sur sa résignation moutonnière que tous les lions en chambre le somment de s'expliquer. C'est d'avoir dormi pendant le film, au lieu de tenir son rôle, que les petits Spartacus font grief à ce pyjama rayé. Or, si Baruch, le débardeur de Livourne s'est conduit en lion, Chajim, l'horloger de Cracovie, Szabo, le paysan hongrois, et Robert, le professeur à la Sorbonne, ont-ils été lions ou moutons ? Est-ce lâcheté de ne pas pouvoir, de ne pas savoir ou de ne pas vouloir jouer le jeu de la vie quand l'unique commandement de la vie est, pour se conserver, de ne jamais s'ouvrir « sur le jour d'un autre qu'elle-même »[2] ?

Comme écrit Novalis, cité à l'entrée de son plus grand livre par Lévinas, le seul philosophe contemporain dont l'œuvre a été « dominée par le pressentiment et le souvenir de l'horreur nazie »[3] : « Il y a quelque chose à dire en faveur de la passivité »[4].

Plutôt que d'entendre ce quelque chose, l'esprit de la foi, ému mais imperturbable, trouve dans le génocide une occasion nouvelle de s'incliner devant l'œuvre de Dieu ou de la Raison ; quant à l'esprit fougueux de la jeunesse, il transforme les camps

1. *Ibid*, pp. 81-82.
2. Catherine Chalier, *La persévérance du mal*, Cerf, 1987, p. 55.
3. Emmanuel Levinas, *Difficile liberté*, Albin Michel, 1976, p. 374.
4. Emmanuel Levinas, *Autrement qu'être ou au-delà de l'essence*, Martinus Nijhoff, La Haye, 1978, p. 3.

Beaucoup refuseront d'entendre Léon B., de comprendre que des rescapés supportent mal de voir un Polonais traiter un épisode particulièrement significatif du terrible moment germano-judéo-polonais, et faire entrer quarante-cinq ans trop tard dans la légende patriotique cet enchaînement fatal qui ne pouvait s'abattre que sur des juifs, et cela dans l'exacte mesure où ils avaient été tout à la fois abandonnés par les Alliés et abjectés par les Polonais. Pourtant le spectateur qui ne voudrait pas prêter attention au cri durable de Léon B., à ce sanglot qui s'articule en polonais et en yiddish, ne saurait pas non plus aimer le *Korczac* de Wajda comme il faut, c'est-à-dire dans et par-delà l'humilité qui prescrit à tous les vivants d'accepter la méfiance radicale et tenace qu'éprouvent de tels survivants. Il ne servirait à rien de dénier cette vieille douleur centrale toujours encore incrédule et présente, cet amour horriblement déçu pour la Pologne et pour les Polonais, cette colère intacte : il vaut mieux l'écouter, afin de tenter de lui parler. Car rien qui vaille ne se construira en Europe si une confrontation, une anamnèse et, finalement, un entretien infini ne s'établissent pas entre les Polonais, les juifs et les Allemands quant à ce qui a eu lieu sur le sol polonais.

§

Wajda — « Je suis un cinéaste polonais qui fait des films polonais pour un public polonais » — figure, au travers de son œuvre entière, la grandeur et l'ambiguïté historiales de sa nation. Les motifs qui le hantent se seront au cours des années profondément enchevêtrés : l'assassinat de son peuple et de sa culture par les nazis, la confiscation de la victoire d'une nation héroïque et martyre par le communisme, mais aussi la destruction, au début de ce siècle, de la Pologne catholique, aristocratique et terrienne par l'industrialisation, par son double processus techniciste et capitaliste. On se doute que ce Wajda nostalgique, lyrique et critique, romantique, aura été capable, vis-à-vis des juifs, du meilleur et du pire.

Le pire se trouve incontestablement dans *La terre de la grande promesse* (1974-1975), dont les scabreuses équivoques ont pu sembler poursuivre, par d'autres moyens, l'action antisémite entreprise en 1968 par le général Moczar. Notre mémoire, inconsciente ou consciente, ne peut pas effacer l'image de celui qui, quinze ans plus tard sera Korczac, Wojtek Pszoniak, jouant le rôle d'un industriel — juif —, qui assiste cyniquement au broyage, par une machine, d'un ouvrier dont il avait déshonoré la fille. On peut encore voir, dans ce film, une femme — juive — spéculatrice et sensuelle, s'ébattre avec impudeur dans un wagon de chemin de fer. Certes, les exactions du bourgeois allemand et de l'aristocrate polonais qui sont les deux autres héros du film, ne le cèdent en rien à l'inconduite des personnages juifs, mais l'on doit reconnaître que Wajda a manqué pour le moins de tact : on ne parle pas de corde dans la maison de ceux qu'on a laissé pendre sans trop coup férir. Il conviendrait sans conteste de lui reprocher aussi son oubli délibéré de ces masses juives d'Ukraine et de Pologne, dont les aspirations sociales, politiques, utopiques, marquèrent un des moments les plus forts de l'histoire de l'émancipation humaine : méconnaissance qui du reste fut aussi celle de Marx et d'Engels. Mais cela est une autre histoire, une toute autre histoire que celle que le cinéaste avait entrepris de raconter : la rigueur du travail d'un artiste ne se mesure pas à l'exactitude de la vérité historique, même si l'œuvre ne peut éviter de se laisser éprouver par celle-ci.

§

Maintenant pourquoi y a-t-il si peu de gens pour se souvenir de *Samson* (1961) ? Dans ce film, réalisé à partir d'un roman de Kasimierz Brandys, Wajda, de manière beaucoup moins allégorique qu'on ne l'a dit, montre un jeune juif qui se terre pendant l'occupation nazie, et que l'on voit longuement se balancer dans un rocking chair, enveloppé dans sa couverture, entre les murs d'une cave dont il ne sort jamais : se balançant tout à fait comme un *hassid* qui prierait revêtu de son *taleth*. Jakub Gold aura un ultime sursaut et décidera de mettre fin à son existence traquée, ce qui veut dire en l'occurrence à son existence tout court, en rejoignant le ghetto insurgé. « Il y a des milliers d'hommes qui vivent et ils vivent, dit-il. Je n'ai pas le droit d'y échapper. Ils vont mourir, je dois rester près d'eux jusqu'à la fin. » Mais c'est trop tard pour retrouver les siens, qu'il passera de l'obscurité protectrice au jour meurtrier : la révolte du ghetto vient d'être écrasée. C'est pourquoi Jakub Gold ira se battre et se faire tuer dans les rangs de la Résistance polonaise. Je ne me rappelle pas si Wajda montre de quelle Résistance il s'agit. Car dans l'*Armia* mémoire ne peuvent s'arrêter, et de nouveaux auteurs méritent qu'on leur laisse leurs chances d'approcher, toujours encore et autrement, une partie de la vérité. Il ne faudrait pas non plus que la vigilance qui consiste à veiller sur le vide, sur le rien qui seuls n'attentent pas à la transcendance historique, à la singularité de cette Catastrophe, aboutisse en fin de compte à une conduite religieuse qui, en interdisant théologiquement la représentation, en identifiant subrepticement à Dieu la destruction des juifs, restaurerait involontairement l'indécente plénitude d'un sens. Qui oserait au demeurant soupçonner Isaac Celnikier parce qu'il a gravé, en l'intitulant *Zum Bade*, le vestibule de la chambre à gaz ? Et ce morceau de malheur absolu qui commence au déménagement de l'orphelinat vers le ghetto et s'achève sur l'*Umschlagplatz*, d'où partaient les convois pour Treblinka, pourquoi interdirait-on de le représenter ? Est-ce vraiment outrager les morts que de donner par l'art un *analogon* de leur histoire et de tenter de présenter au plus grand nombre, à la postérité ou si l'on veut à l'humanité, quelques-uns des événements échus, en ce lieu et en ce temps, à ce peuple, à ces deux peuples seulement et parmi l'indifférence des nations ? Ce serait désespérer de l'œuvre d'art que de la déclarer *a priori* incapable ou coupable de donner à voir et à entendre cela même qu'on ne peut pas penser dans les catégories du discours car on peut à peine le penser comme une expérience. L'emploi du noir et blanc aura du reste montré l'extrême pudeur représentative de Wajda, et l'insertion, discrète, décisive, de quelques images d'archives, aura rappelé que le rapport de l'œuvre à la réalité reste aussi rigoureux qu'il l'est possible à un récit que le réalisateur se donne deux heures pour mener à terme.

§

Mais ce *Korczac* pècherait surtout, dit-on, en ce que Wajda aurait adopté un style hagiographique. Telle est la critique paradoxalement la plus sévère, encore que les spectateurs qui la formulent ne fassent pas nécessairement leurs les préventions éthico-historiques que nous venons d'évoquer. Le cinéaste donc, et sa scénariste, Agneska Holland auraient transformé le médecin juif en un saint, catholique et polonais. Polonais, il faut le redire, Korczac l'était profondément, et, dans son orphelinat, avant la guerre, il accueillait des enfants juifs et non juifs. De surcroît, ses idées sur le droit des enfants, même si elles ne manquaient pas de mettre en œuvre le vieux fond prophétique de la justice et de la charité, demeuraient étrangères à la tradition judaïque qui établit une distance entre le maître et ses élèves comme entre le père et ses enfants. Elles relevaient plutôt d'une exigence socialiste utopique. Polonais, Janus Korczac le fut encore, souverainement, lorsqu'au moment de l'entrée des nazis à Varsovie, il revêtit, lui, le pacifiste de toujours, son uniforme de commandant de l'armée.

§

Wajda aurait-il malgré tout manqué de fidélité à son personnage en faisant de lui une figure christique ? Le soupçon peut sembler excessif et quelque peu discourtois. Pourtant, à une époque où la hiérarchie polonaise accapare le site d'Auschwitz pour y installer un carmel et y planter une croix, il convient de le prendre au sérieux : pourvu que du moins on veuille bien distinguer ce qu'on entend respectivement par christique et par saint. La sainteté constitue une catégorie fondamentale de la tradition et de l'histoire juives : l'œuvre de Lévinas a contribué à le faire comprendre. La sainteté de Korczac aura consisté en l'occurrence à veiller avec un entêtement inutile, sur le corps des enfants. Le bruit rustique et tendre du pipi dans le seau, éclairant le silence de la nuit, ce secours dérisoire et décisif apporté à un petit garçon qui va mourir parce qu'il n'a pas le droit de vivre, puis ce transport du seau plein, au petit matin, ne sont-ce pas là des gestes de sainteté juive, de sanctification des fonctions corporelles et de consolation matérielle, je veux dire maternelle ? Maintenir une communauté humaine, l'huis clos d'un ordre symbolique tel que chacun se sache l'égal de l'autre, dans le contexte de déshumanisation forcenée qu'établissaient les nazis, ce fut encore le fait d'un saint, comme le furent aussi l'acte de mendier les pommes de terre quotidiennes et celui d'acheter une dent d'enfant avant qu'elle ne soit tombée. Sainte sans aucun doute aussi cette manière de boire une rasade de vodka quand on comprend que tout est perdu et qu'on n'a plus, pendant un instant, le courage de donner le change. Il y eut bien d'autres saints ou, si l'on a vraiment trop peur du mot, d'autres justes, d'autres *tsaddikim* au ghetto. Emmanuel Ringelblum, par exemple, qui dirigea un véritable centre de documentation, rédigea la *Chronique du ghetto*, et refusa, comme Korczac, le sauf-conduit qui l'eût mis à l'abri. Mais il faudrait ajouter qu'à la sainteté, chez Korczac, se mêla encore une sorte de sagesse juive. Quand, quelques jours avant qu'on ne les emmène, il fait jouer aux enfants une pièce de Tagore qui représente la mort d'un enfant, il semble exercer une pédagogie qui ressemble beaucoup à celle de la psychanalyse et dont témoigne le livre de Max Schur, *La mort dans la vie de Freud.*

La fin du film, avant même la sortie en salle, a suscité beaucoup de commentaires négatifs. Wajda fait s'arrêter l'un des wagons du train, dans la campagne : les enfants sortent sereinement et disparaissent dans la lumière de l'aube. On peut tenir ces images séraphiques pour un peu kitsch, on ne saurait les dire révisionnistes ou rédemptrices... Marek Rudnicki, qui connut le ghetto et l'orphelinat, qui assista à la traversée de Varsovie et à l'embarquement pour Treblinka, a écrit que Korczac ainsi qu'une bonne partie des enfants avaient dû mourir pendant le transport, et il souhaite que Wajda renonce à une séquence qui pourrait compromettre rétrospectivement un film que par ailleurs il considère comme véridique et admirable. Mais après tout, cette fin aussi peut toucher : évocation du gaz par le léger brouillard d'un matin d'août, désir de consoler le spectateur en larmes, évocation de la promesse tenue par ces vies brèves et fières : en aucun cas, espoir d'une vie éternelle. L'œuvre d'art, à la différence de l'histoire historienne, a le droit de chercher à fournir le remède en même temps que le poison : aucun événement de l'histoire des hommes n'est tel que cet apaisement doive nécessairement passer pour une obscénité. Il faudrait aussi mentionner cette auréole — bien qu'elle échappe à beaucoup de spectateurs —, qui se dessine sur l'oreiller du plus atrocement orphelin, du seul « méchant » parmi les enfants. Est-ce la faute d'Agneska Holland et d'Andrej Wajda si Korczac a écrit qu'il avait cru voir un jour une telle auréole ?

§

Et c'est avec une sorte d'amour, qui offre la grande bonne surprise du film, que Wajda montre les membres du *Judenrat*, ces notables qui avaient pris la responsabilité de mettre en œuvre des moyens qui leur semblaient susceptibles de préserver une partie de la communauté, sinon sa totalité. Le personnage de Czerniakow apparaît tout à fait bouleversant d'humanité, de droiture et de désespoir. Mais ce qui peut sembler le plus surprenant, venant d'un cinéaste auquel on a trop vite fait la réputation d'un antisémite, c'est la manière dont il filme une scène de cabaret, et des collaborateurs qui, à l'intérieur même du ghetto, font des affaires. On voit dans cette séquence, et à d'autres moments du film, un personnage de jeune juif affairiste et généreux, vis-à-vis duquel Korczac ne prend pas de distance et auquel il ne donne pas de leçon de moralité. Il le montrera précipité à son tour dans le wagon au moment justement où il essaie une dernière fois d'user de son influence pour faire échapper l'homme qu'il aime et admire tant. Pour en revenir à la séquence du cabaret, ce moment dionysien de chanson yiddish et de circulation des billets de banque et de bijoux ne peut être taxé d'antisémitisme que par ceux qui angélisent les juifs, sacralisent le ghetto, ou bien ignorent que dans cette sorte de commune juive qu'assiégeait la mort, de l'extérieur et de l'intérieur, la vie continuait, avec les pauvres moyens du bord, ceux par lesquels les hommes, en général, se racontent qu'ils sont vivants. Tout bien réfléchi, la seule critique qui tienne, réside dans le reproche, fait aux auteurs, d'avoir fait la part trop belle à ces Polonais dont on redira qu'à quelques exceptions près, et qu'il faudrait prendre la peine de citer précisément, ils eurent un comportement tel que les juifs ne purent ni résister avec un minimum d'armes, ni échapper à l'extermination. On risquera, alors, une dernière explication: Wajda ne pouvait pas présenter Korczac au peuple polonais, lui faire don de cet épisode exemplaire de la Catastrophe juive, inoculer cette histoire à sa mémoire, et en même temps lui dire ses quatre vérités. C'eût été empoisonner le public pour lequel il avait prioritairement réalisé ce film, ou l'enfermer dans une double injonction dont le moins qu'on puisse dire, c'est qu'elle n'eût pas aidé la nation polonaise renée à conjurer des démons toujours très familiers et encore trop autorisés. *Korczac* de Wajda, et plus encore, bien sûr, *Umschlagplatz*, de Rymkiewicz pourraient annoncer sourdement le commencement de cette symbiose judéo-polonaise qui marquerait vraiment la défaite du nazisme.

ELISABETH DE FONTENAY

HOMMES
EN DE SOMBRES TEMPS

Portrait d'Hugo Sonnenschein
Le Juif survivant d'Auschwitz qui ne survécut pas aux camarades du Parti
ou Sonka, un poète entre les fronts

JÜRGEN SERKE*

Fils d'un paysan de Gaya, petite ville des environs de Brünn[1], le Juif Hugo Sonnenschein naquit le 25 mai 1889 en Moravie slovaque. Poète – sous le nom de Sonka – il devint célèbre dans les années vingt comme chantre des vagabonds. Socialiste, il fut membre cofondateur du Parti communiste tchèque. Homme politique, il lutta contre le stalinisme dès le début, fut exclu du parti en 1927 et prit la défense de Trotski. Tchécoslovaque, qui vécut surtout à Vienne, Sonka fut « écarté définitivement d'Autriche » par le régime de l'austrofascisme en 1934. Les nazis l'expédièrent en 1943 à Auschwitz. Après la libération du camp, les Soviétiques l'emmenèrent à Moscou et il revint à Prague en train spécial avec le gouvernement tchèque qui venait de rencontrer Staline. Là il fut arrêté et accusé d'avoir collaboré avec les Allemands, un tribunal d'exception le condamna à vingt ans de réclusion. Il mourut le 20 juillet 1953 à la centrale de Mirov. Voilà ce qu'on sait avec certitude de lui.

Des réserves avaient été émises sur cette accusation de « collaboration » et sur l'équité de la procédure. Le procès de Sonka se déroula à huis clos ; les témoins de la défense ne furent pas admis. Sonka fut condamné à la réclusion avant même le coup d'Etat communiste de 1948, et la considération dont jouissait alors le président Edvard Beneš servit à couvrir l'affaire.

* Jürgen Serke : Journaliste, correspondant de presse en 1968 à Prague, auteur de nombreux ouvrages dont « *Böhmische Dörfer, Wanderungen durch eine verlassene literarische Landschaft* (Paul Zsolnay, Wien, Hambourg, 1987) (« *Villages de Bohême, Promenades à travers un paysage littéraire abandonné* »).

1. Aujourd'hui, Brno.

L'écrivain tchèque Frantisek Langer, socialiste exilé en Angleterre jusqu'en 1945, avait été autorisé à assister au procès en tant qu'observateur. Il communiqua ses doutes sur le bien-fondé du verdict et sa présomption que Sonka était la victime des communistes à cet autre exilé en Angleterre, Robert Neumann, président du PEN autrichien.

Mais lors d'un congrès tenu à Copenhague, Emil Saudek, journaliste pragois, membre du PEN tchèque, s'adressa à ses collègues autrichiens et rapporta à Alexandre Sacher-Masoch, Oskar Maurus Fontana et Franz Theodor Csokor, tous écrivains, qu'il avait pu examiner les originaux des preuves contre Sonka et qu'il était convaincu de sa culpabilité. Ainsi fut enterré le projet de protestation en faveur de Sonka, lequel avait pourtant été, jusqu'à son expulsion d'Autriche en 1934, l'administrateur de « L'Union pour la défense des écrivains allemands en Autriche », sous la présidence de Fontana.

Emil Saudek était un homme respectable : un Juif, qui, comme Sonka, avait vécu à Prague sous le régime nazi et avait survécu dans la clandestinité ; marié à une des filles d'Ottla, sœur de Kafka, et excellent traducteur de Shakespeare, il devait devenir ce stalinien convaincu, une des personnalités les plus en vue au sein de l'Union des écrivains tchèques après la mise au pas de cette institution, s'impliquant directement dans la politique culturelle du PC, défendant toutes les positions que le PC défendait.

Or le PC, en ce qui concerne Hugo Sonnenschein, avait pris le parti de le liquider à petit feu. Le poète ne tomba pas sous le coup d'une erreur judiciaire, il fut victime d'une « nécessité objective » du communisme, qui fut mise en œuvre après avoir été froidement calculée. Le réalisateur de ce scénario fut le communiste Vaclav Nosek, ministre de l'Intérieur, dont la police rassembla les prétendues preuves de la culpabilité de Sonka. Les documents qui parurent au grand jour lors du « printemps de Prague » en 1968 mettent en évidence que le PC, après la guerre, s'est employé à marquer d'anciens résistants devenus trop remuants du sceau de la collaboration en falsifiant des documents nazis, et nous savons grâce aux archives aujourd'hui disponibles que certaines personnes, gênantes au sein du parti lui-même par leur connaissance de certains agissements, furent éliminées par une justice discrétionnaire. Tel fut le cas de Hugo Sonnenschein.

Sonka savait que le journaliste Julius Fucik, hissé au rang de grand héros de la résistance communiste, était un traître ; et le document témoignant de ses activités de résistant un faux. Mais quelles conséquences aurait pour lui une telle déclaration ? Il n'en savait rien. Le PC tchèque, après la libération de l'occupant nazi, avait besoin d'un héros, d'un homme connu, et n'en avait pas. Les communistes qui avaient été soumis aux interrogatoires et à la torture nazis avaient été bien avant la guerre des opposants au régime stalinien et à ce titre exclus du parti. Ainsi le poète Vladislav Vancura qui, tombé entre les mains de la Gestapo après l'attentat contre Heydrich, garda le silence et fut exécuté le 1er juillet 1942. De même, Sonka, qui fut déporté à Auschwitz. Et dont les activités de résistant avaient été traîtreusement dénoncées par Julius Fucik, qui céda à la torture et se mit à la disposition de la Gestapo pour servir d'appeau. C'est à la trahison de Fucik que le PC est redevable de l'arrestation et de l'exécution de ses propres cadres qui à l'époque agissaient dans la clandestinité.

« Le traître » Fucik qui croyait pouvoir échapper au gibet nazi fut exécuté par les Allemands le 8 septembre 1943. Fucik, membre du PC et toujours dans la ligne du parti, tragique incarnation de la résistance communiste dans la Tchécoslovaquie occupée. Les messages que Fucik avait pu faire passer hors de sa cellule furent complétés et falsifiés pour devenir les témoignages bouleversants du courage communiste. Dans l'euphorie de la libération, dans une société en voie de réorientation, l'ouvrage revu et intitulé *Reportage écrit sous la potence* atteignit immédiatement son but. Ce texte, toujours disponible aujourd'hui, continue à « témoigner de la supériorité morale de l'humanisme socialiste ».

Reportage écrit sous la potence qui parut en Tchécoslovaquie en septembre 1945 devint en un an l'ouvrage le plus lu du pays. Il fit le tour du monde. Les tout premiers doutes émis en 1968 lors du « printemps de Prague » sur l'authenticité de cette œuvre n'entamèrent guère sa valeur documentaire. Ils découlaient du contenu même du livre, qu'on avait falsifié trop hâtivement. Par exemple, Fucik raconte que « son » Allemand chargé de l'interrogatoire, le commissaire Boehm, l'emmenait, lui le détenu, promener dans Prague et fréquenter les restaurants. De nos jours les

voulait sujet autonome de l'histoire se voit transformé en objet : telle est l'expérience d'un siècle éclairé qui engendre la forme la plus pervertie de tous les idéaux aspirant à changer le monde, l'Etat totalitaire, le totalitarisme d'un Hitler ou d'un Staline. Tous deux fruits de l'outrecuidance ancestrale de l'homme, qui prétend pouvoir gouverner sa destinée. « La nuit où nous marchons,/ car nous sommes las de Dieu,/ n'engendre pas les terres miraculeuses », écrit Sonka en 1912. En 1921, il a trouvé un nouveau port d'attache : « J'ai foi en l'action libératrice du prolétariat. C'est le Messie de la Terre. Cette « route qui mène au but » dont parle Sonka dans un poème de jeunesse sera toujours un cheminement vers un but « situé à l'infini ». Sa vie durant il cherchera « ce que l'on ne peut trouver » : « Car mon âme pressent et contemple/ ce que, fébrile, mon désir échafaude. » Il a derrière lui l'expérience d'Auschwitz. L'attendent les persécutions communistes, lorsqu'il écrit :

A la fin, des dédales de la détresse
le petit-fils cherche refuge dans la maison de ses aïeux :
– du seuil vermoulu, que confus je franchis
j'entends le murmure des incantations bibliques –
et des yeux cherche celui qui m'ouvrira.

Le jour s'éteint, les champs et les jardins
s'assombrissent et s'effacent à mon regard,
enneigé et jusqu'aux dernières traces emporté par le vent
le rêve et le bonheur de mes chemins.

Et elles sombrent, les frontières de ma terre
dans la froidure et la solitude d'un ciel nuageux,
le soir, je vois s'embraser le sang sombre
telles des offrandes de feu qui veillent près des morts...

Parti de lieux marginaux je me rapproche peu à peu du cœur de la vie de Sonka. Arrivé au cœur il n'y a rien à apprendre. A Prague, en effet, on n'entend que les calomnies habituelles sur ce poète de langue allemande. A Prague, tous les témoins encore vivants qui ont assisté au supplice de Sonka se taisent, ils ont peur. A Prague a vécu jusqu'en 1984 le premier fils de Sonka, enfant de son premier mariage : Ivan Sova, né en 1912, architecte promu au rang d'artiste national, qui dessina les plans du musée du Souvenir d'Hiroshima. Il s'est tu, même avec ses enfants. On en est resté au silence même après sa mort. La belle-fille de Sonka refuse elle aussi de prendre position.

Hugo Sonnenschein fut deux fois marié. Sa première femme, Marie, fille du directeur de l'école communale de Kolin, n'était pas juive. Elle passa la guerre à Prague et mourut en 1959 à l'âge de 72 ans. La seconde femme de Sonka, Rose, était juive et fut déportée à Auschwitz avec son mari en 1943. Elle fut gazée le 10 décembre 1943 au camp B de Birkenau et brûlée dans un four crématoire. Rose Sonnenschein, mère de deux garçons qui avaient été envoyés en Angleterre, mourut à l'âge de 43 ans.

Les prénoms que Sonka donna à ses fils évoquent ses espérances : Ivan, pour s'enraciner dans l'univers slave ; Ilia, c'est-à-dire, pour Sonka, Lénine, « l'incarnation des valeurs morales » ; Tomas, en référence à Tomas G. Masaryk, le « Maître de la démocratie ». A la fin de la guerre, Ivan Sonnenschein devint Ivan Sova. Les enfants issus du deuxième mariage s'anglicisèrent et adoptèrent le nom de Spenser. Ilia changea même son prénom pour devenir Ian Daniel. Né à Vienne en 1924, il vit depuis 1953, année de la mort de son père, avec sa famille au Canada.

Ian D. Spenser vient me chercher en voiture à l'aéroport de Toronto. Il raconte ce qu'il sait, et je freine le flot de paroles car il est difficile de prendre des notes en voiture. Quand nous arrivons chez lui, à Hamilton, la métropole des aciéries canadiennes, au bout d'une heure de route, il a néanmoins déjà tout dit. Ian D. Spenser, professeur de biochimie à l'université McMasters de Hamilton, pourrait être venu directement de Gaya, des champs de son grand-père au Canada. Trapu, le visage buriné, la barbe grise et ébouriffée, le poil dur, d'une cordialité directe et au parler franc, il fait tout sauf l'impression d'être un intellectuel. C'est bien après mon retour en Allemagne que j'ai appris que Spenser était en sa matière un éminent spécialiste reconnu dans le monde entier.

Ian D. Spenser a encore souvenir du jour où la Gestapo fit irruption dans l'appartement de ses parents, juste après l'entrée des Allemands à Prague. « Mon père ouvre. Quelqu'un coince son pied dans la porte. Il n'est pas seul. Les hommes entrent et vont dans le bureau de mon père. Dans cette pièce, mon père conservait une collection complète de drapeaux rouges. » En juin 1939, Sonka envoie ses fils par convoi d'enfants en Angleterre. Ian, à l'époque encore Ilia, avait quinze ans et son frère Tomas, douze ans. A dix-sept ans, Ilia s'engagea dans le corps d'armée des Tchèques en exil, et après l'invasion assista dans le 21e régiment de Montgomery à l'encerclement des Allemands à Dunkerque.

« Je savais que mon père était en vie », raconte Ian D. Spenser. « En lisant le journal de l'armée tchèque j'avais appris qu'il avait été libéré à Auschwitz par les Russes et que de Moscou il était revenu en Tchécoslovaquie avec la délégation gouvernementale de Beneš. » Quand Ian D. Spenser arriva dans Prague libérée, Sonka avait déjà été arrêté. Le fils qui s'était fait démobiliser resta presque un an à Prague, il essaya une année durant d'obtenir la libération de son père. Puis il retourna en Angleterre. De Londres, lui et son frère Tomas alertèrent le Foreign Office. Les diplomates anglais en poste à Prague ne plaidèrent que très modérément sa cause.

Ian D. Spenser va chercher les livres de son père. Certains portent des dédicaces. Mais il a rassemblé la plupart en fouinant chez les bouquinistes. Que sait le fils des accusations qui pesaient contre son père après 1945 ? Il sait seulement que les camarades ont exigé de Sonka qu'il se « justifie ». Mais voilà, il n'est plus en possession de cette « Justification » dont son père, jadis, à Prague, lui avait envoyé un double. « Je sais uniquement que mon père était persuadé de son innocence », dit-il. « Au début je pouvais encore me promener librement avec lui à midi. Il aurait pu s'échapper et s'expatrier, mais il ne voulait pas. »

Nous fouillons dans les souvenirs. Le Ilia d'antan n'existe plus depuis longtemps. Ian D. Spenser a laissé le chapitre du père en sommeil. « Je ne suis pas un sentimental », dit-il. Il va chercher un carton où se trouvent, bien ficelés, les souvenirs de son père, les photos du passé. Sonka et sa femme. Sonka et ses enfants. Il étale tout cela en désordre devant mes yeux. Ian D. Spenser commente les images, raconte des histoires. Plein d'hésitations tout d'abord et reprenant toujours cette phrase : « Laissez-moi réfléchir... » Voilà longtemps qu'il n'a pas renoué avec ce lointain passé. La distance que créent tout simplement les années qui passent. Et lui, le fils de ce père qui dans ses vers célébrait la Slovaquie rurale, en était soulagé. Lui, le fils qui de par son physique incarne la nostalgie de son père : un homme de la terre aux gestes simples. Il y a aujourd'hui un Sonka qui vit, sans nom, à des centaines de kilomètres de Hamilton, dans les forêts canadiennes : chaque année Ian D. Spenser se retire là-bas, il y a son refuge, une hutte de bois.

Je sens qu'en défaisant les nœuds du passé, la peur resurgit. La peur que le père ait malgré tout cédé un jour sous les persécutions nazies. Et aussi la peur de s'avouer à lui-même qu'il a peut-être failli vis-à-vis du père ? Beaucoup plus tard et bien loin du Canada, j'ai trouvé dans une lettre écrite de la prison à sa première femme, qui correspondait avec les enfants du deuxième mariage, cette phrase de Sonka : « Dis bien à mes petits gars que si je meurs ici, il n'y aura personne pour me fermer les yeux. »

La culpabilité des innocents — combien de poètes de Bohême l'ont décrite ! Cette culpabilité ne tient pas compte des noms qui changent. Ian D. Spenser hésite longtemps à me donner son accord pour que dans cette histoire je révèle sa nouvelle identité à côté de l'ancienne, créant le lien entre les deux. Le père n'est pas en cause, mais ce qu'il a écrit, lui, sur ses papiers d'immigration, où il a tu son nom d'origine, Sonnenschein. Je promets de ne pas divulguer que le plus grand biochimiste canadien est le fils de Sonka, le poète.

A la fin de mes recherches, Ian D. Spenser m'a libéré de cette promesse car j'avais enfin rassemblé toutes les preuves de l'innocence de son père. Les premières, c'est à Hamilton que je les trouve. Quand Ian D. Spenser referme le carton à souvenirs, il me dit : « Un long voyage que vous auriez pu vous épargner. Vous voyez, je ne peux guère vous aider plus. » Et moi de lui demander où se trouvent ces lettres que lui et son frère avaient reçues après 1945 de la première femme de Sonka.

Il recommence à chercher chez lui mais ne trouve rien. « Allons à l'université », me dit-il, « peut-être que ces lettres y sont. » Nous partons. Dans son bureau nous trouvons dans une armoire blindée une vieille chemise qui contient des lettres en tchèque de Marie Sonnenschein, la première femme. Nous trouvons des cartes postales du détenu Sonka datant d'avant sa condamnation, elles aussi en tchèque. Spenser traduit. La traduction dure des heures. Dans ces lettres, Marie Sonnenschein raconte qu'elle apportait des vivres à Sonka, du linge propre, qu'elle se bagarrait avec les avocats et qu'elle était abandonnée par les amis de Sonka.

Noyées dans les événements du combat quotidien mené autour de Sonka, certaines phrases ne se laissent décoder qu'avec le recul de ces quarante dernières années et la connaissance qu'on a aujourd'hui de l'histoire de la Tchécoslovaquie communiste. On entrevoit le mécanisme de la trahison. On devine que le verdict était déjà prêt avant que le procès n'eût lieu.

Un deuxième avion m'emporte en Israël. C'est là que, depuis 1966, vit Tomas, le cadet des fils de Sonka, avec sa famille. A Jérusalem je loue une voiture pour descendre vers la mer Morte, je traverse les territoires occupés, puis le désert jusqu'au lac de Genezareth. Ensuite la route monte dans la montagne. Je roule dans un paysage vert et tout en fleurs, j'ai l'impression de traverser les Préalpes. Après cinq heures de route, j'arrive à ma destination, le kibboutz Sasa, à un kilomètre de la frontière libanaise. Sasa a quatre cents habitants, Tomas qui a transformé son prénom en Tomi y est médecin.

Tomi Spenser : le fils revient au bercail, pas le père. Tomi Spenser a quatre enfants, il a épousé une juive dont les parents avaient fui la Russie et les pogromes à l'époque tsariste pour s'installer en Afrique du Sud. Tomi Spenser se lia avec cette femme médecin en Angleterre. Il ne voulait pas que ses enfants « perdent complètement le fil de l'histoire ». Tomi Spenser, dont la personne reflète avec plus de raffinement encore l'intellectualisme du père, est un homme à la tenue élégante et d'une grande noblesse d'esprit ; lui aussi, défiant toutes les apparences, vit, malgré ses allures citadines, en milieu paysan.

Le Dr. Tomi Spenser, qui a appris l'hébreu à l'âge adulte, commente ainsi son départ pour Israël : « Les enfants grandissaient dans une atmosphère qui ignorait complètement la juiverie. En Angleterre ils n'ont ni trouvé ni perdu leur identité. Ils étaient en attente. Je ne voulais pas de ça. » Sasa est le kibboutz Anne-Frank. Il y a un musée qui rappelle la mémoire de cette jeune fille morte à Bergen-Belsen. A Sasa on cultive la terre. A

Sasa des enfants à problèmes venant de milieux défavorisés ont trouvé un nouveau foyer. A Sasa il a fallu vivre dans des abris sous les tirs de l'artillerie libanaise.

Tomi Spenser avait dix-huit ans à la fin de la guerre. Il n'a jamais revu son père. Lorsqu'en 1945 Sonka quitta Moscou pour Kosice en Tchécoslovaquie dans le train spécial de la délégation gouvernementale tchèque il confia à Jan Masaryk, alors ministre des Affaires étrangères, un manuscrit de poèmes. Poèmes qu'il avait écrits à Auschwitz après la libération. Son fils Tomas devait se charger de leur publication. Masaryk emporta le manuscrit à Londres. L'ambassade le remit au fils, mais celui-ci ne trouva pas d'éditeur.

Tomi Spenser : « Mon père, bien que déjà incarcéré, avait réfléchi à la présentation du titre de son recueil de poésies. J'en reçus une esquisse et en complément quelques poèmes écrits après 1945 en détention préventive. Ce volume intitulé *Les pas de la mort* parut à titre posthume en 1964, le fils en finança lui-même l'impression, mais on ne le trouva pas en librairie. A cause de son très faible tirage il devint vite un livre de bouquinistes. Dans une note biographique, Tomi évoquait le scandale de la condamnation de Sonka.

Spenser qui en publiant ce recueil espérait parvenir à une révision du cas Sonka n'obtint rien. Le PEN international qui, auparavant déjà, n'avait rien entrepris en sa faveur, promit seulement de reproduire un ou deux poèmes dans une anthologie.

Arnold Zweig, qui s'était réfugié en Palestine et installé après la guerre en RDA, répondit à Tomas : « C'est avec plaisir que j'accuse réception de ce petit recueil de poèmes de votre père. Ces poèmes me font l'impression d'être ceux d'un camarade contemporain qui n'a pas su trouver sa place dans la réalité. C'est épouvantable de voir qu'il a toujours fait preuve de bonne volonté pour y parvenir, mais hélas, au fond de lui-même quelque chose le lui interdisait. »

Cette lettre d'Arnold Zweig est terrifiante, elle montre à quel point cet artiste officiel choyé par le SED s'était adapté à une réalité si lucrative pour lui qu'il en oubliait la vérité.

Au kibboutz Sasa, Tomi Spenser parle : « Mon père aurait considéré une telle attitude comme un manque de courage civique. » Ce père lui est resté très proche : « C'est une affaire de personnalité. Moi aussi j'ai tendance à avoir des problèmes. Dès qu'on en arrive à l'affrontement, je me retrouve toujours du côté de la minorité face aux conservateurs. »

Tomi Spenser, qui est maintenant professeur de médecine générale aux universités de Haïfa et de Beersheba, est le seul à connaître la langue allemande dans sa famille. Aucun des enfants n'a appris la langue maternelle du père. Grâce à la musique, le médecin israélien fait entrer un peu de l'esprit allemand chez lui. Il joue du piano et du violon, interprète des œuvres avec des amis. Le jour de ma visite à Sasa, arrive un collègue médecin venu discuter de l'art de la fugue chez Bach. A présent nous nous penchons sur le passé de Sonka. Beaucoup de photos ici aussi. Et aussi presque tous les livres du père. Et cette « Justification », que Ian D. Spenser croyait disparue, écrite par Sonka après 1945 sous la forme de deux lettres, l'un au chef du parti, Rudolf Slansky, et l'autre aux dirigeants du parti : « Chers camarades, vous voulez que j'écrive mon curriculum vitae... »

Six ans plus tard, Rudolf Slansky, destitué puis exécuté sur ordre de Staline, devait lui aussi adresser son curriculum vitae aux « chers camarades » : « Je suis un nationaliste judéo-bourgeois. » Slansky qui, à Prague, avait amené le PC au pouvoir, manœuvrant avec une intelligence sans scrupules, avait accompli son devoir envers Staline.

Tomi Spenser ne sait pas que la « Justification » qu'il détient entre ses mains explique pourquoi il fallait, après 1945, que Sonka disparaisse pour toujours dans une prison tchèque. Tomi Spenser ne parle pas tchèque. Et le parlerait-il qu'il ne serait pas en mesure de cerner le passage décisif que contient cette lettre de douze pages car il ne connaît pas bien l'histoire de la Tchécoslovaquie d'après guerre. Même Ian D. Spenser qui, à Prague en 1945, lut cette lettre ne devina pas la charge explosive qu'elle contenait pour le PC tchèque, lequel préparait à cette heure son coup d'Etat. D'ailleurs, en cette année 1945, il lui était impossible de s'en rendre compte, et par la suite, il ne devait plus relire ce document. Pavel Kohout, communiste convaincu après 1945 (il vit aujourd'hui à Vienne, déchu de sa nationalité tchèque), nous renseigne sur l'importance que revêtait Julius Fucik pour la jeune génération de l'époque : « Fucik et son histoire en tant que résistant étaient notre idéal. Les valeurs qui avaient nourri son rêve, pour lesquelles il avait lutté, souffert, pour lesquelles il était mort, nous voulions les rendre actuelles. » Le parti revendiquait le pouvoir en s'appuyant sur l'exemple de Fucik. Milan Kundera, également communiste après 1945, et également déchu de sa nationalité tchèque, écrivait à l'époque à la gloire de l'« héroïsme de Fucik ».

Pavel Kohout dit de nous jours: « Bien sûr, on sait en Tchécoslovaquie que le *Reportage écrit sous la potence* a été manipulé. Mais jamais, pas même en 1968, on ne rendit public le moindre document qui eût prouvé que Fucik avait trahi ses camarades dans les geôles de la Gestapo. »

Hugo Sonnenschein, qui, dans sa « Justification », expose à Slansky et à ses camarades comment la Gestapo le poursuivit à travers Prague, écrit en relatant les événements qui suivirent l'attentat contre Heydrich: « ... le commissaire se jeta sur moi: "Maintenant nous savons tout en ce qui vous concerne. Fucik nous a informés. Vous travaillez avec les communistes, vous écrivez pour eux, ne le niez pas..." »

Le poète Jiri Grusa, date de naissance: 1938, déchu de sa nationalité tchèque et vivant à Bonn, considère ce document comme « sensationnel ». « C'est la première fois que l'on prouve la trahison de Fucik noir sur blanc. Compte tenu de ce témoignage, Sonka n'avait plus aucune chance jadis de sortir de prison. On aurait peut-être pardonné au trotskiste Sonka comme on avait pardonné au trotskiste Ivan Olbracht. Mais le parti mû par le seul instinct de conservation ne pouvait pas pardonner à un trotskiste qui avait été le témoin de la plus grave des trahisons au sein même du PC. »

Cette « Justification » que je trouve chez Tomi Spenser a un inconvénient: elle n'est pas signée. C'est une copie. Je trouve l'original avec des notes manuscrites à Steyr, en Autriche. C'est là que vit, depuis 1968, une des petites filles de Hugo Sonnenschein, Marie Bergmayr, fille de Ivan, le fils né du premier mariage de Sonka. Cette femme de quarante ans n'a pas non plus saisi la charge explosive du document qu'elle détenait. Son père, à sa mort, lui a légué l'ensemble de l'héritage Sonka qu'il avait préservé. Pour Marie Bergmayr, la succession Sonka n'avait été jusqu'alors qu'un beau souvenir lui rappelant ce grand-père qu'elle vit pour la dernière fois lorsqu'il dut partir dans une prison des environs de Prague.

Cette femme, épouse d'un enseignant, se souvient : « La famille rencontra Sonka à la gare de Prague. J'avais six ans et je ne comprenais pas encore l'horreur de la situation. Des policiers nous conduisirent dans une pièce à part. Sonka portait l'uniforme des détenus. Il avait l'air affaibli et affligé. Je voulus l'encourager à ma façon et cherchai à lui grimper sur les épaules. Il me souleva en l'air. Nous n'avons pas eu le droit de sortir. Par la suite, nous, les enfants, nous n'avons plus rien su de lui. Une fois par mois, mon père partait le matin ; et quand il rentrait le soir, les parents se parlaient à voix basse. A présent je sais que mon père allait ces jours-là voir Sonka à Mirov. »

Combien de fois m'a-t-on inspecté, numéroté et rayé
Immatriculé, inscrit, enregistré et compté
Réparti et sélectionné,
Comparé :
Je n'ai pas compris ou oublié
Les signes qui marquaient les cellules, les lits,
Les dossiers – que connaît seul le diable –
Où prisonnier j'ai été bâillonné, enchaîné.
Pitoyables numéros, les hommes qui les criaient, inscrivaient –
Moi je suis resté tel que je suis :
Sonka, le prolo, Sonka, le poète mendiant.
Etranger fou en ces lieux terrestres,
Lumière et ténèbres entre les mains de Dieu,
Ployant sous la main du destin :
Toujours d'un pas égal sur les durs sentiers, je peine vers la claire destination.
Sept martyrs, fort bien !
Egorgez, écrasez, pendez-moi,
Et apposez votre numéro –
Les potences ne m'arrêtent pas,
Je vais vers Dieu, vers ce qui Est.

Lorsqu'en 1920, Hugo Sonnenschein publiait ce poème dans le recueil de *La légende de Sonka déchu du monde*, il avait 31 ans et déjà l'expérience de la détention. Pacifiste, il était considéré dans l'armée de la double Monarchie comme un élément douteux. A cause de son franc parler il faisait des séjours de plus en plus réguliers dans les prisons militaires. Pendant la Première Guerre mondiale, il était dans les Balkans, fantassin.

Hugo Sonnenschein vivait les déchirements de ce siècle. Dans la nostalgie de l'harmonie. L'harmonie, il la voyait d'abord dans les paysans de Slovaquie, qu'il célébrait dans des poèmes proches des chants populaires. L'harmonie, il la vit venir sous la forme du communisme. Le communisme était pour lui un sentiment religieux. Lorsqu'il vit son sentiment religieux trahi, il en fit endosser la faute à Staline. Mais il ne renonça pas au communisme. Où qu'il allât cependant, les contraintes de l'idéologie le poursuivaient. Le parti l'exclut. Marginal du communisme, il s'en forgea sa propre conception.

Au cœur de ses idées était l'intime conviction que « la démocratie doit être défendue avec les moyens des dictatures si on ne veut pas que celles-ci la détruisent. Mais seul celui qui se voue à la démocratie et la défend pour ce qu'elle est peut jouir de sa protection. » Quand Sonka écrivit cette phrase, les nazis étaient déjà au pouvoir en Allemagne. Parallèlement il notait : « Si ce qui se passe actuellement en Russie est la voie vers le socialisme, alors je ne suis pas socialiste, ou bien, je suis socialiste et ce qui dirige la Russie c'est du fascisme rouge. »

L'harmonie de sa personne, Sonka la chercha dans le judaïsme, le catholicisme, le protestantisme et il la nomma communisme. Il avouait : « Sonka est contre l'ordre du monde, un rebelle par la grâce de Dieu. » Et d'ajouter : « Un bouffon, et rien d'autre. » Il écrivait : « Toujours la vérité. Le droit au mensonge n'existe pas. » Pour lui la Bible était son « petit manuel de lecture slovaque ». « Moi-même suis un anachronisme. » Pourtant tout en se définissant ainsi, Hugo Sonnenschein rappelait l'exemple de Jan Hus[1] et commentait : « A en juger par ce seul exemple le compromis vivra pendant des siècles. »

« Je ne crois qu'en la justice de la pauvreté délibérée », notait-il, et il retournait de plus en plus souvent en Moravie slovaque. Sur Gaya, sa minorité juive et sa majorité catholique : « Le ghetto et la magnificence du catholicisme et la lascivité

1. Jan Hus : 1369-1415. Réformateur religieux. Recteur de l'université de Prague. Condamné comme hérétique par le Concile de Constance en 1412, il fut brûlé vif à Prague en 1415.

schein partit à 18 ans à Vienne. Là, membre de l'Union libre des étudiants sociaux-démocrates, il fit aussi partie de l'Association des étudiants tchèques, fondée par Tomas G. Masaryk. En 1908, il rédigea pour cette association l'Almanach de l'Université. De Vienne, Sonnenschein envoie des articles au *Rovnost*, journal social-démocrate de Brünn, puis, à d'autres journaux des territoires de la Couronne de Bohême.

Comme poète on l'avait remarqué dès l'année de son départ de Brünn. Un éditeur de Dresde, D. Pierson, avait publié en 1907 son premier recueil, intitulé *Ad Solem*. On y devinait déjà les accents du futur Sonka : « Je monte à l'assaut de la vie/ sur les ailes du temps/ je suis son rival./ Je cherche la joie, la raison, le sens de la vie./ Ma quête est vaine./ Je suis Ahasver... » Trois ans plus tard le *Calepin du bouffon* provoquait un scandale et était confisqué sous le sceau de poésie blasphématoire. Le « Bouffon de Nazareth » en est extrait :

Il est un morne pays — le pays des gueux
le pays des nostalgiques utopistes —
Les hommes ont faim là-bas — et les vivres pourrissent,
les hommes ont soif là-bas, devant les seins des femmes offertes.

Tout proches sont les jardins de nos promises,
splendeur des vignes chargées de raisins,
nous avons soif — de ces sommets sans nom,
nous mourrons — gratia aeternitatis.

C'est un pays de fous — pays de gueux —
Dieu! un ascète a bien jadis découvert l'Atlantide, il y a deux fois mille ans —
Un si beau bouffon, un mendiant a jadis
trouvé la terre des meilleurs d'entre les scélérats.

Hugo Sonnenschein s'estimait de ce pays, citoyen de cette communauté de fous. A l'adresse de ceux qui ne savent pas rire de la folie, le poète s'écriait, reprenant les paroles du Christ : « Suivez-moi ! » Dans la préface, il annonçait un autre livre qu'il venait de terminer : *Moi-dieu, ivresse des masses et impuissance*, livre qui parut en 1910 et fut aussi saisi parce que Sonka y joignit des poèmes du *Calepin du bouffon*, qui avaient été mis à l'index. Avant ces deux saisies, il avait publié un autre recueil *Chants slovaques* qui lui valut les félicitations de Hermann Bahr et de Stefan Zweig. « Ta chanson, pauvre homme de Slovaquie,/ est un cri de désespoir./ Le cri de l'âme, qui geint sous les fers/ et a soif encor de liberté... » Puis, toujours extrait de ce recueil, le célèbre poème sur la « Grand-mère Malke »:

Malke ce nom est merveilleux.
Caché en son sein que de sens!
Douce mélodie d'anciens contes du ghetto,
joie bruyante d'anciens chants du ghetto...
Laissez-vous conter l'histoire de la jeunesse
de Malke, la petite centenaire,
de sa jeunesse dans la ruelle aux Juifs,
dans l'impasse, chez Babe Braindl,
sa mère...

Mon aïeule Babe Braindl!
Mon arrière-grand-mère! Ta fille
Malke, est-ce vrai qu'elle était si fabuleuse?
Savait-elle vraiment danser
comme la Cléo de Mérode et chanter
comme Selma Kurz? Avait-elle vraiment
plus de séduction
que ces deux dames,
belle comme les belles qui à Paris, à Vienne
prodiguent leur corps,
leurs yeux et leur voix,

Et tout ce qui fait d'une femme une femme?
Mon arrière-grand-mère Babe Braindl, ta fille,
cette Malke de vingt ans,
cette jeune juive du ghetto,
fut-elle Malke-Reine?

Certes, elle le fut. Il y a quatre-vingts ans.
Femme de grande noblesse,

belle et fière et fine et spirituelle,
oui, elle l'était, ta fille,
Babe Braindl, arrière-grand-mère,
ta fille, ma Babe,
Malke, la mère de mon père.

Mon Dieu, elle sait conter tant de choses:
les jours passèrent, les années s'enfuirent –
et il vint au monde, mon père,
après lui quatorze enfants suivirent,
sept fils, sept filles...

Les jours passèrent, les années s'enfuirent –
sept enfants ont trépassé
et sept ont vieilli –
depuis longtemps, mon père gît en terre...

O mon père... Il avait cinquante ans
quand on l'y porta
auprès des aïeux du ghetto
et je n'avais pas encore trois ans.
Or, Dieu sait que je le pense vraiment.

En avril, un matin,
la voiture à l'arrêt devant notre maison
attelés, les chevaux noirs –
on prit le coffre blanc,
on le chargea lentement...
Puis retentit la mélopée funèbre:
Joschev beserjsser eljon...
et j'entendis pleurer Maman...

Et au bras de notre Martin,
– notre valet, ce fidèle Martin
est-il aussi déjà retourné à la terre? –
je suivis le cercueil jusqu'à la tombe...
Et là, pour la seconde fois retentit
une ancienne mélopée funèbre,
alors on l'enterra...

Et je sais encore que je repoussai plus d'un
de la sépulture
balbutiant: Etait-ce ton père?
Etais-je fier de ce mort?
De la vie de cet homme?
Tôt, le travail – et tard, le travail.
La récompense?
Que la destinée est sage!
Ecoutez donc! Deux de ses femmes ont succombé,
des femmes stériles, maladives,
avec courage, il en prit une troisième:
cette femme me mit au monde.

La récompense de toute une vie
de labeurs, de privations:
l'enfant qui porte l'éternité!
Je porte le nom de mon père,
de ton fils, Babe Malke...

Malke, mère de mon père,
tu es: Malke-Reine.

Hugo Sonnenschein fit son service militaire en 1911. De 1912 à 1914, il mena cette existence de vagabond qu'il avait tant chantée, parcourant les routes d'Europe. Il vécut à Paris, Florence, Amsterdam et Lemberg. Il épousa Marie Svoboda, chanteuse de Kolin qui faisait aussi de l'artisanat d'art, s'en sépara dès 1916. La première année de son tour d'Europe, *La solitude des gueux en chemin* parut chez Adria à Vienne et à Leipzig; ostensiblement il adjoignit les noms du typographe et de l'ouvrier imprimeur. Pendant sa dernière année d'errance, il publia *Je lève mon verre contre la pesanteur du monde* chez Saturn à Heidelberg. Il y écrit:

Enfin je trouve le courage d'avouer
que je me sens sans cesse épié,
les nuits sublimes et les jours sans fond,
dans le silence et la solitude des chemins, dans la cohue

des races du boulevard:
Mon frère de sang me met en danger,
je devine l'assassin qui pointe vers moi le couteau:
mon rédempteur, mon prochain, mon frère, frappe!

Vers la fin de la Première Guerre mondiale, âgé de 29 ans, il était à Vienne membre de l'organisation clandestine des « sociaux-démocrates de gauche », qui devait engendrer le parti communiste. Il participa à la création de la Garde rouge. L'écrivain consigna par la suite: « En novembre 1918, je suis parti de Vienne pour Prague après un entretien avec les camarades russes. » Il fut arrêté à Znaim et relâché sur les protestations des sociaux-démocrates. A Prague, il adhéra au Parti social-démocrate tchèque et entretint d'étroites relations avec le syndicaliste Antonin Zapotocki, qui trente ans plus tard sera le chef du gouvernement communiste à Prague. Le poète qui faisait de la politique trouva d'autres poètes comme lui chez les sociaux-démocrates: Ivan Olbracht, Helena Malirova, Stanislas K. Neumann. Tous compagnons de route vers le communisme. Avec Neumann, Hugo Sonnenschein transforma *Cervenh*, revue littéraire de tendance anarchiste, en un hebdomadaire communiste. Avec Neumann encore, il créa une collection dans laquelle parut la traduction tchèque de *L'Etat et la Révolution* de Lénine. Sonnenschein joua un rôle déterminant dans le processus de scission de la social-démocratie tchèque. Il fut à l'origine de la formation de groupes communistes, et devint le secrétaire politique.

Sonnenschein le poète avait trouvé un idéal politique, le « rebelle de Dieu » une nouvelle religion... Il avait aspiré à une grande alliance. Il fondait des organisations, n'en ressentant pas encore les entraves. Il faisait la navette entre Prague et Vienne. Sa vie se passait tout en départs et changements de lieux. Il constate: « Ma vie est une course effrénée. » Quand *Daimon*, la revue des expressionnistes viennois passe sous la régie du « Genossenschaftsverlag » (les Editions coopératives), il figurait parmi les membres fondateurs de cette maison avec Alfred Akdler, Fritz Lampl, Franz Werfel, Albert Ehrenstein et Jakob Moreno Levy. Le *Nouveau Daimon* remplaça le *Daimon* pour devenir la série des « Compagnons ».

Max Brod, Paul Kornfeld, Ernst Bloch, Mynona, Georg Kaiser, Ernst Weiss, Heinrich Mann, Alfred Döblin, Alfred Wolfenstein et Oskar Kokoschka écrivaient aussi pour cette revue aux côtés des éditeurs. Les fondateurs du Genossenschaftsverlag eurent maille à partir avec Karl Kraus qui dénigra la « campagne de soutien mondiale » organisée pour défendre Ernst Toller, incarcéré après la chute de la République des Conseils à Munich. Kraus reprochait aux contestataires de ne faire preuve de courage qu'en l'absence de risque. Il les considérait comme des opportunistes, restés muets devant les atrocités de la Première Guerre mondiale.

De telles attaques n'avaient pas lieu d'être pour Hugo Sonnenschein. Karl Kraus retira ses accusations quand dans le *Fackel* il fit la recension du recueil de poésies *Terre sur Terre* dont Sonnenschein avait fait un tirage privé en 1915 : « En vérité, ces vers ne donneront pas à notre postérité l'image d'un partisan de la guerre. » Une nouvelle édition de ce recueil parut juste alors chez E. Strache avec un portrait de Sonka dû à Egon Schiele. Mis en échec, Kraus se vengea d'avoir été forcé au désaveu en tâchant de nuire à Sonnenschein par d'autres moyens. Il écrivit : « Je tiens ce Sonka perverti par le monde pour un simulateur et, qui plus est, pour un simulateur maladroit, car il m'est arrivé de recevoir de meilleurs vers d'hôpitaux psychiatriques. »

A l'époque, le jugement de Karl Kraus était de peu d'importance. En 1920, Sonnenschein avait publié un chef-d'œuvre : *La légende de Sonka perverti par le monde* chez E.P. Tal, ouvrage clef dans l'évolution du poète. Ce titre est l'acte de naissance du Sonka légendaire. Cette stylisation du poète par lui-même était une réussite parfaite, sans la moindre fausse note. De nos jours, où Kraus, blanchi de toutes ses goujateries, est adulé, ce sont toujours les propos corrompus de ce personnage haineux qui font la loi et faussent depuis des années l'accès à l'œuvre de Sonka. Car les affirmations de Kraus continuent toujours d'être reprises sans aucune vérification de leur bien-fondé.

Les impressions que Sonnenschein garda de la guerre et qu'il exprima dans sa poésie le conduisirent à la conviction que « seule une Internationale communiste forte et solide peut prévenir une nouvelle guerre mondiale ». Et comme la social-démocratie avait failli en 1914, versant un peu partout dans les

Ilitch », Hugo Sonnenschein prit congé pour neuf ans de la poésie. La même année l'éditeur Rowohlt sortit sous le titre *Etat anarchiste* les œuvres choisies de Sonka en sept volumes.

Robert Musil tint le propos suivant : « Ce n'est pas que nous ayons trop d'intelligence et pas assez d'âme, nous avons trop peu d'intelligence pour les problèmes de l'âme. » Dans son roman *L'homme sans qualités*, Robert Musil pensa à Hugo Sonnenschein en écrivant les entretiens avec le jeune socialiste Schmeisser. Plus Hugo Sonnenschein mettait son intelligence à contribution dans les questions de l'âme, plus il constatait clairement :

« Poète et prolétariat : En tête le joueur de flûte de Hameln, ou, un ménestrel en marche. »

« Toutes les geôles que nous construisons sont construites pour nous. Jamais notre soif de liberté ne supportera l'autorité, pas même celle du peuple. »

« Marx a mis à nu les lois qui déterminent nos actes. Elles n'ont vigueur que si nous les ignorons. »

« Et maintenant l'Etat russe exploite le peuple entier. »

« Toute vie croît du bas vers le haut et non l'inverse. »

« Les intellectuels constatent ce qui est nouveau et prolétarien. Tout ce qu'ils en disent n'est qu'invention. »

« La voie de l'opportunisme matériel. »

« Le moment opportun ne vit venir aucun parti. »

« Le mouvement ouvrier doit, à l'Ouest, se battre et non pas se contenter de servir l'Union soviétique. »

Hugo Sonnenschein allait à grands pas vers ces affrontements avec le parti communiste qui devaient provoquer son exclusion. Il ne pensait rien de bon de cette chasse aux sorcières organisée contre les sociaux-démocrates afin de les bouter hors du mouvement ouvrier. Lorsque Sonnenschein lors du deuxième Congrès officiel du Parti Communiste tchèque à Prague, qui siégea du 31 octobre au 4 novembre 1924, opposa son idée de démocratie à l'intérieur du parti à celle de discipline de parti, qui commençait à assimiler l'attitude de Trotski au « déviationnisme menchevik », il fut rappelé à l'ordre dès son retour à Vienne. On le destitua de ses fonctions au sein de la section de langue tchèque.

Lors de la Conférence extraordinaire du PC autrichien, Petrokov, le délégué moscovite du Komintern déclara : « C'est dans la soumission absolue, dans le strict respect de la discipline du parti que l'on remarque le chef révolutionnaire. » On dénonçait la social-démocratie comme « aile gauche du fascisme ». Sonka faisait peu de cas de ces absurdités qui visaient à jeter l'anathème sur la social-démocratie et comme il ne sut pas se tenir coi il fut taxé de révisionnisme. Toutefois sans être exclu du parti. Il parvint même à être nommé délégué officiel du PC autrichien au 4e Congrès du PC tchèque à Prague, où il fit une intervention à la demande du PC autrichien. C'était en 1927.

Sonka s'efforçait de respecter la discipline du parti sans y parvenir. Depuis le début de son engagement communiste, l'écrivain fréquentait Klement Gottwald, qui devint secrétaire général du parti en 1929 et en entreprit la stalinisation. Il connaissait bien aussi Rudolf Slansky et Vaclav Kopecky. Sonka avait un ennemi, Vaclav Nosek qui depuis longtemps souhaitait que ce « révisionniste » soit exclu. Ce fut chose faite courant 1927, lorsque Sonka protesta contre l'exclusion de Trotski. Le PC autrichien expulsa Sonka, âgé de 38 ans, pour déviationnisme trotskiste.

Deux années plus tard, l'élite littéraire du PC tchèque élevait elle aussi la voix, ne pouvant accepter la mainmise des staliniens. Eux aussi furent exclus pour « déviationnisme trotskiste ». Parmi ceux-ci : Jaroslav Seifert, Stanislas K. Neumann, Joseph Hora, Vladislav Vancura et Ivan Olbracht. Hugo Sonnenschein commentait son exclusion en ces termes : « Examinons d'un côté le parti et de l'autre l'homme qui en était membre, il faudra bien reconnaître : le parti trahit cet homme. » Sonka rassembla l'opposition communiste contre Staline. « En accord avec d'autres membres fondateurs du PC tchèque et l'avant-garde du Komintern », l'écrivain publia un tract en 1929 qui portait ce titre : « Crise et décadence du Komintern – Situation du parti communiste en Tchécoslovaquie ». Sonka appelait à la résistance contre le Politburo de Prague « dont l'épine dorsale est le Politburo de Moscou ». Il traitait les dirigeants du PC tchèque de « valets cirant les bottes de Staline ». Dans ce tract en langue tchèque il réclamait « un revirement énergique et radical » en Union soviétique et « un régime de véritable démocratie à l'intérieur du parti ».

Hugo Sonnenschein était solidement implanté dans la vie

culturelle viennoise. Ce socialiste pur et dur qui à Prague avait tout fait pour que se scinde la social-démocratie, laissant libres les communistes, s'était toujours opposé à la marginalisation des sociaux-démocrates évincés du mouvement ouvrier. A l'inverse du PC, Sonka ne voulait pas de système, parce que d'évidence aucun ne pourrait jamais être parfait. Il voulait une structure qui serait en mesure d'intégrer les tendances. « Quand je dis "dictature du prolétariat", j'ai en vue ce pouvoir qui garantit à la société des bases démocratiques », écrit-il. Hugo Sonnenschein avait de bons rapports avec la social-démocratie autrichienne. Il joua un rôle déterminant dans l'Union pour la défense des écrivains allemands en Autriche. En 1929, parlant de cet organisme plus orienté vers le syndicalisme, fondé en filiale de l'organisation allemande des écrivains, il disait à l'assemblée générale de Berlin : « Cette organisation est le fruit de la prise de conscience que la protection juridique à elle seule est insuffisante et qu'il est urgent et nécessaire de passer à la protection de la personne matérielle. La création d'une caisse de retraite, d'une allocation chômage, d'une assurance maladie et l'établissement d'une convention sur les salaires et honoraires sont à l'ordre du jour. »

Il faudra encore attendre des décennies pour que ces revendications soient, en partie, satisfaites. Sonka se battit en première ligne contre la variante autrichienne d'une loi allemande de 1926, interdisant la littérature « ordurière et malsaine », manière dissimulée d'instaurer une censure, loi qui fit le jeu des nazis, lesquels instituèrent « la littérature nuisible ». Sonka se battait aux côtés d'écrivains comme Arthur Schnitzler et Richard Beer-Hoffmann. Il menait le combat sur deux fronts. Dès qu'il s'agissait de condamner et de réprimer les écrits de Hugo Bettauer, les dessins de George Grosz, les tableaux de Schiele et le film de Remarque *A l'ouest, rien de nouveau*, les cercles nationaux-socialistes et religieux autrichiens étaient toujours d'accord.

« Nous ne défendons que la base sur laquelle nous opérons : la démocratie », commentait Sonka. Il était pris dans un cercle infernal, engageant sans cesse sa vie pour défendre l'écriture sans publier lui-même. C'était un combattant solidaire, toujours disponible, mais c'était aussi un observateur impitoyable envers les autres comme envers lui-même. « Maudit soit ce Dieu qui m'a mis cette inquiétude au cœur », écrivait-il. Il était perpétuellement traqué par les visions d'une rédemption universelle. On l'avait exclu de son « communisme divin ». Mais la délivrance existait. Il ne travaillait pas à moins.

Ses aspirations religieuses transparaissaient dans son art, les exigences artistiques dans sa conception de la politique. Et s'il ne pouvait se fondre en celle-ci, il se réfugiait dans la sphère privée : la femme est le pays natal de l'homme. Bien que divorcé, il ne cessa d'aller voir Marie. « Fleuve étreint de rives, où la nostalgie entraîne-t-elle tes flots ? » écrivait-il. A Vienne, il tomba amoureux d'une sténographe employée de banque, Rose Wottitz. Il vivait avec elle. Mais sans élire domicile chez elle. Il conserva son appartement. « L'amour trop élevé détruit, le péché épanouit. » « Songer le jour du sabbat aux fautes à commettre la semaine suivante. »

Il se précipitait dans de multiples liaisons pour que personne ne le retienne. Il décrivait cet état avec justesse : « Celui qui perd tout et lui-même pour trouver la liberté. » Il rêvait de racines et redoutait que les racines ne deviennent enracinement. « Tant que je vivrai, homme sur les routes », écrit-il dans un poème. Sonka, seul dans un monde figé, froid, hypocrite, obtus, ennuyeux à crever, anti-érotique, encroûté de patriotisme et ennemi de l'humour naturel de l'homme. Le poète du moins unit le geste et la parole : « La fuite est vie de l'esprit ». L'apologie de la mobilité, du vagabondage — le communiste exclu revient à sa prime attitude : « Le vagabond se meurt de nostalgie pour un pays natal. »

Sonka sait : « Je marcherai toujours à la périphérie de la société humaine. » Sonka dont la force est l'imagination, qui permet de survivre quand on se sent faible. Son œuvre poétique — une réflexion sur la faiblesse humaine. Le sens de la vie entrevu grâce à la faiblesse : revendiquer notre faiblesse, la travailler, la surmonter, savoir que nous nous mettons en danger, vous et les autres. Sonka sonde aussi son propre vagabondage : « Le vagabond est le gardien de l'illusion de liberté. »

« Aimes-tu le mot ? » se demande-t-il, et sa réponse : « Le mot est bien plus que sa signification. » Sonka savait que pays natal et liberté ne fusionnaient que dans « la cabane de ses rêves ». Il contrecarrait lui-même sans cesse le combat qu'il menait contre l'abandon et la solitude. Il était en opposition non seulement avec les autres, mais aussi avec lui-même. Sa complainte: « Liberté apatride ». Tous, dans l'Europe de ce siècle, avaient perdu une foi. Tous étaient à la poursuite de l'inconciliable: le pays et la liberté. Tous voulaient une nouvelle histoire après avoir détruit l'ancienne. Tous voulaient recommencer. Se distinguait-il tant des autres?

Il s'en distinguait en ce qu'il vivait et observait les contradictions de ce siècle avec plus d'intensité, dans toute leur dureté. Avec une tension de chaque seconde. « La frontière que nous trace la langue est notre pays. » Il se sentait chez lui dans la langue. Il rêvait de dresser un panorama du siècle, il y allierait le vers à la prose. Il en serait le reflet. Donner une unité à la vie en juxtaposant ce qui a été détruit. Donner au disparate une forme. En parcourant les limites de ses propres abîmes. Epîtres, aphorismes, discours. Espoir, déceptions, satisfactions, pressentiments. Chutes, redressements, envols. Hugo Sonnenschein travaillait à ce livre depuis la fin des années vingt. Il le termina vers le milieu des années trente. Il devait s'intituler *Terrhan*. *Terrhan* est le terme tchèque pour vagabond. Ce livre n'a jamais paru. On croyait le manuscrit perdu. Marie, la première femme de Sonka, l'a préservé pendant toutes les années de persécution. A sa mort il revint à son fils Ivan, qui le légua à sa fille, Marie Bergmayr, à Steyr en Autriche. Dans *Terrhan* poésie et politique sont intimement mêlées, c'est ce qui en fait un chef-d'œuvre. Sa poésie: un éclair qui frappe à la gorge l'homme de notre temps.

De Sonka ne reste que sa mémoire poétique. Une géométrie intime qui toujours surveille l'emploi de ses propres méthodes. Le XXᵉ siècle: c'est l'heure du danger, l'heure de Pan. Hugo Sonnenschein démontre sur 312 pages que tout dire n'est pas se libérer. Il affirme: « Ce poète croit en une culture — celle du passé. » Il se souvient de sa jeunesse à Gaya. « Jadis tout était éternel, immuable, comme s'il devait toujours en être ainsi. » Surpris, il constate à son retour à Gaya: « Voilà si longtemps que je ne suis pas venu ici que les pommiers se sont métamorphosés en noyers. »

Sonka parle du « retour du renégat chez lui »: « Je cherche quelqu'un qui me trouvera. » Il écrit: « La seule chose qui m'est restée de Gaya est la place du temple que j'ai héritée de mes pères. » Sonka sait : « ce que les vivants disent aux morts,/ Les morts ne l'entendent pas. Mais ce que les morts disent aux vivants,/ Les vivants doivent le comprendre./ A cette heure personne d'entre nous n'a de gîte./ A cette heure, nous sommes tous des hommes en fuite./ Ne vous laissez pas fourvoyer par ces temps,/ A construire l'Empire de l'union fraternelle. »

Sonka parle de la trahison, la catastrophe du siècle : « Peu importe de trahir ou d'être trahi, l'un et l'autre rendent incrédule. » Il avoue : « Je ne crois plus en ce parti. » Et d'ajouter : « Je redeviendrai communiste. On est seul. On a la *folie* de la solitude. » Mais quand il pose ensuite son regard sur le cimetière juif de Gaya, il supplie : « Si mon âme ne doit pas s'égarer, il faudra que vous m'enterriez ici... »

Hugo Sonnenschein commença son *Terrhan* à Vienne et l'acheva à Prague après avoir été expulsé par le gouvernement autrichien. Il épousa alors Rose Wottitz, la mère de ses fils Ilia et Tomas. En 1930, le poète publia chez Paul Zslonay après un long silence *Le frère Sonka et la cause universelle ou la parole contre l'ordre*. Le jugement de Thomas Mann : « C'est fort beau dans ce livre qui accuse et parle de la misère sociale, cette poésie qui s'affirme et s'élève, messagère du bonheur et de la dignité humaine. »

Erich Mühsam, dans sa revue *Fanal* : « Il y a là le fabuleux poète qui se nomme le Frère Sonka, un solitaire ardent, si ardent que son chemin, une conscience sociale aiguë le lui dicte, au dam des "bons" qui y voient le chemin d'un criminel. » Alfons Paquet : « Je trouve ces vers magnifiques, immensément riches, et l'attitude est, au-delà de tout ce qu'il y a d'aventurier, cohérente et logique. »

Le poète tchèque Otokar Brezina : « Dans les invectives et dans l'amour, dans les affres du doute et de la foi, dans les angoisses et les extases cosmiques, ces vers sortent toujours directement du cœur, jusqu'à s'en tourmenter ; et comme il existe une union secrète entre l'âme du peuple et le cœur du poète, comme tous les bouleversements d'un psychisme se reflètent dans les histoires et les prophéties du poète, l'incertitude et les tensions de notre présent vibrent dans ces poèmes : leurs rythmes, courageusement virils et amers, brûlent de nostalgie pour un ordre supérieur des choses terrestres. »

Jamais Sonka n'avait été aussi couvert de louanges qu'il le fut en 1930, à la parution de son livre. Trotski lui-même tint à s'exprimer et mit le doigt sur le dilemme de Sonka poète et homme politique : « A la lecture de ce livre je fais deux constatations : premièrement l'auteur est un poète ; deuxièmement sa conception du monde est assez éloignée de celle des communistes. Mais Marx a dit un jour : "Les poètes sont des oiseaux bizarres." Il ne pensait pas en mal, puisqu'il parlait de Freiligrath. »

Dans *Réponse du double*, Hugo Sonnenschein écrit :

Si j'examine la réalité toute nue,
ma robe est haillons,
en route vers l'absolu
je me suis consumé à fond.

Et si clairement je me résume,
Seul je suis comme un génie,
Un rebelle de ma race
Un déserteur de la bourgeoisie.

En 1933, « Terre », un des premiers poèmes de Sonnenschein fit parler de lui :

Moi, Jano, un de tes serviteurs
Cultive avec peine un petit lopin :
Cinq doigts, Seigneur, à ma droite,
Et cinq doigts ma main gauche.

Ma charrue tinte souvent sur le silex,
Au dur rythme de cette musique
J'avance docile avec mon cheval,
Le destin et le joug sur la nuque.

Ferme et paysan ont un sol noir,
je n'ai que le talus, la pierre, le reste.
Le fruit est maigre, le pain est aigre
Et affamée, la couvée dans le nid chante.

Cinq doigts à la droite des miens,
Cinq à leur fidèle main gauche,
Dans notre maison il y a deux justes,
Au mur, le Christ et Ilitch.

Le 20 avril 1933 la *Wiener Allgemeine Zeitung* rapportait: « Il vient d'arriver un incident fâcheux au *Völkischer Beobachter*. Lorsque, hier soir, au Kaffeehaus on a montré le quotidien officiel du IIIe Reich au poète viennois Sonka, il est parti d'un grand éclat de rire: on y trouvait, noir sur blanc, la réédition presque littérale d'un de ses poèmes, un de ceux qui comptent non seulement parmi les meilleurs mais aussi l'un des plus connus. Mais voilà, le nom de l'auteur n'était pas Sonka, mais Richard Billinger, un nom d'ailleurs qu'on rencontre souvent ces temps derniers dans les journaux nazis. »

Richard Billinger avait obtenu le prix Kleist en 1932 en même temps que Elke Lasker-Schüler qui échappa aux nazis et se réfugia en Palestine. Le poème de Sonka dans le *Völkischer Beobachter* avait été modifié par Billinger: le titre « Terre » était devenu « Terre allemande », de « Moi, Jano, un de tes serviteurs », on avait fait: « Moi, un serviteur allemand. » Le « lopin » avait été remplacé par la « terre allemande ». Au lieu de « mains de travailleur », on avait des « mains allemandes » et « Cinq à leur fidèle main gauche » devint « Cinq à leur fidèle et fraternelle main ». Hitler figurait à la place de Lénine: « Au mur, le Christ et Hitler. » On continua à imprimer la contrefaçon de Billinger sans ciller.

Billinger, sympathisant nazi, fut officiellement félicité pour *Terre allemande*. Les nazis considérèrent ce poème du Juif Sonka comme « un modèle de la nouvelle alliance de la littérature allemande avec le peuple, un modèle de son attachement à la vraie terre allemande ». Sonka n'avait aucune chance de pouvoir se défendre contre ce plagiat. Il connut le même sort que cet autre Juif disparu depuis longtemps, Heinrich Heine, avec sa « Loreley » dont les nazis firent une « chanson populaire, d'auteur inconnu ».

En Allemagne, Sonka faisait partie des « poètes brûlés ». Ses œuvres figuraient sur la liste des « écrits nuisibles et indésirables ». Deux semaines après l'autodafé le PEN International organisa son 11e Congrès mondial à Dubrovnik ; Ernst Toller y prit la parole et entama la discussion sur la terreur intellectuelle et la chasse à l'homme en Allemagne. Les Allemands quittèrent la salle, suivis par les délégations suisse et française. Grete Urbanitzky, déléguée officielle autrichienne et fondatrice du PEN, se rallia ostensiblement aux Allemands. Elle avait déjà sa carte du parti nazi sous le manteau.

Hugo Sonnenschein, aussi membre du PEN autrichien mais venu à titre d'observateur privé, demanda alors la parole et lut une déclaration de solidarité avec les écrivains allemands victimes de la répression. Il exigea la création d'un comité international, qui de concert avec la Société des Nations devait garantir la protection juridique et matérielle de ces écrivains allemands. Il exigea que le jour de l'autodafé en Allemagne devienne « journée internationale de commémoration de toutes les victimes de la répression quelles que soient leurs convictions ». Comme Sonka n'était pas délégué officiel, il fut facile en prétextant de l'ordre du jour de couper court à ses revendications.

Une deuxième tentative que fit Sonka à Dubrovnik pour renverser la situation en faveur des victimes du nazisme, échoua pareillement et sa proposition fut couverte par le tumulte. « Au dernier moment, puisqu'il était inutile de demander la parole, je grimpai sur la tribune, en dépit des protestations du président de la séance qui m'avait refusé la parole », écrivit-il à son retour dans la *Wiener Allgemeine Zeitung*. Sonka avait reçu un télégramme d'Autriche. « En plein milieu de l'assemblée, je hurlais en lisant ce télégramme de protestation sous les clameurs des fascistes et de leurs défenseurs. »

Oskar Maria Graf, Theodor Kramer et Fritz Brügel avaient entre autres cosigné ce télégramme : « Sonka, Congrès du Penclub, Dubrovnik ; en séance plénière, déclarez au nom des écrivains autrichiens et allemands réfugiés, membres du club : Nous attendons du congrès et des Penclubs une intervention solidaire et énergique contre la répression qui frappe la littérature allemande. » Il n'y avait rien à attendre du PEN International. Cette organisation des jours fastes fit preuve de lâcheté. Elle fut tout aussi lamentable, après 1945, lorsqu'elle aurait dû intervenir pour défendre Sonka.

Dans *Terrhan*, Sonka s'attaque aux « braves toutous poètes et philosophes de la bureaucratie stalinienne » : « Les intellectuels de gauche. Ils ne prennent la défense de la démocratie, qui leur permet de respirer en toute liberté, que si l'une ou l'autre dictature le leur ordonne pour des raisons stratégiques. » Sonka rappelle le manque de discrimination funeste du PC qui en traitant les sociaux-démocrates de sociaux-fascistes les assimilait aux nazis. Il écrit : « Quiconque a vécu, comme les communistes sur la scène culturelle allemande, ces choses qui ont conduit aux camps de concentration devrait avoir peur pour l'avenir si jamais ces criminels s'en réchappent. »

Hugo Sonnenschein vécut à Vienne l'effondrement sanglant de la première république autrichienne : « En 1934, je combattis aux côtés des ouvriers viennois avec les milices populaires du "Schutzbund" contre l'Etat Dollfuss. » L'écrivain fut arrêté et expulsé en tant que citoyen tchèque. Les raisons : « Hugo Sonnenschein est un communiste notoire, connu des autorités, il semble qu'il ait eu un passé actif dans le mouvement anarchiste. » Avant d'être reconduit à la frontière, Sonka fut interné au dépôt de la direction des polices de Vienne. Il fut rapidement remis en liberté grâce à l'intervention immédiate de Masaryk, le président de la Tchécoslovaquie, qui chargea Fierlinger de l'affaire.

Fin mars 1934, l'écrivain et sa famille arrivaient à Prague. De Prague il reprit son duel avec Karl Kraus. Kraus s'était tenu remarquablement coi lors de l'anéantissement de la social-démocratie autrichienne et de la mise au pas qui suivit. Le 15 septembre 1934, Sonka publiait le poème « Esprits du temps » dans la revue *Arbeiterzeitung* que les sociaux-démocrates en exil éditaient de Brünn :

Les chefs, outils de forces fétides,
sont des bourreaux d'élite,
gouvernant sous le signe de l'échafaud,
attisant leur haine meurtrière sous le signe de la croix:
Ils veillent, comme des dragons de feu
sur le monde qui dort, sur leurs profits.

Quand le monde s'éveillera-t-il du sommeil?

Ces poètes aux airs de rédempteur
servent les caprices de l'or des repus,
ces peureux, rimailleurs,
non-poètes: esthètes de conjoncture,
qui, ombres de forces viles,
Forgent le mythe de la corvée.

En donnant ce poème à la *Arbeiterzeitung*, Sonka y joignit ces lignes: « A l'attention de Karl Kraus et autres héros de l'intégrité et de l'intelligence. » En 1936, année où mourut Kraus, Sonka fit éditer « Esprits du temps » sur un tract tiré à ses frais, avec les gravures sur bois de Gerd Arntz.

Le recueil *Seuls le pain et la liberté* était paru l'année précédente à Prague, illustré lui aussi par une gravure de Gerd Arntz en couverture. Le poème: « A Vienne »

Vienne, à ses heures redoutables d'insomnie,
Ton hôte proscrit te regarde
Saigner sous le fardeau de la croix
Comme les cinq plaies du Fils.

Comme le Fils, des chaînes de la mort
La veille des fidèles te dégage:
Sous les silhouettes des potences
Des mains se tendent dans la nuit.

La même année, il publiait sa profession de foi poétique de vagabond rentrant chez lui: *Mon abécédaire slovaque.*Puis en 1937 *Le Frère Sonka part pour Calcutta*; en même temps qu'un autre recueil en tchèque et en allemand *Le chemin de la liberté – Cesta k Svobodě*. On y lit: « Les tyrannies de ces temps, quel que soit leur nom (nul masque ne peut dissimuler leur visage), s'échangent leurs ombres odieuses et les répandent ensemble comme un gaz mortel sur toute la planète. »

Démocratie!
Son maître
(Que ne dis-je Führer?

Ce mot ressusciterait
dans la splendeur de ton nom):
T. G. Masaryk.

Dans *Terrhan*, Sonka écrit : « L'accusé avoue qu'il a été communiste, mais fanatique de liberté, il revint à la démocratie. » Des signes de lassitude apparaissent : « Nous voulons enfin nous donner un gouvernement qui nous laisse vivre, civilisés et en paix. » Puis, Sonka se ressaisit : « Trotski vit, vive Lénine ! Là, entre le cœur et la pointe du poignard. » Ailleurs : « Le socialisme ne sera possible que si l'on surmonte les vérités énoncées par Marx. » Et : « Il faut trancher la tête de l'Hydre. Cette tête, c'est Staline. »

Staline, qui a détruit son rêve de la rédemption universelle. Avec ironie il cite la *Pravda* dans *Terrhan* : « Les institutions soviétiques ne sont pas éternelles, elles non plus. » A propos de son engagement pour Trotski : « Je ne suis pas trotskiste, je suis avec lui en lutte contre les méthodes des autres. »

Même à Prague, Hugo Sonnenschein restera en contact permanent avec Trotski. Avec son ami Ivan Olbracht, qui signait toutes les résolutions pour défendre Trotski traqué par Staline, non pas de son nom d'artiste, mais de son nom d'état civil, Kamil Zeman, Sonka mobilisait l'opinion publique contre la répression en Union soviétique. Sonka discuta avec Trotski de la défaillance des communistes face aux nazis. Il fit le projet avec lui de créer une nouvelle revue de gauche, « critique dans tous les domaines ». Il convint avec Trotski de l'attitude à adopter face aux procès de Moscou, tandis qu'au même moment, Lion Feuchtwanger déclarait que l'issue funeste des jugements était une nécessité. Pour démanteler la campagne diffamatoire qui le présentait comme un « racoleur de la Gestapo », Trotski envoya des procurations à Prague. Sonka s'adressa au ministre norvégien de la Justice, Trygve Lie, secrétaire général de l'ONU après 1945, qu'il avait rencontré en 1920 après sa détention à Vardoe. Il lui demanda d'intervenir auprès de son gouvernement pour que soit allégée la relégation de Trotski que les Norvégiens avaient mis au secret afin qu'il ne puisse faire de déclaration sur le procès de Moscou. Sonka fonda en 1937 le « Comité de défense du droit et de la vérité » dans le but de convoquer une commission internationale qui contrôlerait ces procès. Il publia alors des documents dévoilant les crimes du stalinisme. La dernière lettre qu'il écrivit à Trotski date du 24 février 1939 ; il l'envoya au Mexique, là où Staline fit assassiner son adversaire en 1940. « Cette fois, je m'adresse à vous pour vous demander de l'aide. Ici, la situation évolue de telle façon qu'il va falloir songer à s'expatrier. Je m'efforce en vain d'obtenir un visa pour un autre pays européen. Il vous serait peut-être possible de m'aider à émigrer dans le pays qui vous a accordé l'asile. Quoi qu'il en soit, je vous prie instamment de m'indiquer si vous avez reçu cette lettre. » Il joignit les états civils de sa femme et de leurs deux fils.

Il ne reçut pas de réponse. Le 15 mars 1939, les troupes allemandes entraient dans Prague. Le 17 mars, on sonna à la porte de l'appartement des Sonnenschein, dans le quartier de Vrsovice. Trois hommes de la Gestapo exigèrent qu'on les laisse entrer. L'écrivain les accompagna dans son bureau. La conversation suivante eut lieu entre Sonka et l'un d'eux:

« Vous êtes trotskiste?

— Oui, c'est ce que l'on raconte.

— Vous êtes en relation avec Trotski?

— Vous voulez dire par correspondance. Rarement. Sa dernière lettre date déjà de plusieurs mois.

— D'Amérique?

— Du Mexique.

— En quelle langue?

— En allemand.

— Vous avez cette lettre? Est-ce que je peux la voir? »

L'écrivain sortit la lettre de son courrier et la tendit à l'homme de la Gestapo qui la mit dans sa poche. Les trois hommes se levèrent et s'en allèrent. C'était cette fameuse visite de la Gestapo que Ian D. Spenser gardait encore en mémoire. Sonka fut tranquille pour quelque temps. Mais le calme était trompeur. On le surveillait nuit et jour. Où qu'il allât quelqu'un le suivait. Le couple s'arrangea pour que leurs deux fils Ilia et Tomas quittent le pays au plus vite. Du point de vue matériel, la famille était à l'aise. Sonka avait reçu 100 000 couronnes de son beau-frère, un industriel du textile, qui était parti pour la Palestine.

Après la guerre, il confia : « Chaque fois que la sonnette retentissait, je me raidissais. » En juillet 1939, la Gestapo vint perquisitionner. Ses enfants étaient déjà en Angleterre, lui n'était pas à la maison. La Gestapo emporta trois valises pleines de documents. Au début septembre, deux hommes de la Gestapo vinrent chercher l'écrivain. Ils l'emmenèrent au palais Peckarna, le quartier général de la Gestapo. Sonka y resta une journée entière. On le relâcha le soir sans qu'il ait subi d'interrogatoire. Puis ce fut de nouveau le calme pendant quelques mois. Au début 1940, les hommes de la Gestapo réapparurent et vidèrent l'appartement de toutes les pièces écrites : lettres, documents, manuscrits, notes de toutes sortes, brochures, livres... Entre-temps, l'écrivain avait mis en sécurité le manuscrit de *Terrhan* chez Marie, sa première femme, mère de son fils Ivan.

Une fois de plus, la Gestapo emmena Sonka. Mais, cette fois-ci, on le mit à la prison Pankrac. Il passa plusieurs semaines seul dans une cellule. On le transportait presque chaque jour au palais Peckarna pour des interrogatoires. Pour finir, il fut transféré dans une cellule avec deux autres détenus. A chaque interrogatoire, il était question de ses relations avec Trotski. Entre-temps Trotski avait été assassiné au Mexique. Pourtant, il était toujours question de Trotski : de l'influence de Trotski dans l'armée soviétique, et surtout de la force du trotskisme en URSS.

Au moment de l'invasion de l'Union soviétique, le cas Trotski était réglé pour la Gestapo. C'est alors qu'on soupçonna Sonka d'organiser la résistance communiste en Tchécoslovaquie. Il appartiendrait à un cercle de résistants. Il renseignait les hommes du PC sur le contenu des interrogatoires de la Gestapo. Il risquait gros. Car il était juif. Pourtant dès le début, et surtout dans *Ma détention à Kuttenberg*, il avait effacé les pistes de son judaïsme, il décrivait comme ancêtre du côté maternel une lignée de pasteurs protestants, une famille Sonnenschein qui serait venue dans le pays au XVIIᵉ siècle pour se fondre dans la paysannerie slovaque. Par mystification et stylisation il avait enraciné son existence de poète en Moravie slovaque.

Pourtant son origine juive était sans équivoque. Sonka : « A l'époque, j'étais constamment aux prises avec la communauté juive qui voulait me forcer à me faire inscrire sur les registres. » Hugo Sonnenschein ne portait pas l'étoile juive obligatoire. En avantages de la collaboration. Je devrais faire de la propagande allemande à la radio. Cette fois encore, les hommes de la Gestapo étaient fort aimables. » Hugo Sonnenschein refusa. Et la Gestapo se fit menaçante, elle parla d'exécution. Sonka refusa une fois de plus. On le réexpédia immédiatement à Auschwitz: « mais cette fois par convoi ».

Ne pas faiblir avant que ne s'épuisent
l'anti-homme et sa race,
aimer la liberté de son prochain,
son sang, l'esprit, le droit de vivre!

Sonka parla de sa libération dans son dernier recueil de poèmes *Les pas de la mort* qui ne fut imprimé qu'après sa mort: « Le 27 janvier 1945, à 2 h 27 de l'après-midi, une patrouille d'avant-garde Soviétique arriva au camp d'Oswieçim, que je n'avais pas quitté avec les convois de détenus. Trois silhouettes blanches s'approchèrent que je pris pour des archanges de la liberté dans leurs longs manteaux de neige: les trois premiers hommes du grand libérateur. Nous ne pouvions parler, nous leur tendîmes les mains en pleurant. »

Puis, chose curieuse, les Soviétiques ne renvoyèrent pas Hugo Sonnenschein dans son pays. Ils l'expédièrent à Moscou. En mars, Beneš et la plupart des membres de son gouvernement d'exil quittèrent Londres pour Moscou. Beneš avait l'intention de former un gouvernement conforme aux exigences de Staline et d'y adjoindre les Tchèques exilés en Union soviétique. Un « Front national » fut constitué. Staline manœuvrait: le chef du gouvernement ne devait pas être un communiste mais un social-démocrate de gauche. Zdenek n'était plus qu'en apparence un social-démocrate. Depuis longtemps déjà il était passé secrètement du côté des communistes. Qui plus est, le portefeuille le plus important en vue de préparer le changement de pouvoir en Tchécoslovaquie fut attribué à un communiste: Vaclav Nosek devint ministre de l'Intérieur, et, par conséquent, ministre de la Police.

Ce gouvernement infiltré par les communistes, avec à sa tête le président Beneš, suivit dans un train spécial l'avance des troupes de l'armée rouge en Tchécoslovaquie. Hugo Sonnenschein était dans ce train. Dès qu'ils furent en route, Nosek dit à Sonka que Slansky souhaitait qu'il « s'explique » par écrit quant à ses relations avec Trotski. Le 3 avril 1945, le train spécial arriva dans Kosice libérée. C'est là que se constitua officiellement le premier gouvernement du « Front national » qui entérina le Programme de Kosice, lequel reprenait le projet de Staline pour une soviétisation de la Tchécoslovaquie.

Hugo Sonnenschein résidait au Grand Hôtel, où était descendu le gouvernement. Il y resta jusqu'au 8 mai. Les vainqueurs légaux devaient attendre. A Prague, les communistes avaient appelé les populations à l'insurrection contre les troupes allemandes qui battaient en retraite, provoquant ainsi un bain de sang inutile. La plupart des victimes furent des Tchèques, car les Allemands eurent vite fait de nettoyer les barricades. Il n'était pas de l'intérêt des communistes de voir les Allemands se retirer dans le calme. Ils avaient besoin de héros. Les insurgés n'étaient guère des héros. Les troupes anglo-américaines, qui, conformément aux accords interalliés étaient à l'ouest de la ligne Pilsen-Karlsbad, proposèrent leur aide ; les communistes de Prague refusèrent. L'armée rouge devait « libérer » Prague. L'armée rouge entra dans Prague.

Le 10 mai 1945, le train spécial dans lequel voyageait le premier gouvernement tchèque et Hugo Sonnenschein entra dans Prague. A Pilsen, Ilia, le fils de Sonka, attendait pour rendre visite à son père. Il était dans un régiment blindé de l'armée tchèque d'exil incorporée aux divisions anglaises. Il fallut qu'il patiente jusqu'au 9 juin 1945. Ce jour-là les armées occidentales eurent l'autorisation de se montrer à Prague, pour un défilé des troupes. Mais où Ilia aurait-il pu chercher Sonka ? Il ne se rappela pas la première femme de Sonka. Ilia Sonnenschein se rendit en uniforme à la police de Prague. A l'époque son père ne s'était pas encore fait attribuer d'appartement. La police ne pouvait rien faire pour lui. Il demanda où était Ivan Olbracht. Les policiers purent lui donner un tuyau ; la maison de la radio. Le lendemain matin, Ilia y trouva l'écrivain avec lequel son père avait toujours coopéré dans toutes les affaires politiques. Olbracht lui dit qu'il ne savait pas où trouver Sonka. « Le lendemain non plus, je ne l'ai pas trouvé », raconte Ian D. Spenser à Hamilton. « Nos blindés ne pouvaient rester que deux jours à Prague et j'ai dû repartir. »

Sonka ne cessait de glisser des allusions à des personnalités connues qui pourraient l'aider. Il pensa au chef du parti travailliste Atlee, au communiste américain Max Eastman, à l'écrivain anglais H.G. Wells. Les fils écrivirent, mais tous se turent. Marie, la première femme de Sonka, demanda de l'aide à Pavel Tigrid, journaliste du camp bourgeois. Tigrid, qui vit actuellement à Paris et dirige une revue littéraire tchèque, se souvient du cas Sonka : « C'était une vengeance. On savait à l'époque que l'affaire était louche. Je crois que je n'ai pas fait grand-chose pour lui. Sonka n'était pas des nôtres. »

De Londres, les fils de Sonka, Ilia et Tomas, firent une dernière tentative pour changer le cours des choses. Mais où qu'ils écrivent, ils ne récoltaient que d'amicales paroles de réconfort ou du silence. Le ministre anglais des Affaires étrangères demanda des explications à son homologue tchèque. Le ministère tchèque des Affaires étrangères dirigé par le libéral Jan Masaryk, envoya un fonctionnaire chez Marie Sonnenschein. Elle écrivit à Ilia, à Londres : « Hélas, vous êtes intervenus pour des prunes. Quelqu'un du ministère des Affaires étrangères est venu me demander si un certain Monsieur Sonka avait des problèmes. Deux de ses fils, Ilia et Tomas, auraient demandé de Londres ce qu'il advenait de leur père... »

Perdu le monde, claquemuré
dans la froidure et l'obscurité, nargué par les rêves,
rongé de détresse, par la mort guetté,
une vie sans présent...

Six pas en long jusqu'à la porte
et deux pas et demi en large
et du sol à la voûte quatre
voilà du rêve la réalité.

Le 28 avril 1947, le tribunal populaire, un tribunal d'exception, condamnait Sonka à une peine de 20 ans de réclusion ferme. L'écrivain était inculpé d'avoir été un indicateur pour le compte de la Gestapo. Il avait 58 ans. Le verdict reposait sur les faux témoignages que Nosek, le ministre de la Police, avait extorqués à un autre détenu, Böhm, ancien agent de la Gestapo, qui pensait ainsi garder la vie sauve. Hugo Sonnenschein fut l'une des premières victimes d'une méthode qui devint de plus en plus courante après le coup d'Etat communiste de 1948, méthode qui consistait à marquer des antinazis du sceau de la collaboration ; ce qui permettait aux communistes de faire disparaître certaines personnes gênantes derrière les barreaux.

Afin que l'accusation ne dépendît pas exclusivement des faux témoignages du ministère de l'Intérieur, l'avocat général recourut aussi à la déclaration écrite par Sonka à Slansky, du moins à la partie que le PC mit à sa disposition. Il y traitait de ces trois personnes de l'entourage de Sonka qui s'étaient fait arrêter. Autrefois les nazis avaient tenté, par une femme appât, d'apporter la preuve que Sonka était un agent communiste. Maintenant ce furent ses propres camarades qui cherchèrent à le confondre avec la complicité d'une femme faux témoin à la solde du PC qui déclara que l'écrivain l'avait dénoncée à la Gestapo. Situation inversée : l'autre femme avait « cafardé » à la Gestapo pour qu'on relâche son ami.

Dans sa « Justification », Sonka avait fait un récit détaillé de ce cas et d'autres du même type, voulant démontrer par là dans quelle fange de délateurs et de traîtres la résistance pragoise avait dû vivre. Le quotidien *Pravo Lidu* récupéra auprès du ministère Nosek des « informations » qui ne figuraient pas dans la fameuse « Justification ». Cette gazette, dans un compte rendu du jugement, affirmait que Sonka avait été à la fois l'ami de Goebbels et de Trotski. En effet, dès les années trente, la stratégie du PC était d'assimiler Trotski à la mouvance nazie. C'était exactement contre ce genre de calomnies que Sonka et son « Comité de défense du droit et de la vérité » avaient lutté autrefois. Maintenant il tombait sous le coup de diffamations comparables.

Hugo Sonnenschein, la victime des persécutions nazies, le survivant d'Auschwitz, lui que les Russes ramenèrent à Moscou et qui revint à Prague en même temps que le gouvernement tchèque... comment n'a-t-il pu s'apercevoir, lui qui avait toujours abordé le communisme en religion, qu'il n'avait aucune chance dans le « Front populaire tchèque » ? Sonka vit Edvard Beneš, l'ancien homme de confiance de Tomas G. Masaryk, prendre la direction du nouvel Etat. Il vit un libéral, un démocrate coopérer avec les communistes. Il vit s'instaurer un socialisme démocratique et ses rêves se réaliser. Hugo Sonnenschein voulait être dans le camp des vainqueurs. « Ma conception du monde, pour laquelle je me suis âprement battu », comme il décrivait sa foi. Mais Hugo Sonnenschein oublia que les staliniens n'oubliaient pas ce qu'il avait dit dans le passé. Car les camarades étaient vraiment tels que l'écrivain les avait décrits après son exclusion du parti. Hugo Sonnenschein refusa de s'expatrier quand son fils le lui proposa, parce qu'il pensait avoir le droit de son côté. Or ceux qui auraient dû imposer le droit, ne s'intéressaient guère à la justice. Ils voulaient le pouvoir, tout le pouvoir, le pouvoir totalitaire.

Incarcéré à la forteresse de Kuttenberg, Hugo Sonnenschein avait eu affaire à la République de Masaryk, à un régime d'Etat de droit. Après 1945, à Prague, il eu maille à partir avec des assassins qui exerçaient les plus hautes fonctions de l'Etat et qui faisaient endosser à Beneš la casaque de la légitimité. Il était en face de communistes dont le moindre souci était l'idéologie pour laquelle ils prétendaient se battre. Du fond de son cachot, il put encore découvrir, lui qui devait sa lente agonie à Rudolf Slansky, dans le quotidien communiste *Rude Pravo* tout ce qu'on divulgua sur ce coupable-innocent, secrétaire général du parti.

« Slansky devant les tribunaux... Sa chevelure rousse s'agite au rythme de sa voix ; des centaines d'yeux dans la salle, des millions d'yeux dans le pays, les yeux de tous les braves gens à travers le monde entier, sont rivés sur le visage honni de ce conspirateur contre la paix. Dans cette tête rousse aux sourcils de Judas, au regard fuyant se sont noués les fils de l'immense conspiration... Oui, c'est lui. Tout cela, c'est la créature que l'on nomme Rudolf Slansky... On reconnaît l'arbre à ses fruits. Qui sème le vent récolte la tempête ! »

Il reste un peu plus d'une douzaine de lettres de Sonka écrites à la centrale de Mirov. Mais pas une seule de l'époque de la condamnation à mort de Slansky, de ce moment où Sonka dut enfin se rendre compte que son rêve était anéanti par des criminels. L'année suivante, Hugo Sonnenschein mourait d'un infarctus. Hugo Sonnenschein avait voulu croire. Pendant les mois de la détention préventive, il écrivait encore : « Mon double retournera vagabonder de par le monde et trouvera des gens qui m'aimeront. C'est beau ! Bien que moi, dans mon cachot j'attends cette liberté pour laquelle je me suis bagarré toute ma vie sans compromis. »

Dix mois après le verdict, Ivan lui rendit visite à la centrale, puis il écrivit en Angleterre, à son demi-frère Ilia : « Physiquement, il n'a pas l'air d'aller trop mal. Il souffre surtout moralement parce qu'il n'a personne pour parler sérieusement. Mais quand il parle, c'est toujours le même fantaisiste incurable. »

Les lettres de Sonka écrites en prison portent la marque de fréquents changements d'humeur. Ils sont non seulement perceptibles d'une lettre à l'autre, mais dans le cours d'une même lettre. Le 9 avril 1950, il écrit à Marie Sonnenschein, à Prague, qui se bat sans cesse pour pouvoir lui faire parvenir des colis alimentaires : « Ma très chère. C'est Pâques aujourd'hui... ai bien dormi. Je me sens frais, calme et équilibré. Et plein d'espoir. Pourquoi ? Je ne sais pas. Peut-être parce que le printemps est revenu. Je suis comblé : il m'a été permis de survivre à l'hiver. Je sors de mon engourdissement. »

« Il se peut que les gens me prennent pour un fou », poursuit-il. « Même ici, dans ma cellule, j'affirme que j'ai gagné parce que notre cause a gagné, celle pour laquelle je me suis battu toute ma vie... Nous aussi, ici, nous sentons que le socialisme est en train d'éclore dans notre pays. »

Il pense alors à Ivan Olbracht (Kamil Zeman) : « Je suis enfermé au milieu de loups, et Kamil ? Il est libre, respecté et peut-être même heureux dans le fond de son cœur assoiffé de vengeance ? J'ai relu quelques-uns de ses romans. Une littérature petite-bourgeoise, vieillie et périmée depuis longtemps... L'exception : quelques pages de *Nicolas Schuhaj le brigand*. J'y ai découvert cette phrase : "Le bonheur ce n'est pas de traverser la vie sans être remarqué, mais d'être aimé et haï." Nous y voilà, c'est bien ça. »

Puis, le 21 mai 1950 : « Ma très chère. Je te remercie beaucoup pour ce gros paquet et plus particulièrement pour la carte postale... Elle m'a arraché pour quelques heures à cette sinistre léthargie qui me prend de temps à autre. Mon état (je ne suis peut-être que d'humeur changeante) s'est souvent modifié ces temps derniers. On ne peut pas dire que je sois très équilibré. Je regarde souvent dans le miroir comme un hypocondriaque. Mes yeux m'effrayent moi-même, ils ont une expression craintive et pitoyable. C'est la peur de ne plus jamais sortir d'ici. Puis de nouveau mon visage s'éclaire d'un infatigable espoir. L'espoir de revenir un jour à la vie. En ces instants où je me sens normal, je constate que je me tiens en équilibre au bord de la démence. Moi, un fanatique de la raison ! C'est horriblement pénible. Je vis constamment avec un sentiment d'insécurité intérieure qui me détruit plus que le mal physique. »

Il raconte qu'il a écrit à son ancien ami Antonin Zapotocky, Premier ministre après le coup d'Etat de 1948 et président en 1953, lui demandant de « venir à mon secours ». L'espoir d'une réponse transparaît dans trois lettres jusqu'à ce que Sonka, résigné, constate : « Cela fait déjà trente ans que nous sommes allés ensemble à Moscou pour poser la première pierre du socialisme. J'ai déjà oublié certaines choses. Mais je me souviens encore de cette belle année 1920, j'en suis encore ému et fier. Ce fut peut-être l'année la plus importante de toute ma vie. »

Dans une lettre du 21 mai 1950, il demande que l'on s'adresse à deux de ses connaissances : « Depuis 1920 (lors de mon séjour à Oslo), j'ai eu à plusieurs occasions de bons rapports avec Trygve Lie. Est-ce que ce serait possible que mes amis lui écrivent quelques mots pour attirer son attention sur mon sort ? » Plus loin : « On pourrait aussi féliciter Thomas Mann en mon nom pour son soixante-quinzième anniversaire, en lui expliquant pourquoi je ne peux écrire moi-même. Nous nous connaissions bien, tant du point de vue littéraire qu'en raison de notre lutte commune pour défendre les droits des écrivains. Thomas Mann sera le 6 juin (son anniversaire tombe le 5 juin) à Zurich (au théâtre). Il doit y faire une conférence sur sa vie. » Le 4 août 1950, Sonka écrit : « Ma très chère, j'écris encore une fois. Je n'ai pas reçu de nouvelles. De personne... Je ne comprends pas pourquoi vous vous taisez tous. Il fait gris, il pleut. Le brouillard recouvre mes forêts. Même le petit chevreuil ne se montre pas à l'orée du bois. Mon humeur en est d'autant plus dépressive. Je suis de nouveau sans espoir. Horriblement seul. Je me perds dans la nuit. Qu'est-ce qu'une vie sans liberté ! ? »

Puis il raconte de nouveau qu'il a envoyé des lettres à des personnalités connues et qu'il ne reçoit pas de réponse. Il a même envoyé une lettre de protestation à Trygve Lie « contre l'agression en Corée » : « Mon cœur et ma tête me font mal quand je vois des tueries absurdes. Il fallait que je le dise, cela me libère. Je sais, je sais que ma voix est faible. Mais ma conscience m'ordonne de l'élever. » Sonka cite ces vers :

Il vient d'être joué le jeu éhonté des révoltes
perfide et froid.
Baissez le rideau !
Les rêves ne sont pas tombés.
Seul le poète dans ses rêves
à l'écoute des lois éternelles,
tombe !

« La citation est peut-être justifiée », écrit-il. « Oh cette éternité de temps... Est-ce que la vie est déjà totalement perdue ?... Cette nuit, il m'est venu à l'esprit que tout ne serait peut-être pas vain si quelqu'un se saisissait de mon affaire et s'adressait en très haut lieu, ou si Tomi allait à Moscou. »

Dans une lettre du 2 novembre 1950, Sonka demande pourquoi ses « amis » ont donc si peur d'intervenir pour lui, et il écrit : « On célèbre le trentième anniversaire de la création du PC tchèque. On écrit sur le deuxième Congrès du Komintern. On écrit sur les grèves de décembre 1920. Il me semble, si ma mémoire est bonne, que j'y ai joué un certain rôle. On dit même : un rôle de pionnier. Il y a encore des documents... A l'époque, j'étais en avance sur mon temps. Aujourd'hui, j'ai survécu à moi-même et à ma vie. Peut-être. J'essaie à présent d'échapper à ma mort. Et je sais que je n'y échapperai pas parce que je n'échapperai pas à l'institution pénitentiaire... »

Le 20 juillet 1953, Hugo Sonnenschein s'éteint à l'hôpital de la centrale de Mirov, une des plus sinistres geôles de Tchécoslovaquie. Il meurt à l'âge de 64 ans. Le 22 juillet 1953, il est mis en terre au cimetière de la centrale. Les membres de la famille ne sont pas admis. On leur remet :

1 manteau bleu, usé
1 manteau gris, usé
1 pantalon gris, usé
3 pull-overs roses, usés
1 chemise de lin bleu, usée
1 caleçon de coton blanc, usé

Fragment

(En souvenir de Jan Skácel)

Le soleil à la fenêtre
ouvrait la maison
à rien

Entre le ciel dehors et la main
sur la table
l'entier fragment du jour

De nouveau on sera rejeté
dans l'herbe
comme un signet

PETR KRÁL

Composition Eurocomposition
Achevé d'imprimer par la
Société Nouvelle Firmin-Didot
à Mesnil-sur-l'Estrée, le 31 octobre 1990.
Dépôt légal : octobre 1990.
Numéro d'imprimeur : 16293.
ISBN 2-07-072111-6/Imprimé en France

50224